Schritte PLUS NEU 5 Österreich

Niveau B1.1

Deutsch als Zweitsprache
Kursbuch und Arbeitsbuch
mit Audios online

Silke Hilpert
Marion Kerner
Jutta Orth-Chambah
Angela Pude
Anja Schümann
Franz Specht
Dörte Weers
Barbara Gottstein-Schramm
Susanne Kalender
Isabel Krämer-Kienle
Daniela Niebisch
Monika Reimann

Lukas Mayrhofer

Hueber Verlag

Für die hilfreichen Hinweise danken wir:
PD Dr. Marion Grein, Johannes Gutenberg-Universität Mainz
sowie allen Teilnehmerinnen und Teilnehmern an den Kursleiter-Workshops

Unter Mitarbeit von:
Katja Hanke

Foto-Hörgeschichte:
Darsteller: Shary Osman, Sven Binner, Christian Höck, Yasin Osman,
Niklas Remoundos, Caroline Württemberger u. a.
Fotograf: Matthias Kraus, München

Audiodateien zum Arbeitsbuch
Produktion: Tonstudio tonetown, Wien
Sprecherinnen und Sprecher: Gabriela Hütter, Simon Jaritz, Karola Niederhuber,
Aimie Rehburg, Peter Strauß

Die Audio- und Videodateien finden Sie in der *Hueber Media*-App. Die Audiodateien stehen zusätzlich auch unter www.hueber.de/schritte-plus-neu/at zur Verfügung.

4. 3. 2. | Die letzten Ziffern
2028 27 26 25 24 | bezeichnen Zahl und Jahr des Druckes.
Alle Drucke dieser Auflage können, da unverändert, nebeneinander benutzt werden.
1. Auflage

Umschlaggestaltung: Sieveking · Agentur für Kommunikation, München
Layout und Satz: Sieveking · Agentur für Kommunikation, München
Druck und Bindung: Passavia Druckservice GmbH & Co. KG, Passau
Printed in Germany
ISBN 978–3–19–091080–9

Art. 530_29288_001_02

Aufbau

Symbole und Piktogramme

Kursbuch

1 🔊 8 Hörtext

Foto-Hörgeschichte als Slide-Show

Aktivität im Kurs

Einsatz mobiler Geräte (fakultativ)

ÜG Verweis auf Schritte Neu Übungsgrammatik (ISBN 978-3-19-011081-0)

Grammatik:

Wann?	bei, beim, vor
Wie lange?	bis
Ab wann?	von ... an

Hinweis:

Hätte ich	nur ...
Wäre ich	doch ...
	(doch) bloß ...

Kommunikation:

Wenn ich ... könnte, (dann) ...
Wenn ich ... hätte, (dann) ...

Arbeitsbuch

🔊 12 Hörtext

B2 Verweis ins Kursbuch

◇ Vertiefungsübung zum binnendifferenzierenden Arbeiten

◆ Erweiterungsübung zum binnendifferenzierenden Arbeiten

Inhaltsverzeichnis **Kursbuch**

D	E	Wortfelder	Grammatik
Pech gehabt! · von einem Unfall berichten	**Glücksbringer** · über Glücksbringer sprechen	· Kindheit und Vergangenheit · Glück und Glücksbringer · Unfallbericht	· Verbkonjugation im Präteritum: tanken – tankte, fahren – fuhr, bringen – brachte · Konjunktion: *als:* Das ist vor einem Jahr passiert, *als* ich noch Lotto gespielt habe. · Plusquamperfekt: Er *hatte* in der letzten Zeit viel *trainiert*, aber ganz fit war er noch nicht.
Fernsehkonsum · eine Statistik zum Thema verstehen		· Unterhaltung · Musik · Fernsehen, Serien, Kino	· Konjunktion: *obwohl* (Konzessivsatz): Max schaut sich die Serie an, *obwohl* er sie schon dreimal gesehen hat. · Gradpartikeln (*echt, ziemlich, …*): Die ist total fad. · Relativpronomen *der, das, die* und Relativsatz: der Mann, *der* unglaublich gut kochen kann; der Song, *den* das Publikum liebt; ein Lied, mit *dem* man Erfolg hat
Gesundheitsvorsorge · ein Kursstatistik erstellen und darüber sprechen	**Krankmeldung und Aufgabenverteilung** · sich in der Arbeit krankmelden und Aufgaben verteilen	· Gesundheit · Gesundheitsvorsorge · Untersuchungen beim Arzt	· Passiv Präsens mit Modalverben: Auf ausreichend Bewegung *sollte* besonders *geachtet werden.* · Genitiv mit definitem und indefinitem Artikel: zur Verbesserung *der* Fitness; der Rat *eines* Fachmanns
Fremdsprachen lernen – aber wie? · Tipps verstehen und zuordnen · Lerntipps geben	**In mehreren Sprachen daheim** · einen Text zum Thema „Mehrsprachigkeit" verstehen · über die eigene(n) Sprache(n) sprechen	· Sprachen · Mehrsprachigkeit	· Konjunktiv II: Irreale Bedingungen mit *wenn*: Wenn ich ihn richtig nett *finden würde, hätte* ich natürlich immer Zeit für ihn. · Präposition: *wegen* + Genitiv: *wegen* meines Berufs
Small Talk: Von der Arbeit erzählen · über die Arbeit sprechen		· Berufswünsche · Jobsuche · Bewerbung · Vorstellungsgespräch	· Infinitiv mit *zu: Es ist schön, Kunden zu beraten.* · Temporale Präpositionen *(während/außerhalb/innerhalb)* + Genitiv: Leider rufen Sie *außerhalb unserer Öffnungszeiten* an.
Verkaufsgespräche · ein Kundengespräch im Geschäft führen	**Reklamation** · eine Reklamation schreiben	· Berufsbiografien und Arbeitsalltag · Dienstleistungen · Reklamieren	· Verben und Ausdrücke mit *es*: *Es gibt …, Es* ist (nicht) leicht/schwierig … · Konjunktionen: *um … zu* + Infinitiv und *damit*: Leon will als Erster beim Geschäft sein, *um* dort Schuhe für einen Kunden *zu kaufen / damit* sein Kunde ausschlafen kann. · Konjunktion: *statt/ohne … zu* + Infinitiv: Man sollte etwas tun, *statt* nur *zu* träumen.
Fernbeziehungen · einen Text und ein Interview zum Thema Fernbeziehungen verstehen · über Beziehungen sprechen		· Zusammenleben: Konflikte und Regeln · Wohnsituationen	· Zweiteilige Konjunktionen: *nicht nur …, sondern auch, zwar … aber, entweder …, oder* · Konjunktiv II Vergangenheit Konjugation: *hätte gesagt, …* · Konjunktiv II Vergangenheit: Irreale Wünsche: Hätte ich bloß nichts gesagt! · Wiederholung Verben mit Präpositionen · Präposition: *trotz* + Genitiv

Inhaltsverzeichnis **Arbeitsbuch**

Liebe Leserinnen, liebe Leser,

mit *Schritte plus Neu Österreich* legen wir Ihnen ein komplett neu bearbeitetes Lehrwerk vor, mit dem wir das jahrelang bewährte und erprobte Konzept von *Schritte plus* noch verbessern und erweitern konnten. Erfahrene Kursleiterinnen und Kursleiter haben uns bei der Neubearbeitung beraten, um *Schritte plus Neu Österreich* zu einem noch passgenaueren Lehrwerk für die Erfordernisse Ihres Unterrichts zu machen. Wir geben Ihnen im Folgenden einen Überblick über Neues und Altbewährtes im Lehrwerk und wünschen Ihnen viel Freude in Ihrem Unterricht.

Schritte plus Neu Österreich ...

- führt Lernende ohne Vorkenntnisse in 6 Bänden zu den Sprachniveaus A1, A2 und B1.
- orientiert sich an den Vorgaben des Gemeinsamen Europäischen Referenzrahmens und bereitet auf alle gängigen Prüfungsformate vor.
- ist speziell für Kurse in Österreich erstellt: enthält gängigen österreichischen Wortschatz, sämtliche Hörtexte sind in österreichischem Standarddeutsch aufgenommen.
- bereitet die Lernenden auf Alltag und Beruf vor.
- eignet sich besonders für den Unterricht mit heterogenen Lerngruppen.
- ermöglicht einen zeitgemäßen Medieneinsatz: die Audios zum Kurs- und Arbeitsbuch sind im Internetservice und auch über die *Hueber Media*-App abrufbar.

Der Aufbau von *Schritte plus Neu Österreich*

Kursbuch (sieben Lektionen)

Lektionsaufbau:

- Einstiegsdoppelseite mit einer rundum neuen Foto-Hörgeschichte als thematischer und sprachlicher Rahmen der Lektion (verfügbar als Audio oder Slide-Show mit Audio).
- Lernschritte A–C: schrittweise Einführung des Stoffs in abgeschlossenen Einheiten mit einer klaren Struktur
- Lernschritte D+E: Trainieren der vier Fertigkeiten Hören, Lesen, Sprechen und Schreiben in authentischen Alltagssituationen und systematische Erweiterung des Stoffs der Lernschritte A–C
- Übersichtsseite Grammatik und Kommunikation mit Möglichkeiten zum Festigen und Weiterlernen sowie eine Übersicht über die Lernziele
- eine Doppelseite „Für zwischendurch ..." mit spannenden fakultativen Unterrichtsangeboten wie Projekten, Spielen, Liedern, Landeskunde etc. und vielen Möglichkeiten zur Binnendifferenzierung

Arbeitsbuch (sieben Lektionen)

Lektionsaufbau:

- abwechslungsreiche Übungen zu den Lernschritten A–E des Kursbuchs
- Übungsangebot in verschiedenen Schwierigkeitsgraden, zum binnendifferenzierten Üben
- ein systematisches Phonetik-Training
- ein systematisches Schreibtraining
- Aufgaben zum Selbstentdecken grammatischer Strukturen (Grammatik entdecken)
- Aufgaben zur Prüfungsvorbereitung
- Selbsttests am Ende jeder Lektion zur Kontrolle des eigenen Lernerfolgs der Teilnehmer
- fakultative Fokusseiten zu den Themen Alltag, Beruf und Familie

Anhang:

- Lernwortschatzseiten mit Lerntipps, Beispielsätzen und illustrierten Wortfeldern
- Grammatikübersicht

Außerdem finden Sie im Lehrwerkservice zu *Schritte plus Neu Österreich* die Audios sowie vielfältige Zusatzmaterialien für den Unterricht und zum Weiterlernen.

Viel Spaß beim Lehren und Lernen mit *Schritte plus Neu Österreich* wünschen Ihnen

Autoren und Verlag

1 Stellen Sie sich vor. Wie heißen Sie?

2 Das Kennenlern-Spiel

Spielen Sie zu zweit. Sie brauchen: zwei Spielfiguren und einen Würfel.
Beginnen Sie bei **Start**. Wenn Sie auf ein Feld kommen, auf dem Ihre Partnerin / Ihr Partner steht, muss sie/er zurück zum **Start**. **Weißes Feld**: Hier sind Sie sicher! **Rotes Feld**: Fragen Sie Ihre Partnerin / Ihren Partner. Notieren Sie die Antworten. **Gelbes Feld**: Fahren Sie so viele Felder vor (+) / zurück (–). **Grünes Feld**: Zurück zum **Start**. Gewonnen hat die Person, die zuerst im **Ziel** ist.

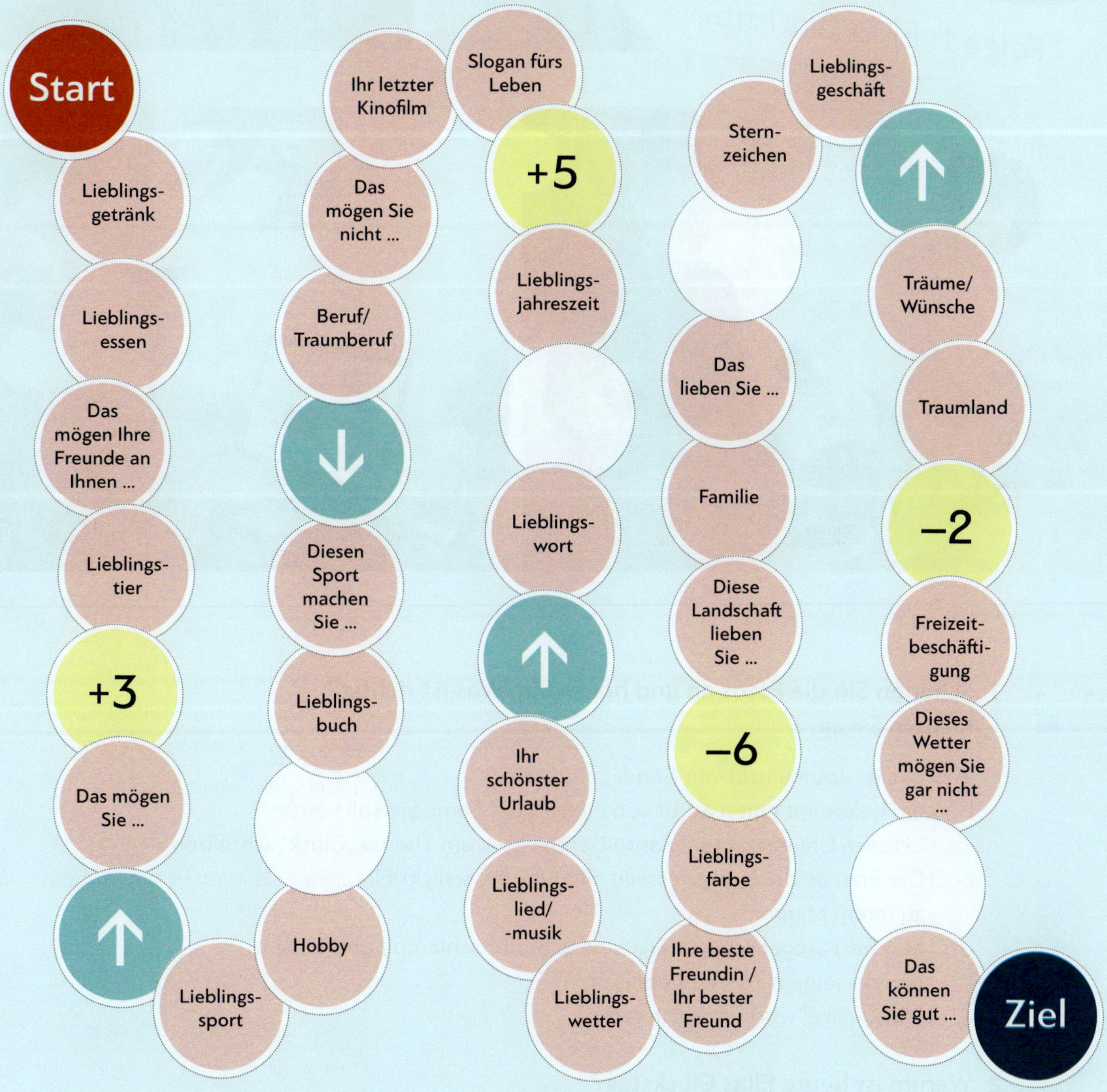

3 Im Kurs: Stellen Sie Ihre Partnerin / Ihren Partner vor.

Glück im Alltag

Folge 1: Ellas Glückstag

1 1–4

1 Schauen Sie die Fotos an und hören Sie. Was ist richtig?
Kreuzen Sie an.

a ○ Ella ist Journalistin von Beruf.
b ○ Sie bekommt einen Anruf von ihrem Chef Sami. Sie soll heute bis zwei Uhr eine interessante Geschichte zum Thema „Glück" schreiben.
c ○ Die Frau an der Bushaltestelle hilft Ella. Sie schickt Ella zu ihrem Mann.
d ○ Manfred Stöger schenkt Ella eine Schreibtischlampe und erzählt ihr von seinem Glückserlebnis.
e ○ Ellas Artikel wird pünktlich fertig.

2 Warum ist heute Ellas Glückstag?

Sie freut sich, weil ...

Stadt-Kurier

Ellas Tag

Das Glück ist ein Vogerl

von Ella Wegmann

35 Jahre lang spielte Manfred Stöger jede Woche Lotto. Ein paar Mal gewann er, aber nie mehr als 50 Euro. Dann kam die ganz große Überraschung.

Ein Traum wurde wahr!
Bei der Lottoziehung im Fernsehen kamen seine Zahlen. Eine nach der anderen. Und am Ende war es ein Lotto-Sechser. Zuerst hatte er Angst, dass es nicht Wirklichkeit war. Aber es war kein Traum und Herr Stöger war glücklich: Er hatte wirklich gewonnen.

Mehr als eine Million?
„Es ist echt verrückt gewesen", erzählt er. „Ich habe so lang auf diesen Moment gewartet. Der Gewinn war eine Million. Steuerfrei! Alles hat mir gehört!"

Herr Stöger war glücklich, aber die Geschichte ging noch weiter. Kurz danach hatte er einen Traum. Er sah die Zahl 14 und eine Stimme fragte ihn: „Willst du mehr? Viel mehr?"

Zu viel Mut tut selten gut!
Er hörte auf die Stimme und ging ins Spielcasino, setzte sich zum Roulettetisch und probierte es den ganzen Abend immer nur mit der Zahl 14. Mutig, oder?

„Mutig? Dumm!", sagt Herr Stöger. „Am Ende habe ich alles verloren. Die ganze Million." Er hatte nicht einmal mehr Geld für ein Taxi und musste zu Fuß heimgehen. Das Glück ist ein Vogerl: Es kommt schnell und ist schnell wieder weg!

3 Ellas Kolumne

Lesen Sie Ellas Artikel. Korrigieren Sie die vier Fehler.

Nach 35 Jahren ~~Roulette~~-Spielen hatte Manfred Stöger Glück: Er hat 100.000 Euro gewonnen. Doch dann hatte er großes Pech. Er ist mehrmals in ein Spielcasino gegangen und hat immer nur auf die Zahl 14 gesetzt. So lange, bis viel Geld weg war. — *Lotto*

4 Haben Sie schon einmal etwas gewonnen? Erzählen Sie.

Ja, einmal habe ich ein Skateboard gewonnen.

Nein. In meiner Religion ist Glücksspiel verboten.

A 35 Jahre lang **spielte** Manfred Stöger Lotto.

A1 Markieren Sie wie im Beispiel und ergänzen Sie die Tabelle.

Das Glück ist ein Vogerl

von Ella Wegmann

35 Jahre lang spielte Manfred Stöger jede Woche Lotto. Ein paar Mal gewann er, aber nie mehr als 50 Euro. Dann kam die ganz große Überraschung.

heute	früher / gestern / letztes Jahr / ...
er spielt	er hat gespielt / er ....
er gewinnt	er hat gewonnen / er ....
er kommt	er ist gekommen / er ....

A2 Kurzmeldungen

a Lesen Sie die Zeitungsmeldungen und ordnen Sie die Überschriften zu.

1 Rettung nach zwei Stunden
2 Was für ein Pech!
3 Verflogen
4 Vergesslicher Ehemann

Meldung	A	B	C	D
Überschrift				

A

Ein 71-jähriger Grazer fuhr am vergangenen Wochenende auf einer Autobahnraststation bei Mondsee einfach ohne seine 67-jährige Frau weiter. Während der Mann tankte, wollte die Frau schnell Getränke kaufen. Aber als sie wieder zum Auto kam, war ihr Mann verschwunden. Der Pensionist bemerkte erst zwei Stunden nach der Weiterfahrt, dass seine Frau nicht mehr auf dem Beifahrersitz saß. Die Frau wartete mehrere Stunden umsonst auf ihren Mann. Ein anderer Autofahrer brachte sie schließlich zur Polizei. Erst Stunden später meldete sich der vergessliche Ehemann und fragte nach seiner Frau.

B

Werner H. (61) und Florian H. (30) aus Wolkersdorf wollten einen Vater-und-Sohn-Urlaub in der Millionenstadt Sydney in Australien verbringen. Mit Shorts und T-Shirt passend für den heißen australischen Sommer gekleidet, stiegen sie letzten Monat in Wien ins Flugzeug. Sie wunderten sich zwar, als sie in Portland im Nordwesten der USA in ein kleines Flugzeug umsteigen mussten, trauten sich aber nicht, die Flughafenmitarbeiter darauf anzusprechen. Die Überraschung war dann groß, als die beiden schließlich ihr Ziel erreichten: Sie landeten im tief verschneiten Montana. Der Grund: Der Vater verwechselte bei der Online-Buchung Sydney (Australien) mit Sidney (USA) und buchte einen falschen Flug.

C

Tess K. (58) und ihr Mann Finn (57) aus den Niederlanden waren letzte Woche auf einer Kreuzfahrt im Mittelmeer. Das Schiff lag vor Neapel und das Ehepaar wollte die Stadt besichtigen. Am Hafen kam es zum großen Streit und das Ehepaar verlor sich aus den Augen. Einige Stunden später sah Tess das Kreuzfahrtschiff abfahren. Sie glaubte, dass sich ihr Mann an Bord befand, sprang ohne nachzudenken ins Wasser und schwamm dem Schiff nach. Nach Polizeiangaben verbrachte die Frau zwei Stunden im Wasser und wurde dann von Fischern gerettet.
Der Ehemann war übrigens nicht auf dem Schiff. Er war auf dem Weg zum Flughafen und wollte nach Hause fliegen.

D

Der Italiener Giovanni R. (45) aus Salurn spielt seit Jahren Lotto. Als er am Valentinstag mit seinem Lottoschein zur Trafik ging, kaufte er auf dem Weg einen Rosenstrauß für seine Frau. Damit reichte sein Geld aber nicht mehr für den Lottotipp aus. Am Abend wurden dann genau „seine" Zahlen gezogen. Im Jackpot lagen 25 Millionen Euro.

b Markieren Sie in a wie in den Beispielen. Machen Sie eine Tabelle und ergänzen Sie.

Typ „tanken“	Typ „fahren“	Typ „bringen“	werden, sein, haben	wollen, dürfen, …
tanken – tankte …	weiterfahren – fuhr weiter …	bringen – brachte …	sein – war …	wollen – wollte …

ich	tankte	fuhr	brachte
er/es/sie	tankte	fuhr	brachte
wir	tankten	fuhren	brachten
sie/Sie	tankten	fuhren	brachten

⚠ Wörter mit -d/-t brauchen ein -e
landen – landete
arbeiten – arbeitete

c Machen Sie zu jeder Zeitungsmeldung Notizen.

Wer? 71-jähriger Grazer
Wann?
Wo? bei Mondsee
Was passierte?

A3 Lesen Sie die Kurzmeldung und ordnen Sie zu.

lud … ein | störte | riefen | ~~sorgte~~ | bemerkte | standen | feierten | gab | schickte | gingen | dachte

Mehr als 500 Freunde kamen zu Julias Geburtstagsparty

Straßwalchen – Eine Geburtstagsparty *sorgte* **für großen Ärger: Über 500 Gäste folgten der Einladung über ein soziales Netzwerk.**

Eigentlich sollte es ein ganz normaler Geburtstag werden: So __________ zumindest die 17-jährige Julia R. Die Schülerin __________ über ein soziales Netzwerk ihre Freunde __________. Dabei __________ sie nicht, dass sie die Einladung unabsichtlich öffentlich verbreitete. Und so __________ am Geburtstagsabend über 500 junge Leute vor dem kleinen Reihenhaus, in dem Julia R. mit ihren Eltern und Geschwistern lebt. Man sagte die Feier ab, aber das __________ die „Gäste“ nicht. Sie __________ auf der Straße – und zwar so laut, dass Julias Eltern und die Nachbarn die Polizei __________. Die Polizei sperrte die Straße ab und __________ die jungen Leute nach Hause. Trotzdem __________ manche Gäste nicht freiwillig. Darum __________ es Konflikte, und die Polizei musste sogar zwei junge Leute festnehmen.

A4 Eine Kurzmeldung schreiben

Arbeiten Sie zu zweit. Wählen Sie eine Situation oder ein Foto.
Machen Sie zuerst Notizen und schreiben Sie dann eine Zeitungsmeldung.

A
Schüler bewirbt sich mit falschem Zeugnis – bei der Polizei!

B
Betrunkener Einbrecher vor dem Fernseher eingeschlafen

47-jähriger Hausbesitzer | heimkommen | bemerken: Licht in Wohnung, Fernseher eingeschaltet | Polizei rufen | Einbrecher im Haus | zu viel Wodka trinken, einschlafen

C

D

B Es ist vor einem Jahr passiert, **als** …

B1 Was sagt Herr Stöger? Ergänzen Sie.

Es ist vor einem Jahr passiert, …

a Ich habe noch Lotto gespielt. … *als ich noch Lotto gespielt habe.*
b Ich bin ins Spielcasino gegangen. ……………
c Ich war oft unglücklich. ……………
d Ich hatte nur wenige Freunde. ……………

Es ist vor einem Jahr passiert, als ich noch Lotto gespielt habe.

B2 Interview mit Ella Wegmann

1 🔊 5 **a** Was ist richtig? Hören Sie und kreuzen Sie an.

1 ○ Ella ist 28 Jahre alt und arbeitet als Journalistin bei „Radio Live 2".
2 ○ Ella mag ihren Beruf.
3 ○ Schon als Kind interessierte sie sich für andere Menschen.
4 ○ Als Ella 11 war, wurde in ihrem Heimatort eine Frau 100 Jahre alt.
5 ○ Ella machte ein Interview und die alte Dame schickte den Text an eine Zeitung.

b Lesen Sie die Sätze und kreuzen Sie an: Wie oft ist das passiert / passiert das?

	einmal	*öfter*
1 Wenn wir Besuch hatten, wollte ich von den Leuten immer alles genau wissen.	○	○
2 Ich habe zum ersten Mal für eine Zeitung geschrieben, als ich elf war.	○	○
3 Als wir nach dem Urlaub wieder daheim waren, kam ein Brief von der alten Dame.	○	○
4 Immer wenn man so etwas hört, denkt man: Manche Leute haben einfach Glück.	○	○

Das ist einmal passiert.	Das ist mehr als einmal passiert.
als …	(immer / jedes Mal) wenn …

B3 Erinnerungen an die Kindheit

Schreiben Sie Sätze mit *als* oder *wenn*. Tauschen Sie Ihre Sätze mit Ihrer Partnerin / Ihrem Partner und korrigieren Sie ihre/seine Sätze.

Ich war als Kind immer sehr glücklich, … Ich war im Sommer … / zu Weihnachten / … sehr froh, …
Ich habe mir einmal sehr wehgetan, … … ich 11 / … Jahre alt war, … … ich einmal …, bin/habe ich …
Ich habe es als Kind immer sehr aufregend gefunden, … Es hat mir immer gut gefallen, …
Meine Eltern waren immer sehr zufrieden mit mir, … Mein Opa hat es immer sehr witzig gefunden, …

B4 Meine Lieblingsfrage

Arbeiten Sie in Gruppen. Welche Frage über sich möchten Sie gern beantworten?

– Schreiben Sie die Frage auf einen Zettel. Verwenden Sie *als* oder *wenn*.
– Mischen Sie die Zettel und verteilen Sie sie neu.
– Die Fragen werden vorgelesen.
– Beantworten Sie Ihre Frage.

Warum war ich so glücklich, als ich 16 geworden bin?

Warum war ich so glücklich, als ich 16 geworden bin? Von wem ist die Frage?

Die Frage ist von mir. Ich war so glücklich, weil ich zum Geburtstag einen Motorroller bekommen habe.

C Er **hatte** wirklich **gewonnen**.

C1 Was ist passiert? Was war vorher? Ordnen Sie zu.

Das ist passiert. | Das war vorher.

Er war glücklich.	Er hatte wirklich gewonnen.

Aber es war kein Traum und Herr Stöger war glücklich. Er hatte wirklich gewonnen.

C2 Glücksmomente

a Welche Überschrift passt? Lesen Sie die Texte und ordnen Sie zu.

○ Angekommen ○ Gewonnen

Glücksmomente

Erfolg in der Arbeit? Frisch verliebt? Oder einfach der Moment, wenn man entspannt auf einer Wiese liegt? Das sind Andreas und Latif und ihre ganz persönlichen Glücksmomente.

1

Andreas

Das ist Andreas: Sein glücklichster Tag war der 22. Juni. Seine Mannschaft hatte ein wichtiges Spiel. Aber er musste auf der Bank sitzen und zuschauen, denn er hatte sich einige Zeit vorher den Fuß gebrochen. Er hatte in der letzten Zeit viel trainiert, aber ganz fit war er noch nicht. Nach 85 Minuten stand das Spiel immer noch 0:0. Dann nahm sein Trainer die Nummer 1 vom Feld und schickte stattdessen Andreas ins Spiel. In der allerletzten Spielminute kam sein Glücksmoment. Es stand 1:0! Er hatte das Tor geschossen.

2

Latif

Latif kam 2015 über die ungarische Grenze nach Österreich. Die Zeit davor war schlimm für ihn: Er war aus Syrien geflohen und hatte einige sehr schwierige Momente erlebt. In Österreich fand er aber bald Hilfe. Nach einem halben Jahr sprach er schon gut Deutsch, weil er in den Monaten davor einen Sprachkurs besucht hatte. Als seine Familie dann im Frühjahr 2016 nachkommen konnte, war das der glücklichste Moment in seinem Leben.

b Lesen Sie noch einmal die Texte in a und die Sätze. Was war vorher passiert? Machen Sie Notizen zum Text und sprechen Sie.

Er hatte trainiert.
Er war geflohen.

1 Andreas musste auf der Bank sitzen und zuschauen.
2 Latifs Familie konnte nachkommen.

1 vorher: Fuß gebrochen / ...

Andreas hatte sich den Fuß gebrochen. ...

C3 Geschichten-Lotterie

a Arbeiten Sie in Gruppen. Jede Gruppe bekommt vier Kärtchen in verschiedenen Farben. Notieren Sie pro Kärtchen einen Ort, eine Zeit und je eine Person.

Ort: Standesamt — Zeit: Sommer — Person: beste Freundin — Person: Mutter

b Planen Sie eine Geschichte in Ihrer Gruppe und schreiben Sie sie. Verwenden Sie mindestens einmal *war/hatte ... gekommen/gesehen/...*

Letzten Sommer hat meine beste Freundin auf dem Standesamt ...

D Pech gehabt!

1 🔊 6 **D1 Hannas Unfall**

Ordnen Sie die Bilder. Hören Sie dann und vergleichen Sie.

A ◯

B ◯

C ◯

D ◯

D2 Hanna meldet der Versicherung ihren Unfall.

Markieren Sie die Antworten auf die Fragen a–d im Formular. Machen Sie dann Notizen und sprechen Sie.

a Wann und wo ist der Unfall passiert?
b Wie ist der Unfall genau passiert?
c Wie hoch ist der Schaden?
d Wer hat den Schaden?

SEKUR-VERSICHERUNG – Schadensmeldung zur Privathaftpflichtversicherung

Ihre Versicherungsnummer:
500 / 125346-X-62
Versicherungsnehmer: Hanna Krämer
Straße, Ort: Ziegelofengasse 35, 7000 Eisenstadt
E-Mail: hanna.kraemer@wobis.net
Schadentag: 15.05.d.J.
Uhrzeit: 11.15 Uhr
Ort: Gölbeszeile 80, 7000 Eisenstadt
Ungefähre Schadenshöhe: 250 Euro

Schadenshergang:
Ich half einer Bekannten, Ulrike Haas, beim Übersiedeln. Ich holte gerade eine lange Vorhangstange aus dem Umzugswagen und wollte sie in die Wohnung tragen. Meine Bekannte trug zur gleichen Zeit zwei Kartons und einen Blumentopf. Ich bemerkte leider nicht, dass sie direkt hinter mir stand, und stieß unabsichtlich mit der Stange gegen den Blumentopf. Der Blumentopf fiel augenblicklich hinunter und traf meinen Hund am Kopf. Dann biss der Hund meine Bekannte leicht in den Fuß. Sie erschrak so, dass sie die Kartons fallen ließ. Dabei wurden 11 Weingläser, 6 Tassen und 14 Teller kaputt.

Wir möchten mit der / dem Geschädigten Kontakt aufnehmen – bitte geben Sie uns Ihre Daten.

ich habe geholfen, ich habe geholt, ... ich war/hatte (auch: habe gehabt)/wollte/...	ich half, ich holte, ... ich war/hatte/wollte/...
– hört man oft in Gesprächen – liest man oft in persönlichen Briefen/Mails/...	– hört man oft in den Nachrichten – liest man oft in der Zeitung, in Berichten, in Büchern, ...

Ich habe Uli beim Übersiedeln geholfen.

Ich half einer Bekannten ...

D3 Pech gehabt!

Schauen Sie das Bild an und erzählen Sie die Geschichte.
Oder erzählen Sie eine persönliche Geschichte.

gespielt | Wohnzimmer | gestoßen | auf Tisch gefallen | Vase kaputt geworden | Schaden: circa 100 Euro

E Glücksbringer

E1 Was bringt in Ihrem Land Glück oder Pech? Sammeln Sie und erzählen Sie.

- ◆ Bei uns in Spanien glauben wir, dass Weintrauben Glück bringen. Zu Silvester muss man in den zwölf Sekunden vor Mitternacht, also bei jedem Glockenschlag, eine Weintraube essen. Dann geht jeder Wunsch in Erfüllung.
- ○ Bei uns in Lettland bringt es Pech, wenn man den Regenschirm schon im Haus aufspannt.
- ▲ ...

E2 Mein Glücksbringer

1 🔊 7–9

a Welches Interview passt zu welchem Foto? Hören Sie drei Interviews und ordnen Sie zu.

A 

B 

C 

Interview	1	2	3
Foto			

b Hören Sie noch einmal und korrigieren Sie.

1 Brigitte hat den Schutzengel in Graz ~~geschenkt bekommen.~~ *gekauft*
Ein paar Monate später hat sie einen Mann kennengelernt.

2 Wenn es Paul in einer Stadt nicht gut gefällt, wirft er eine Münze in einen Brunnen.
Er war mit seiner Frau schon dreimal in Rom.

3 Julia hat immer einen Glücksbringer bei sich.
Der Stein in ihrem Büro erinnert sie an einen Wald.

E3 Das bringt mir Glück.

a Erzählen Sie in der Gruppe: Haben Sie einen Glücksbringer oder ein Ritual?

Ich habe keinen Glücksbringer. Ich glaube eigentlich nicht an so etwas. Aber wenn ich in den Kurs gehe, komme ich immer an einem Steinlöwen vorbei. ...

Ich habe eine Muschel als Glücksbringer. Die hat mir eine Freundin vom Meer mitgebracht.

... ist mein Glücksbringer. / Ich habe eine/n ... als Glücksbringer.
Ich glaube, ... bringt mir Glück in der Liebe / im Beruf.
... beschützt mich vor ...
Ich glaube an ...
Ich habe keinen Glücksbringer und auch kein Ritual. Ich glaube nicht an so etwas.
Ich glaube nicht an Glücksbringer, aber wenn ich ..., dann ... ich immer ...

b Was wünschen Sie Ihrer Partnerin / Ihrem Partner? Schreiben Sie sieben „Glückssätze" für sie/ihn.

Ich wünsche dir viel Gesundheit.
Ich wünsche dir, dass deine Tochter einen guten Job findet.
...

Grammatik und Kommunikation

Grammatik

1 Präteritum: Konjugation ÜG 5.06

	Typ „tanken"	Typ „fahren"	Typ „bringen"
ich	tankte	fuhr	brachte
du	tanktest	fuhrst	brachtest
er/es/sie	tankte	fuhr	brachte
wir	tankten	fuhren	brachten
ihr	tanktet	fuhrt	brachtet
sie/Sie	tankten	fuhren	brachten

⚠ Wörter mit -d/-t brauchen ein -e

landen – landete
arbeiten – arbeitete

2 Verwendung von Präsens, Präteritum und Perfekt

heute Präsens	früher / gestern / letztes Jahr / ... Perfekt / Präteritum
er spielt	er hat gespielt / er spielte
er gewinnt	er hat gewonnen / er gewann
er kommt	er ist gekommen / er kam

ich habe geholfen, ... ich habe geholt, ... ich war/hatte (auch: habe gehabt)/wollte/...	ich half, ... ich holte, ... ich war/hatte/wollte/...
– hört man oft in Gesprächen – liest man oft in persönlichen Briefen/ E-Mails/...	– hört man oft in den Nachrichten – liest man oft in der Zeitung, in Berichten, in Büchern, ...

3 Konjunktion: *als* ÜG 10.08

Das ist vor einem Jahr passiert,	als ich noch Lotto gespielt habe.
Das ist einmal passiert. als ...	Das ist mehr als einmal passiert. (immer / jedes Mal) wenn ...

4 Plusquamperfekt ÜG 5.07

ich	hatte		ich	war	
du	hattest		du	warst	
er/es/sie	hatte	trainiert	er/es/sie	war	geflohen
wir	hatten		wir	waren	
ihr	hattet		ihr	wart	
sie/Sie	hatten		sie/Sie	waren	

Er musste auf der Bank sitzen und zuschauen, denn er hatte sich den Fuß gebrochen.

Die schönsten Momente in Ihrem Leben. Ergänzen Sie und schreiben Sie: Was ist passiert?

Das war die Geburt von Sophia. Ich kann mich noch gut erinnern. Ich war noch am Abend ...

Ergänzen Sie die Sätze.
Als ich 5 Jahre alt war, ...
Als ich 10 Jahre alt war, ...
Als ich 18 Jahre alt war, ...

Was ist vorher passiert? Schreiben Sie.

1 Ich hatte Bauchschmerzen.
2 Ich war wütend.
3 Ich hatte keine Lust auf Fußball.
4 Ich war so glücklich.
5 Ich war sehr müde.

1 Ich hatte zu viele Kirschen gegessen.

Kommunikation

ÜBER DIE VERGANGENHEIT REDEN: Ich war im Sommer ...

Ich war als Kind immer sehr glücklich, ... | Ich war im Sommer ... / zu Weihnachten ... sehr froh, ... | Ich habe mir einmal sehr wehgetan, ... | ... ich 11 / ... Jahre alt war, ... | ... ich einmal ..., bin/habe ich ... | Ich habe es als Kind immer sehr aufregend gefunden, ... | Es hat mir immer gut gefallen, ... | Meine Eltern waren immer sehr zufrieden mit mir, ... | Mein Opa hat es immer sehr lustig gefunden, ...

EINEN UNFALL SCHILDERN: Der Unfall ist am ... in ... passiert.

Der Unfall ist am ... in ... passiert. | Ich bemerkte leider nicht, dass ... | Sie/Er hatte/war gerade ... | Zur gleichen Zeit ... | Unabsichtlich ... | Und dann/da/danach/dabei ...

ÜBER GLÜCKSBRINGER REDEN: Ich glaube an ...

... ist mein Glücksbringer / Ich habe eine/n ... als Glücksbringer.

Ich glaube, ... bringt mir Glück in der Liebe. / im Beruf.

... beschützt mich vor ...

Ich glaube an ...

Ich habe keinen Glücksbringer und auch kein Ritual.
Ich glaube nicht an so etwas.

Ich glaube nicht an Glücksbringer, aber wenn ich ..., dann ... ich immer ...

JEMANDEM ETWAS WÜNSCHEN: Ich wünsche dir ...

Ich wünsche dir viel Gesundheit. / ...

Ich wünsche dir, dass deine Tochter einen guten Job findet.

Was ist passiert? Schreiben Sie.

Lernziele

Ich kann jetzt ...

A ... über Erlebnisse in der Vergangenheit berichten: *35 Jahre lang spielte Manfred Stöger jede Woche Lotto.* ________ ☺ 😐 ☹

B ... über einen Zeitpunkt in der Vergangenheit sprechen: *Ich habe zum ersten Mal für eine Zeitung geschrieben, als ich elf war.* ________ ☺ 😐 ☹

... über die Kindheit reden: *Wir haben immer viel Spaß gehabt, wenn wir zum See gefahren sind.* ________ ☺ 😐 ☹

C ... Ereignisse in der Vergangenheit chronologisch erzählen: *Ich hatte starke Bauchschmerzen, weil ich vorher viele Kirschen gegessen hatte.* ________ ☺ 😐 ☹

... über Glücksmomente sprechen: *Ich war so glücklich, weil meine Familie da ein schönes Fest gemacht hat.* ________ ☺ 😐 ☹

D ... einen Unfall beschreiben: *Der Blumentopf fiel hinunter und traf meinen Hund am Kopf.* ________ ☺ 😐 ☹

E ... über Glücksbringer oder Rituale reden: *Ich habe eine Muschel als Glücksbringer.* ________ ☺ 😐 ☹

... jemandem etwas wünschen: *Ich wünsche dir viel Gesundheit.* ________ ☺ 😐 ☹

Ich kenne jetzt ...

... 10 Wörter zum Thema *Glück und Pech*:

der Gewinn, ...

____

____

____

... 5 Wörter zum Thema *Unfall*:

der Schaden, ...

____

____

____

PROJEKT

Glück oder Pech?

1 ◯ Vorsicht! Es bringt Unglück, wenn man ihn zerbricht. Dann hat man sieben Jahre lang Pech.
2 ◯ Bei uns ist dieses Tier schon lange ein Symbol für Reichtum und für Glück. Wer früher viele solche Tiere hatte, der hatte nie Hunger.
3 (A) Wenn man dieses Ding über die Haustür hängt, dann können die bösen Geister nicht ins Haus hinein. Aber die Öffnung muss unten sein!
4 ◯ Wenn man so eins auf der Wiese findet, bringt das Glück. Es muss aber vier Blätter haben, nicht drei. Das ist sehr wichtig!
5 ◯ Sie soll ein Symbol für den Teufel sein und ihre Farbe steht für das Böse. Am besten, man begegnet ihr nicht!
6 ◯ An einem solchen Tag passieren angeblich besonders viele Unglücke. Die Versicherungsstatistiken bestätigen das allerdings nicht.

1 Glück oder Pech? Ordnen Sie die Bilder den Sätzen zu.

2 Unsere Glücksseite. Schreiben Sie gute Wünsche für die anderen. Jeder schreibt einen Wunsch. Machen Sie ein Plakat.

Dieses Kleeblatt soll uns Glück bringen.

Wir bestehen alle die Prüfung.

Heute scheint die Sonne.

...

HÖREN

So haben wir uns kennengelernt.

1 🔊 10 **1** Liebe auf den ersten Blick
Hören Sie Bennos Geschichte. Machen Sie dann Notizen.

Benno enttäuscht – Freundin verlassen – zum Semmering fahren ...

2 Arbeiten Sie in Gruppen. Erzählen Sie Bennos Geschichte. Jede/Jeder sagt einen Satz. Die/Der andere beendet den Satz und beginnt einen neuen Satz.

Also, es war im Herbst. Benno ...

Benno war total enttäuscht und traurig. Darum ...

Darum hat er ... Und dann ...

GEDICHT

Was ist Glück?

Alle wollen wissen: Wie ist das Glück?
Alle wollen wissen: Wo ist das Glück?
Alle wollen wissen: Was ist das Glück?

1.
In der Früh in der S-Bahn, auf dem Weg ins Büro,
ich hatte nicht geschlafen und war darum k.o.
Eine Frau mit einem Handy saß mir gegenüber.
Sie wirkte sehr sympathisch, ich schaute zu ihr rüber.

Sie bemerkte nach Minuten endlich meinen Blick.
Ich lächelte sie an – und sie lächelte zurück.
Ich lächelte sie an – und sie lächelte zurück.

Ja, so einfach ist es: DAS ist das Glück!
Jeder gibt was Kleines und bekommt dann was zurück.
Jeder gibt was her – und dann haben alle mehr!

2.
Ich kaufte mir ein Semmerl mit Käse und mit Speck
in der Mittagspause im Supermarkt am Eck.
Ein Spatz kam hergeflogen und schaute mir dann zu.
Ich sagte: „Servus, Vogerl! Ja, wer bist denn du?“

Der Spatz sah nur das Semmerl an und sagte ganz laut „Tschipp!“
Da verstand ich endlich und gab ihm auch ein Stück.
Er sagt einfach „Tschipp! Tschipp!“ und ich gab ihm auch ein Stück.

Ja, so einfach ist es: DAS ist das Glück!
Jeder gibt was Kleines und bekommt dann was zurück.
Jeder gibt was her – und dann haben alle mehr!

1 🔊 11 **1** Hören Sie das Gedicht. Was bedeutet für den Autor Glück? Sprechen Sie.

2 Welche Dinge/Momente in Ihrem Alltag sind für Sie Glück?
Worüber freuen Sie sich? Schreiben Sie fünf Sätze. Lesen Sie sie dann vor.

Glück ist, wenn …
… mir mein Mann in der Früh einen Kaffee ans Bett bringt und er schon den Frühstückstisch gedeckt hat. … Und wenn ich ihm …

Unterhaltung

1 Ein Fernsehabend

a Schauen Sie die Fotos an. Was passiert in der Geschichte mit Ella, Vivi und Max? Was meinen Sie? Schreiben Sie zu jedem Foto ein bis zwei Sätze.

• die Serie | • die Folge | • der Darsteller | sich streiten | sich wundern | fad/lustig finden | lachen | ...

Vivi

Max

1 🔊 12–15 **b** Hören Sie und vergleichen Sie. Was ist in Ihrer Geschichte anders? Sprechen Sie.

In meiner Geschichte streiten sich Ella und Max.

Und in meiner reden die drei nicht über ...

Stadt-Kurier

Ellas Tag

„Die Serie, die ich machen würde“

von Ella Wegmann

Wenn ich auf einer Party mit Leuten ins Gespräch kommen möchte, frage ich nach ihrer TV-Lieblingsserie. Welche ist es? Welche Charaktere magst du besonders, welche hasst du? Es ist erstaunlich, wie viel ich damit über meine Gesprächspartner erfahre, obwohl wir ja nur übers Fernsehen reden. Gestern habe ich die Frage einmal anders gestellt: „Welche Serie würdest du selber gern machen?“ Hier die zwei interessantesten Antworten:

Diana (27)

„Wir sehen überall nur Probleme, obwohl es den meisten von uns echt supergut geht. Mein Wunschserienheld hätte dauernd Pech. Die Leute würden sagen, er ist ein Verlierer, aber das stimmt nicht, denn er ist ein Typ, der immer optimistisch bleibt. Ein Mensch, der sich nie beschwert, obwohl er wirklich Grund zum Jammern hätte. Ein Verlierer, der eigentlich ein Gewinner ist.“

Slavoj (32)

„Ich esse sehr gern, ich glaube, das sieht man. Meine Serie würde in einem besonderen Restaurant spielen. Eine der Hauptfiguren wäre eine Köchin, die unglaublich gut kochen kann. Und es gibt viele Gäste, die ihr Essen probieren und dann immer wieder ins Restaurant kommen. Ich glaube, man könnte da ziemlich lustige und verrückte Geschichten erfinden.“

2 Ellas Kolumne

a Lesen Sie die Kolumne und beantworten Sie die Fragen.

- Was möchte Ella wissen?
- Worum geht es in Dianas Serie?
- Worum geht es in Slavojs Serie?

Ella möchte wissen, welche ...

1 🔊 16–17 **b** Hören Sie zwei Gespräche (1–2). Welches Gespräch passt zu welcher Serie? Ordnen Sie zu.

	Dianas Serie	Slavojs Serie
Gespräch	◯	◯

3 Schauen Sie sich gern Serien an? Wenn ja, welche? Wenn nein, warum nicht? Erzählen Sie.

Ich liebe „Game of Thrones!“ Ich habe alle Folgen gesehen und warte auf die nächste Staffel!

Was? „Game of Thrones“ schaue ich mir nicht an. Das ist mir zu brutal.

Ich finde alle Serien blöd. Ich schaue mir lieber Spielfilme an.

A … **obwohl** du sie schon … gesehen hast.

A1 Was ist richtig? Wissen Sie es noch? Verbinden Sie.

a Max schaut sich die Serie an,	obwohl sie gute Freundinnen sind.
b Ella und Vivi gehen,	obwohl er sie schon dreimal gesehen hat.
c Ella und Vivi streiten sich,	weil sie die Serie nicht lustig finden.

Max schaut sich die Serie an, obwohl er sie schon dreimal gesehen hat.

1 18–20 **A2 Meine Lieblingsserie**

a Welches Foto (A–C) passt zu welchem Hörtext (1–3)? Hören Sie und ordnen Sie zu.

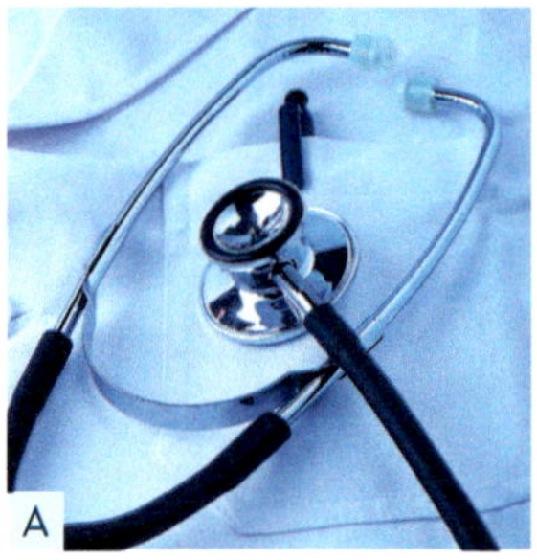
A

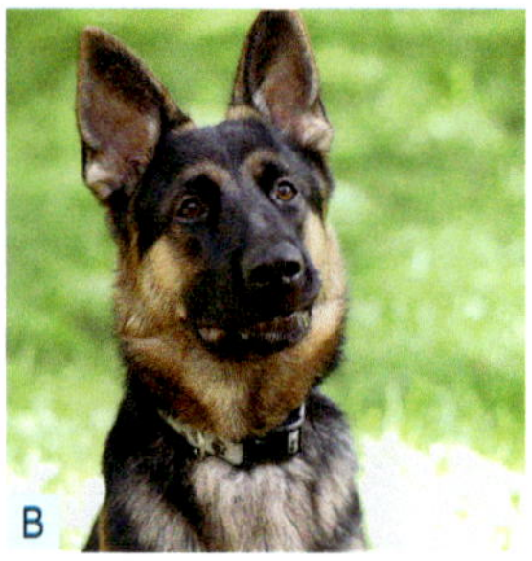
B

C

Text	1	2	3
Foto			

b Wer sagt was? Kreuzen Sie an.
Hören Sie dann noch einmal und vergleichen Sie.

	Franz	Julia	Sarah
1 Ich kann keine Operationen und kein Blut sehen.	○	○	○
2 Meine Lieblingsserie ist natürlich eine Kriminalserie.	○	○	○
3 Meine Lieblingsserie ist aus Österreich und spielt in Wien.	○	○	○
4 Ich kenne schon alle Folgen.	○	○	○
5 Natürlich arbeiten die Hauptfiguren nicht nur, sie haben auch ein sehr aufregendes Privatleben.	○	○	○
6 Eine der Hauptfiguren veröffentlicht im Internet alle Fälle.	○	○	○

c Schreiben Sie Sätze mit *weil* oder *obwohl*.

1 Ich kann kein Blut sehen. Meine Lieblingsserie ist eine Krankenhausserie.
2 Meine Lieblingsserie ist natürlich eine Kriminalserie. Ich liebe Krimis.
3 Das hört sich nicht besonders interessant an. Die Serie ist spannend und lustig.
4 Ich kenne schon alle Folgen. Ich schaue sie mir immer noch regelmäßig an.
5 Watson veröffentlicht alle Fälle im Internet. Holmes mag das nicht.

1 Obwohl ich kein Blut sehen kann,
ist meine Lieblingsserie eine Krankenhausserie.
2 Meine Lieblingsserie …

A3 Das finde ich total fad.

1 🔊 21 **a** Hören Sie und ergänzen Sie. Hören Sie dann noch einmal und vergleichen Sie.

- ◆ Wie kann man nur so eine Serie machen? Die ist *wirklich* fad.
- ○ Fad? Ich verstehe dich nicht. Die ist doch ______ spannend.
- ◆ Also, ich finde das ______ spannend. Das Ende ist doch jetzt schon ______ klar.
- ○ Aber die Schauspieler sind super, findest du nicht?
- ◆ Super? Ich finde die ______ gut! Ich finde die sogar ______ schlecht. Also, ich mag diese Serie ______. Schauen wir uns doch was anderes an!
- ○ Geh, komm! Ich finde es ______ nervig, dass du immer meckerst. Sei ______ kritisch!

b Ordnen Sie zu.

überhaupt nicht | ~~ziemlich~~ | nicht so | total | echt | gar nicht

++	+	–	– –
______	*ziemlich*	______	______
______	wirklich	nicht besonders	______
besonders			

A4 Das ist echt spannend!

a Welche Serie mögen Sie besonders gern? Machen Sie ein Plakat.

Titel: Outlander
kommt: aus den USA
Hauptfiguren/Schauspieler: Krankenschwester Claire, ...
Zeit: vor über 200 Jahren
Handlung: Claire gerät unabsichtlich zurück in die Vergangenheit. ...

SCHON FERTIG? Diese Serie mag ich gar nicht. Schreiben Sie.

b Arbeiten Sie in Gruppen.
Stellen Sie Ihre Serie vor. Die anderen stellen Fragen dazu.

Meine Lieblingsserie heißt ...
Sie kommt aus ... / wird in ... gedreht.
Die Hauptfigur ist / Die Hauptfiguren sind ...
Die Serie spielt in der heutigen Zeit. / vor ... Jahren.
In der Serie geht es um einen Mann / eine Frau / ... /
Die Serie handelt von einem Mann / einer Frau / ...
Obwohl ich Krimis/Liebesgeschichten/Komödien ... eigentlich nicht mag, ...
Weil ich Krimis/Liebesgeschichten/... besonders gern mag, ...
Besonders/Echt/Total/... spannend/lustig/interessant finde ich / ist ...

Meine Lieblingsserie heißt „Outlander". Sie kommt ... und spielt ...

Seit wann gibt es denn die Serie?

Welche Folge gefällt dir besonders gut?

B Eine Köchin, **die** unglaublich gut kochen kann.

B1 Meine Hauptfigur wäre ...

a Verbinden Sie.

1 Mein Serienheld wäre ein Mann,
2 Meine Hauptfigur wäre eine Köchin,
3 In meiner Serie geht es um ein Ehepaar,
4 In meiner Serie gibt es viele Gäste,

die immer wieder ins Restaurant kommen.
der immer optimistisch bleibt.
die unglaublich gut kochen kann.
das Flüchtlingen hilft.

ein Mann,	• der	unglaublich gut kochen	... kann
ein Ehepaar,	• das		... kann
eine Köchin,	• die		... kann
Gäste,	• die		... können

b Arbeiten Sie zu zweit. Wer wäre Ihre Hauptfigur? Schreiben Sie drei Sätze. Zerschneiden Sie die Sätze und tauschen Sie mit einem anderen Paar. Was gehört zusammen? Bilden Sie Sätze.

Meine Hauptfigur wäre eine Sängerin,

die keinen Erfolg hat.

B2 Österreichische Musiker

a Schauen Sie die Fotos an und sprechen Sie.

– Welche Musiker auf den Fotos kennen Sie?
– Kennen Sie andere deutschsprachige Gruppen/Bands?
– Was ist Ihre Lieblingsmusik?

Österreich gilt schon seit vielen hundert Jahren als Musikland. Früher waren es Mozart, Beethoven oder Johann Strauß, die in Wien gelebt haben und dort sehr erfolgreich waren. Heute sind es vor allem junge Bands, die die Musiklandschaft Österreichs bunt machen. Sie produzieren viele Hits, die auch das Publikum im deutschsprachigen Ausland liebt. Die Musikstile sind oft ganz unterschiedlich und auch die Songs beschäftigen sich mit verschiedenen Themen.

Eine besonders erfolgreiche Band ist *Bilderbuch*. Im Jahr 2005 begannen vier Jugendliche in Oberösterreich, gemeinsam Musik zu machen. Vier Jahre später produzierten sie ihr erstes Album. Ihr Stil war völlig neu: mit modernen Beats und kreativen Texten auf Deutsch, mit denen sie schnell einen Hit nach dem anderen hatten, wie zum Beispiel *Maschin* oder *Bungalow*. Jetzt sind sie die absoluten Stars in der österreichischen Musikszene. Viele können ihre Musik schwer beschreiben, finden sie aber einfach nur cool. In den letzten Jahren hat *Bilderbuch* viele Preise gewonnen, auch für das beste Musikvideo.

Skero ist ein österreichischer Hip-Hop Künstler. Mit Hip-Hop meint man elektronisch produzierte Beats mit einem schnell gesprochenen Text, dem sogenannten Rap. Anfangs sang Skero mit der Linzer Band *Texta*, dann auch mit der Band *Müßiggang*. Inzwischen macht er aber alleine Musik, mit der er viel Erfolg hat. Seine Texte sind originell – meistens auf Hochdeutsch, teilweise auf Englisch, manchmal auch im Dialekt.

Es gibt auch viele österreichische Künstler, die fast nur im Dialekt singen – so auch *Pizzera & Jaus*. Der Steirer Paul Pizzera wurde zuerst als Kabarettist bekannt. Das Lied *wir gewinnt* entstand 2015 mit seinem Kollegen Otto Jaus, den er zwei Jahre vorher kennengelernt hatte. Die beiden singen über traurige Liebe (in *Jedermann*) genauso wie über Lebensfreude (*Eine ins Leben*) und kritisieren mit Wortwitz und Humor alltägliche Dinge. Ihre Konzerte sind immer ausverkauft, und noch nie hat es eine andere Band geschafft, dass fünf Lieder im gleichen Monat in den Austria Top 75 waren.

b Lesen Sie den Text in a und ergänzen Sie Informationen mit Ihrer Partnerin / Ihrem Partner. Vergleichen Sie dann im Kurs.

Bilderbuch — kommen aus Oberösterreich

Skero

Pizzera & Jaus

der/ein Song,	• den	das Publikum liebt
das/ein Lied,	• das	
die/eine Musik,	• die	
die/– Hits,	• die	

der/ein Song, mit	• dem	man Erfolg hat
das/ein Lied, mit	• dem	
die/eine Musik, mit	• der	
die/– Hits, mit	• denen	

B3 Ergänzen Sie.

SCHON FERTIG? Suchen Sie im Internet Musik von *Skero* und *Christina Stürmer*.

a Skero ist ein Musiker, ...

– _den_ viele gern kennenlernen würden.

– mit __________ man gern über Musik sprechen würde.

– __________ 1972 in Mödling (Niederösterreich) geboren wurde.

b Christina Stürmer ist eine Sängerin, ...

– __________ aus Oberösterreich kommt.

– __________ man oft im Radio hören kann.

Die Musik, mit __________ sie Erfolg hat, ist der sogenannte *Neue Pop und Rock aus Österreich*.

B4 Kennst du jemanden, der ...?

Ergänzen Sie: *dem/das/die*, ... Fragen Sie dann im Kurs. Wer findet zuerst zu jeder Frage eine Person, die mit „Ja" antwortet? Notieren Sie die Namen.

		Name
1	Hast du einen Freund, _dem_ immer alles gelingt?	_Samir_
2	Gibt es eine berühmte Person, __________ du gern einmal treffen würdest?	
3	Kennst du eine Frau, __________ mehr als drei Geschwister hat?	
4	Hast du eine Freundin, __________ du alles erzählen kannst?	
5	Kennst du jemanden, __________ dir schon einmal einen wichtigen Rat gegeben hat?	
6	Hast du einen Freund, mit __________ du schon länger als 10 Jahre befreundet bist?	
7	Kennst du ein Ehepaar, __________ schon länger als 30 Jahre verheiratet ist?	
8	Erinnerst du dich an die Person, __________ dir zuletzt etwas geschenkt hat?	
9	Erinnerst du dich an die Person, __________ du zuletzt etwas geschenkt hast?	
10	Gibt es einen Gegenstand, __________ du immer bei dir hast?	

Samir, hast du einen Freund, dem immer alles gelingt?

Ja, das ist mein bester Freund Sinan. Schon in der Schule konnte er jede Aufgabe lösen und hatte immer die besten Noten.

C Wie wäre es, wenn ...?

C1 Lesen Sie die Texte und ordnen Sie die Plakate zu.

A

B

C

1 ◯ Die deutsch-iranische Komödie erzählt die Geschichte von Mohsen Taheri, der Köln verlässt und mit dem Auto Richtung Polen fährt. Dort will er billige Schafe für Papas Fleischhauerei kaufen. Auf seiner Reise lernt er Ana aus Ostdeutschland kennen, die ihn begleitet. Ein multikultureller Spaß!

2 ◯ Zeichentrickfilm für Groß und Klein: Der kleine Tiger und der kleine Bär leben zufrieden in ihrem Häuschen am Fluss. Eines Tages wird eine Kiste ans Ufer gespült. Außen steht „Panama" – innen riecht sie nach Bananen. Die beiden Freunde möchten das Land unbedingt finden. Auf ihrer Reise begegnen sie vielen Tieren und erleben zahlreiche Abenteuer.

3 ◯ Ein Film, der viele Preise gewonnen hat! Der 19jährige Roman kommt bereits als Jugendlicher in Kontakt mit Gewalt. Seine Familie kennt er nicht, aber ein neuer Job verändert seine Situation. Er will seine Mutter finden und sein Wunsch erfüllt sich. Sie interessiert sich jedoch nicht für ihn. Auch das Verhältnis zu seinem Arbeitskollegen ist nicht einfach. Doch langsam findet Roman zurück ins Leben ...

C2 Diskussion: sich einigen

a Ein Satz in jeder Kategorie passt nicht. Streichen Sie ihn und ordnen Sie richtig zu.

etwas vorschlagen	Wir könnten doch ... Das ist sicher interessant/lustig/spannend, weil ... | Wie wäre es, wenn ...? | Gehen/Machen/Schauen/... wir doch ... | ~~Ich finde das nicht so gut~~. | Ich habe da einen Vorschlag: Wollen wir ...?
etwas ablehnen	Das kommt für mich nicht infrage. | Ich bin (auch) dafür. Gute Idee! | ... mag ich nicht so gern, weil ... | Muss das sein? Das ist doch fad. | Also, ich weiß nicht, das klingt nicht so interessant. | Ich finde das keine so gute Idee. | Das mag ich wirklich nicht. | Das Thema interessiert mich nicht (so). *Ich finde das nicht so gut.*
einen Gegenvorschlag machen	Ich würde lieber ... | Ich finde das besser, weil ... | Nein, auf keinen Fall. | Ich mag lieber ... | Ja, das ist schon möglich, aber ...
zustimmen / sich einigen	Das finde ich auch. | Da hast du völlig recht. | Das ist ein guter Vorschlag! | Gut, dann ... | Einverstanden! | Genau! | In Ordnung. | Machen wir das! | Okay, das machen wir. | Habt ihr Lust auf ...?

b Arbeiten Sie zu dritt. Jeder sucht sich einen anderen Film aus C1 aus. Erklären Sie, warum sich alle „Ihren" Film anschauen sollten.

◆ Wie wäre es, wenn wir uns heute Abend „Atmen" anschauen? Es geht um einen Jugendlichen, der ...

○ Also ich weiß nicht, das klingt nicht so interessant.

▲ ...

D Fernsehkonsum

D1 Tägliche Mediennutzungsdauer in Minuten pro Tag

a Schauen Sie die Statistik an. Was meinen Sie: Welche Medien werden täglich wie lange genutzt? Ordnen Sie zu.

1 Fernsehen 2 Zeitungen/Zeitschriften 3 ~~Radio~~ 4 Internet 5 Musik hören via Handy

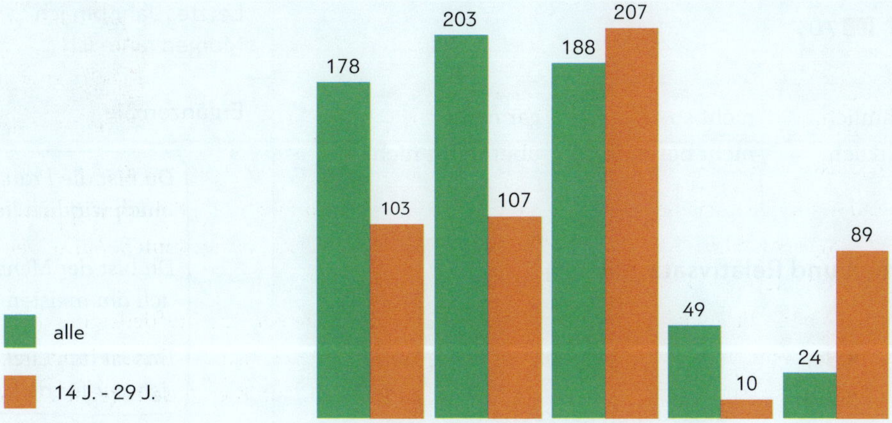

Das vermute ich:					
Das steht im Text:		3			

b Lesen Sie nun den Text zur Statistik. Markieren Sie die Medien und ergänzen Sie die richtigen Ergebnisse in der Statistik.

Täglich online? So werden Medien in Österreich genutzt.

In Österreich hat man circa 1000 Personen befragt, wie lange sie täglich Medien nutzen. Junge Leute zwischen 14 und 29 Jahren hören nur etwas mehr als 100 Minuten Radio pro Tag. Für den Durchschnitt aller Österreicher bleibt aber das Radio mit etwas mehr als 200 Minuten (das ist doppelt so viel!) am wichtigsten. In der Früh beim Aufstehen oder im Büro: ohne Radio geht es nicht. Die Überraschung: Das Fernsehen ist mit knapp drei Stunden, also 178 Minuten pro Tag, nicht mehr auf Platz zwei. Denn in Österreich wird das Internet jetzt schon mehr als das Fernsehen genutzt, besonders von jungen Leuten zwischen 14 und 29. Für diese Gruppe ist nicht der Rundfunk (Fernsehen und Radio), sondern das Internet mit 3,75 Stunden auf Platz eins. Musik über das Handy hören Jugendliche 89 Minuten pro Tag. Anders ist es bei Zeitungen und Zeitschriften: Sie werden im Durchschnitt 49 Minuten pro Tag gelesen, von jungen Leuten viel weniger.

c Vergleichen Sie mit Ihren Vermutungen in a. Welche Ergebnisse finden Sie erstaunlich? Sprechen Sie mit Ihrer Partnerin / Ihrem Partner.

D2 Lesen, Musik hören, fernsehen, im Internet surfen

a Machen Sie Notizen. Was machen Sie am liebsten? Wie oft? Wie lange? Wann? Wo?

	Was?	Wie oft? / Wie lange?	Wann? / Wo?
Fernsehen	Sport	am Wochenende / ca. 3 Stunden	am Nachmittag daheim

b Sprechen Sie mit Ihrer Partnerin / Ihrem Partner.

Grammatik und Kommunikation

Grammatik

1 Konjunktion: *obwohl* ÜG 10.09

Max schaut sich die Serie an,	obwohl er sie schon dreimal gesehen hat.

2 Gradpartikeln ÜG 7.03

++	+	–	– –
echt	ziemlich	nicht so	gar nicht
total	wirklich	nicht besonders	überhaupt nicht
besonders			

3 Relativpronomen und Relativsatz ÜG 10.14

Nominativ			
ein Mann,	• der	unglaublich gut kochen	... kann
ein Ehepaar,	• das		... kann
eine Köchin,	• die		... kann
Gäste,	• die		... können

Akkusativ		
der/ein Song,	• den	das Publikum liebt
das/ ein Lied,	• das	
die/eine Musik,	• die	
die/– Hits,	• die	

Dativ			
der/ein Song,	mit	• dem	man Erfolg hat
das/ ein Lied,	mit	• dem	
die/eine Musik,	mit	• der	
die/– Hits,	mit	• denen	

Schreiben Sie vier Sätze mit *obwohl*.
Gestern bin ich ...,
Letzte Woche habe ich ...,
Letztes Jahr bin ich ...,
Morgen fahre ich ...,

Ergänzen Sie.

Du bist die Frau, ______ mich wirklich liebt!

Du bist der Mensch, ______ ich am meisten liebe!

Das ist das Lied, ______ ich nur für dich singe!

Was sagt die Frau? Schreiben Sie.
Du bist der Mann, der ...

Kommunikation

DIE LIEBLINGSSERIE BESCHREIBEN: In der Serie geht es um ...

Meine Lieblingsserie heißt ...
Sie kommt aus ... / wird in ... gedreht.
Die Hauptfigur ist / Die Hauptfiguren sind ...
Die Serie spielt in der heutigen Zeit. / vor ... Jahren.
In der Serie geht es um einen Mann / eine Frau / ... /
Die Serie handelt von einem Mann / einer Frau / ...
Obwohl ich Krimis/Liebesgeschichten/Komödien ... eigentlich nicht mag, ...
Weil ich Krimis/Liebesgeschichten/... besonders gern mag, ...
Besonders/Echt/Total/... spannend/lustig/interessant finde ich / ist ...

Mein Lieblingsfilm/Lieblingsbuch/ Lieblings... Schreiben Sie.

Mein Lieblingsfilm heißt ...

SICH NACH PERSONEN ERKUNDIGEN: Kennst du ...?

Hast du einen Freund, der/den/dem ...?
Kennst du ..., der/den/dem ...?
Erinnerst du dich an ..., der/den/dem ...?
Gibt es ..., der/den/dem ...?

ETWAS VORSCHLAGEN: Lass uns doch ...

Wir könnten doch ... | Habt ihr Lust auf ... ?
Das ist sicher interessant/lustig/spannend, weil ...
Wie wäre es, wenn ...? | Gehen/Machen/Schauen/... wir doch ... |
Ich habe da einen Vorschlag: Wollen wir ...?

ETWAS ABLEHNEN: Das mag ich wirklich nicht.

Das kommt für mich nicht infrage.
... mag ich nicht so gern, weil ...
Also, ich weiß nicht, das klingt nicht so interessant.
Ich finde das keine so gute Idee. | Ich finde das nicht so gut.
Muss das sein? Das ist doch fad.
Das mag ich wirklich nicht. | Nein, auf keinen Fall.
Das Thema interessiert mich nicht (so).

EINEN GEGENVORSCHLAG MACHEN: Ich mag lieber ...

Ich würde lieber ...
Ich finde das besser, weil ...
Ich mag lieber ...

ZUSTIMMEN / SICH EINIGEN: Das ist ein guter Vorschlag!

Das finde ich auch. | Da hast du völlig recht.
Das ist ein guter Vorschlag! | Gut, dann ...
Einverstanden! | Genau! | In Ordnung.
Machen wir das! | Okay, das machen wir.
Ich bin (auch) dafür. Gute Idee.

Wie einigen sich Luisa und Paul? Schreiben Sie das Gespräch weiter.

Lernziele

Ich kann jetzt ...

A ... von meiner Lieblingsserie erzählen: *Meine Lieblingsserie heißt Outlander. Sie kommt aus den USA und spielt in ...* ____ ☺ 😐 ☹

B ... Personen und Gegenstände genauer beschreiben: *Skero ist ein Musiker, den viele gern kennenlernen würden.* ____ ☺ 😐 ☹

C ... mich in einer Diskussion einigen: *Das ist ein guter Vorschlag!* ____ ☺ 😐 ☹

D ... eine Statistik verstehen: *Die Österreicherinnen und Österreicher schauen täglich circa drei Stunden fern.* ____ ☺ 😐 ☹

Ich kenne jetzt ...

... 10 Wörter zum Thema *Kino und Fernsehen*:

die Serie, ...

HÖREN

Mein Lieblingslied
Tausendmal gehört

1 Schauen Sie die Fotos an. Was meinen Sie? Von wann sind sie? Wie alt sind die Personen auf den Fotos?

1 ◀)) 22 2 Hören Sie das Gespräch. Wer spricht? Worüber reden die Personen? Sprechen Sie.

3 Haben Sie auch ein Lieblingslied? An welche Personen und Erlebnisse denken Sie? Erzählen Sie.

LESEN

Frau Holle

Es war einmal eine Mutter, die hatte zwei Töchter. Die eine war schön und fleißig, die andere war hässlich und faul. Die Mutter hatte die Faule aber viel lieber als die Fleißige. Immer bekam die faule Schwester das beste Essen und die schönsten Kleider. Und die Fleißige? Sie musste die ganze Hausarbeit machen. Von früh bis spät musste sie putzen und aufräumen, einkaufen, kochen, waschen und sich um den Garten kümmern. Trotzdem bekam sie nur alte Kleider und schlechtes Essen. Nie hörte sie ein freundliches Wort oder ein „Dankeschön".
Das Wasser zum Kochen und Waschen holte sie aus einem tiefen Brunnen im Garten. Eines Tages passte sie nicht richtig auf und fiel in den Brunnen. Sie fiel und fiel und plötzlich wurde alles um sie herum schwarz ...

1 „Frau Holle" ist ein bekanntes deutschsprachiges Märchen.
Lesen Sie den Anfang des Märchens. Was ist richtig? Kreuzen Sie an.

a ○ Eine Tochter ist hässlich, aber sehr fleißig.
b ○ Die Mutter mag beide Töchter sehr gern.
c ○ Die schöne Tochter muss viel arbeiten.
d ○ Sie bekommt dafür schöne Kleider und gutes Essen.
e ○ Die schöne Tochter fällt in einen tiefen Brunnen.

2 Wie geht das Märchen weiter? Ordnen Sie die Sätze. Lösen Sie dann das Rätsel.

○ I Frau Holle ist sehr unzufrieden mit ihr.
(1) G Die fleißige Tochter wacht in der Welt von Frau Holle auf.
○ A Nun soll die faule Tochter zu Frau Holle gehen und Gold verdienen.
○ E Sie bekommt schwarzes Pech, das für immer an ihrem Körper klebt.
○ R Sie wohnt auch bei Frau Holle, aber sie arbeitet nicht.
○ L Frau Holle ist sehr zufrieden mit ihr.
(2) O Sie wohnt bei Frau Holle und hilft ihr sehr gern bei der Arbeit.
(5) M Daheim sehen die Mutter und die Schwester das Gold.
○ D Zum Abschied schenkt ihr Frau Holle viel Gold.

	1	2	3	4	5	6	7	8	9
So heißt die fleißige Tochter:	G	O			M				

GEDICHT

Die Serie, die ich so gerne seh'

1. Ja, ich weiß: Die Küche müsst' ich putzen.
Doch das freut mich gar nicht im Moment.
Der Mistkübel ist voll, der Mist muss runter –
ein Problem, das jeder von euch kennt.
Soll ich den Popo jetzt vom Sofa heben?
Die Fernbedienung auf den Couchtisch legen?
Soll ich runter? Raus in diesen Regen?

Na, na – jetzt kommt die Serie, die ich so gerne seh'.
Der Mist bleibt da, und aus der Küche hol' ich schnell Kaffee.
Ah, wunderbar! Die Serie, die ich so gerne seh'!
In fünf Minuten kommt die nächste Folge – hehehe …

2. Und die Oma wollt' ich doch besuchen!
Mindestens seit einem Vierteljahr …
Geht sich das aus? Oh, nein – ich muss ja lernen –
für die Prüfung morgen, ist ja klar!
Muss ich also jetzt zum Schreibtisch gehen?
Muss ich in das fade Lehrbuch sehen?
Könnt ihr mein Problem denn nicht verstehen?

Denn jetzt, jetzt kommt die Serie, die ich so gerne seh'.
Zur Oma geh' ich morgen, ja ganz sicher – ohne Schmäh!
Denn jetzt, jetzt kommt die Serie, die ich so gerne seh'!
In fünf Minuten kommt die nächste Folge – hehehe …
In fünf Minuten kommt die nächste Folge – hehehe …

1 Lesen Sie das Gedicht. Was muss die Person eigentlich machen? Kreuzen Sie an.

A  ○

B  ○

C  ○

D  ○

E  ○

F  ○

G  ○

2 Verschieben Sie auch manchmal Dinge, auf die Sie keine Lust haben?

Ja, sicher! Nach der Arbeit mag ich keinen Sport mehr machen. Dann lege ich mich oft lieber auf meine Couch.

1 🔊 23 **3** Hören Sie das Gedicht und sprechen Sie mit.

Gesund bleiben

1 🔊 24–27 **1 Schauen Sie die Fotos an. Warum gehen Sami und Ella in den Park?**
Was meinen Sie? Kreuzen Sie an. Hören Sie dann und vergleichen Sie.

a Sami und Ella ○ haben einen beruflichen Termin. ○ machen eine Pause.
b ○ Sami ○ Ella hat Magenschmerzen.
c ○ Ella gibt Sami ○ Sami gibt Ella einen Ratschlag.

1 🔊 24–27 **2 Was ist richtig? Hören Sie noch einmal und kreuzen Sie an.**

a Sami hat ○ einen Termin ○ Stress und kann sich nicht ○ konzentrieren. ○ entspannen.
b Er meint, dass er keine ○ Zeit für ○ Lust auf eine Pause hat.
c Ella kann Sami trotzdem zu einem Spaziergang überreden. Sie meint, dass er wegen der Magenschmerzen unbedingt ○ zu einem Arzt ○ an die frische Luft gehen sollte.
d Sami erzählt, dass er nach dem ○ Sport ○ Spaziergang schon viel entspannter arbeiten konnte und einen Termin beim Arzt ○ ausgemacht ○ abgesagt hat.

Komm, entspann dich!

Sieben ganz einfache Anti-Stress-Mittel

1 Schlaf

Zu wenig Schlaf ist einer der schlimmsten Stressfaktoren. Wer nachts gut und tief schläft, kann den Stress des Tages viel besser aushalten. Regelmäßiger gesunder Schlaf ist die Grundlage jeder Entspannung.

2 Bewegung

Die meisten von uns sitzen den ganzen Tag im Büro. Unser Körper braucht aber Bewegung. Das baut Stress ab und hält uns fit und gesund. Auf ausreichend Bewegung bei der Arbeit und in der Freizeit sollte darum besonders geachtet werden.

5 Ernährung

Der Mensch ist, was er isst. Gesund essen bedeutet: viel Obst und Gemüse, wenig Fleisch, Fett und Zucker. Drei Mahlzeiten am Tag sind ideal. Regelmäßiger Alkoholgenuss sollte vermieden werden. Zu viel Koffein ist ebenfalls nicht gut für die Entspannung.

Hallo, Sami!
Ein paar Tipps für dich.

LG Ella

1 28 **3 Hören Sie noch einmal die Geschichte vom Holzfäller und erzählen Sie.**

10 Bäume fällen

lange dauern

Hacke  nicht scharf

erst 10 Bäume schaffen

keine Zeit – Hacke nicht schärfen 

anderer Holzfäller Tipp geben: Hacke schärfen – schneller fertig sein

Ella erzählt die Geschichte vom Holzfäller: Der Holzfäller soll ...

4 Komm, entspann dich!

Überfliegen Sie den Text. Welcher Tipp ist für Sami besonders wichtig? Was meinen Sie? Sprechen Sie.

Ich glaube, Tipp 5 ist für Sami besonders wichtig. Er sollte gesünder essen, dann hätte er keine Magenprobleme.

A Auf Bewegung **sollte geachtet werden.**

A1 Sieben ganz einfache Anti-Stress-Mittel

a Lesen Sie jetzt den ganzen Text und finden Sie passende Überschriften zu den Tipps 3, 4, 6 und 7. Vergleichen Sie im Kurs.

Komm, entspann dich!

Sieben ganz einfache Anti-Stress-Mittel

1 Schlaf

Zu wenig Schlaf ist einer der schlimmsten Stressfaktoren. Wer nachts gut und tief schläft, kann den Stress des Tages viel besser aushalten. Regelmäßiger gesunder Schlaf ist die Grundlage jeder Entspannung.

2 Bewegung

Die meisten von uns sitzen den ganzen Tag im Büro. Unser Körper braucht aber Bewegung. Das baut Stress ab und hält uns fit und gesund. Auf ausreichend Bewegung bei der Arbeit und in der Freizeit sollte darum besonders geachtet werden.

3 ____________________

Egal, ob Sie Musik hören, ob Sie dazu tanzen oder selber Musik machen: Musik kann ein ganz wunderbares Anti-Stress-Mittel sein. Es kommt aber auf die Art der Musik an. Finden Sie heraus, welche Musikstücke für Ihre persönliche Entspannung am besten sind.

4 ____________________

Gestresste Menschen atmen schnell und flach. Wer sich entspannen will, sollte langsam und tief einatmen, die Luft ein paar Sekunden lang anhalten und dann lang und sanft wieder ausatmen. Erleben Sie die positive Wirkung des richtigen Atmens!

5 Ernährung

Der Mensch ist, was er isst. Gesund essen bedeutet: viel Obst und Gemüse, wenig Fleisch, Fett und Zucker. Drei Mahlzeiten am Tag sind ideal. Regelmäßiger Alkoholgenuss sollte vermieden werden. Zu viel Koffein ist ebenfalls nicht gut für die Entspannung.

6 ____________________

Wer Angst hat und Schlimmes befürchtet, kann sich nur schlecht oder gar nicht entspannen. Wer lustig ist und öfter einmal lacht, hat weniger Probleme mit der Entspannung. Also: positiv denken und sich nicht so viele Sorgen machen. Dadurch können neue Kräfte gesammelt werden.

7 ____________________

Machen Sie oft mehrere Dinge gleichzeitig? Kein Wunder, dass Sie gestresst und erschöpft sind! Konzentrieren Sie sich auf eine Sache und machen Sie sie fertig. Dann erst wird die nächste erledigt. So geht sich alles ohne Stress aus und Ihre Ergebnisse sind besser.

b Arbeiten Sie zu dritt. Jede Person wählt zwei Tipps aus und stellt sie in der Gruppe vor.

> *Ich habe den Tipp zum Schlaf gelesen. In dem Tipp wird gesagt, dass ausreichend Schlaf besonders wichtig ist. Wenn wir zu wenig oder schlecht schlafen, können wir nicht gut mit Stress umgehen. …*

A2 Wie finden Sie die Tipps aus A1 und wie ist das bei Ihnen?
Arbeiten Sie in Gruppen und erzählen Sie.

Schlaf finde ich auch wichtig. Aber leider schlafe ich nicht genug. Ich kann nur schlecht einschlafen und wache in der Nacht dauernd auf. Und ihr?

Ja, das ist bei mir auch so. Und durch den Schlafmangel bin ich dann tagsüber extrem müde und gestresst.

A3 Lesen Sie den Text in A1 noch einmal und ergänzen Sie.

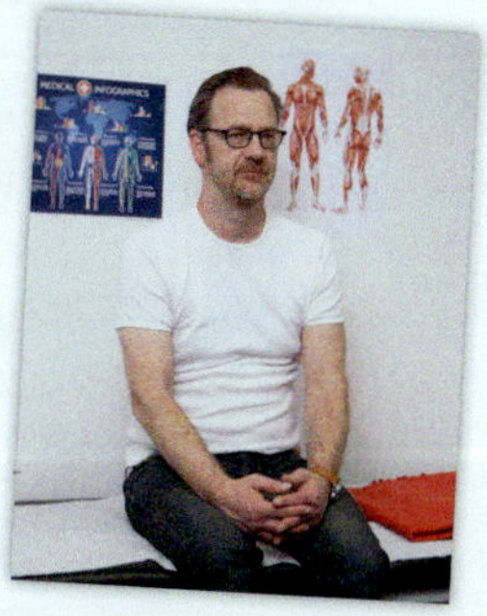

Auf ausreichend Bewegung sollte besonders geachtet werden.
Regelmäßiger Alkoholgenuss ______________________.
Dadurch ____________ neue Kräfte ______________________.

auch so: dürfen, wollen, müssen, „möchte"

A4 Sami hat einen Termin beim Arzt. Was muss gemacht werden?
Schreiben Sie und vergleichen Sie mit Ihrer Partnerin / Ihrem Partner.

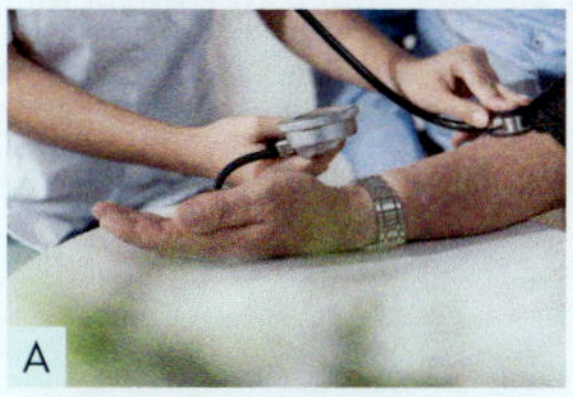
A
- der Blutdruck – messen

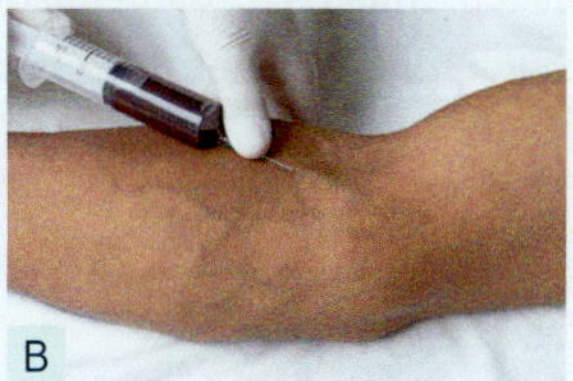
B
- Blut – abnehmen

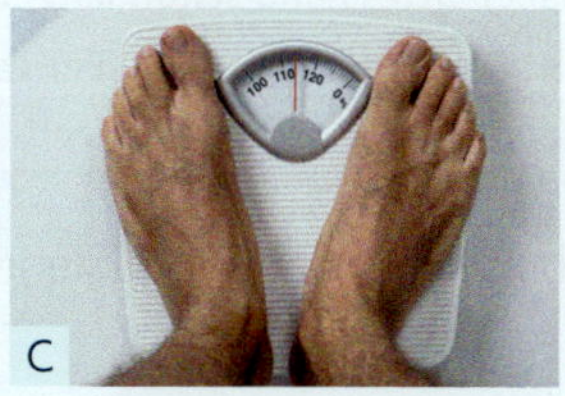
C
- das Gewicht – prüfen

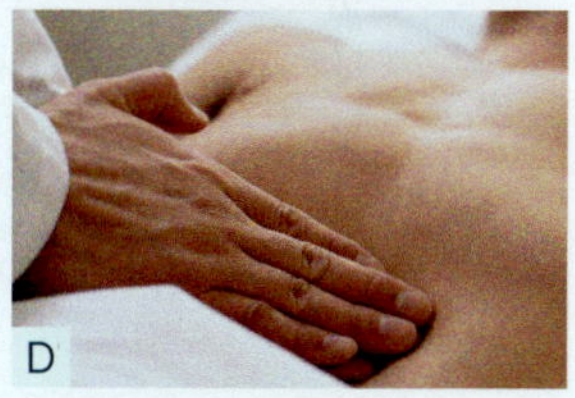
D
- der Bauch – untersuchen

A: Der Blutdruck muss
…

A5 Was muss hier alles gemacht werden? Schreiben Sie mindestens fünf Sätze.

Der Mistkübel muss ausgeleert werden.

B Man holt sich den Rat **eines Fachmanns**.

B1 Ihre Krankenkasse rät: Tipps für Ihre Gesundheit

a Was passt? Lesen Sie und ordnen Sie zu.

A

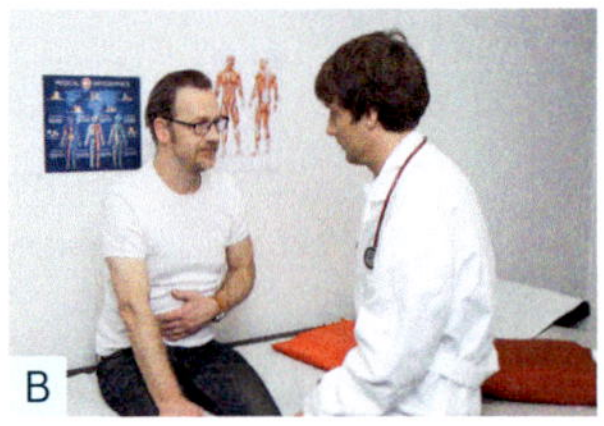
B

C

1 ◯ Wenn Sie zu viel sitzen und nicht ausreichend Bewegung haben, sollten Sie auf den Rat einer Spezialistin hören: Machen Sie regelmäßig Sport zur Verbesserung der Fitness. Fangen Sie einmal pro Woche an und erhöhen Sie langsam die Häufigkeit des Trainings.

2 ◯ Bei Rückenschmerzen sollten Sie regelmäßig Gymnastik zur Kräftigung des Rückens und der Beine machen. Das ist besser als die Einnahme eines Medikaments.

3 ◯ Sie haben Stress und schon länger Magenschmerzen? Dann müssen Sie das unbedingt untersuchen lassen. Gehen Sie zum Arzt. Bei solchen Problemen holt man sich am besten den Rat eines Fachmanns.

b Lesen Sie noch einmal, markieren Sie in a wie im Beispiel und ergänzen Sie dann die Tabelle.

• ______ Rückens	• ______ Fachmanns
• ______ Trainings	• ______ Medikaments
• *der* Fitness	• ______ Spezialistin
• ______ Beine	• ⚠ von Medikamenten / meiner Medikamente

auch so: kein-, mein-, ...

1 ◀)) 29 **B2 Halten Sie sich fit!**

Was passt? Ergänzen Sie und ordnen Sie zu.
Hören Sie und machen Sie die Übungen.

B  zur Kräftigung ______ • Beinmuskulatur

C  zur Dehnung ______ • Nackens

A  zur Bewegung ______ • Kniegelenke

1 ◯ – die Arme ausstrecken und in die Knie gehen, dabei den Popo nach hinten drücken
– die Beine wieder strecken

2 ◯ – das Buch zwischen die Füße stecken
– die Kniegelenke strecken und dabei das Buch anheben
– die Position 5 Sekunden halten, dann langsam wieder absenken

3 ◯ – den Kopf zur rechten und linken Schulter neigen
– ca. 10 Sekunden halten

Zur Steigerung ______ • Trainings sollten Sie die Übungen so oft wie möglich wiederholen.

B3 Kennen Sie weitere Fitnessübungen?

a Arbeiten Sie zu zweit. Schreiben Sie und zeichnen Sie eine kurze Anleitung wie in B2.

b Tauschen Sie Ihre Anleitung mit einem anderen Paar und probieren Sie die Übung aus.

Kräftigung der Arme
– aufrecht stehen
– ...

C Gesundheitssprechstunde

C1 Radiosendung: Die Gesundheitssprechstunde

1 🔊 30 **a** Hören Sie den Anfang des Gesprächs und machen Sie sich Notizen.

1 Welche Beschwerden hat Frau Sanchez?
2 Seit wann hat sie die Schmerzen?
3 War sie mit ihren Beschwerden schon beim Arzt?
4 Wie alt ist sie?
5 Was macht sie beruflich?
6 Welche Ursache vermutet Dr. Renner?

1 Kopfweh.

1 🔊 31 **b** Hören Sie nun das ganze Gespräch. Was ist richtig? Kreuzen Sie an. Es können mehrere Antworten richtig sein.

1 Frau Sanchez hat Kopfweh und außerdem
○ Sehstörungen. ○ Probleme beim Hören. ○ Schlafmangel.
2 Dr. Renner empfiehlt Frau Sanchez
○ einen Besuch beim Arzt. ○ starke Schmerzmittel. ○ Entspannungsübungen.
3 Der Hausarzt ○ führt ein Gespräch, ○ verschreibt Medikamente, ○ macht Untersuchungen, weil er die Ursache der Beschwerden finden möchte.
4 Auch Probleme mit ○ den Augen ○ den Ohren ○ der Wirbelsäule können die Ursache für die Schmerzen sein.

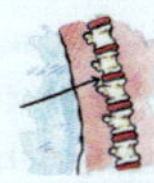

5 Frau Sanchez kann ○ beim Hausarzt ○ im Internet ○ bei der Krankenkasse Tipps für Entspannungsübungen erhalten.
6 Außerdem bieten ○ Fachärzte ○ Radiosender ○ Krankenkassen Gesundheitskurse an.

C2 Gesundheits-Forum: Ratschläge geben

a Machen Sie eine Tabelle und ordnen Sie zu.

~~Können Sie mir einen Rat geben?~~ | ~~Sie sollten …~~ | Kennen Sie vielleicht ein gutes Medikament? | Es ist/wäre am besten, wenn Sie … | Mit … habe ich (nur) gute/schlechte Erfahrungen gemacht. | Was können/würden Sie mir empfehlen/raten? | Dagegen müssen Sie unbedingt etwas tun! | … soll wirklich helfen. | Kennt jemand von Ihnen …? | Ich würde an Ihrer Stelle … | Hat jemand von Ihnen schon einmal … gemacht? | Ich empfehle Ihnen …

einen Rat suchen	*etwas empfehlen / einen Rat geben*
Können Sie mir einen Rat geben?	*Sie sollten …*
…	…

⇄ **b** Arbeiten Sie in Gruppen. Schreiben Sie ein gesundheitliches Problem auf einen Zettel. Mischen Sie die Zettel und verteilen Sie sie neu. Fragen Sie um Rat. Die anderen geben Ratschläge.

starke Rückenschmerzen

Ich habe starke Rückenschmerzen. Kannst du mir einen Rat geben?

Ich würde an deiner Stelle …

D Gesundheitsvorsorge

D1 Aktionen zur Gesundheitsvorsorge

a Was bedeutet Gesundheitsvorsorge? Was meinen Sie? Kreuzen Sie an.

Sie kümmern sich um Ihre Gesundheit,
- ○ obwohl Sie noch gar nicht krank sind. Denn Sie möchten nicht krank werden.
- ○ weil Sie krank sind und wieder gesund werden möchten.

b In welcher Situation (1–4) findet man bei der Krankenkasse einen passenden Gesundheitskurs? Lesen Sie und kreuzen Sie an.

1 ○ Sie haben dauernd starke Rückenschmerzen und möchten sich über eine Operation informieren.
2 ○ Sie sitzen viel im Büro und möchten Gymnastik machen.
3 ○ Sie ernähren sich ungesund, haben Übergewicht und möchten ein paar Kilo abnehmen.
4 ○ Sie haben einen stressigen Beruf und können in der Nacht oft nicht schlafen.

KÖK – Aktionen zur Gesundheitsvorsorge

Sie möchten Krankheiten vermeiden und etwas für Ihre Gesundheit tun? Zum Wohl Ihrer Gesundheit hat die KÖK zahlreiche kostenlose Kurse und Programme zur Vorbeugung von Erkrankungen und zur Gesundheitsförderung im Angebot.

So können Sie beispielsweise umsonst an unseren Gesundheitskursen teilnehmen! Wir bieten Kurse in den Bereichen Bewegung, Stressabbau und Ernährung an. Rufen Sie uns einfach an! Wir informieren Sie gern über unsere Angebote und zusätzlichen Leistungen.

D2 Wie gesund lebt der Kurs?

Arbeiten Sie zu zweit. Schreiben Sie einen Fragebogen und machen Sie ein Interview mit Ihrer Partnerin / Ihrem Partner. Machen Sie dann eine Kursstatistik.

~~sich Zeit zum Essen nehmen~~ | sich gesund ernähren | Wasser und Tees trinken | sich impfen lassen | zu Vorsorgeuntersuchungen gehen | ausreichend schlafen | Sport treiben | Entspannungsübungen machen

	regelmäßig / meistens	manchmal	selten	nie
Nehmen Sie sich Zeit zum Essen?				
…				

Die Hälfte unserer Gruppe achtet meistens darauf, dass …
Drei Viertel unseres Kurses machen regelmäßig …
Ein Drittel der Kursteilnehmer … manchmal …
Die meisten von uns … nur selten …
Zwei Personen … grundsätzlich nie …

- die Hälfte des Kurses / der Gruppe
- ein Drittel des Kurses / der Gruppe
- ein Viertel des Kurses / der Gruppe

D3 Was tun Sie für Ihre Gesundheit? Erzählen Sie.

Ich möchte abnehmen und verzichte darum auf Schokolade.

Und ich esse in der Früh immer Magertopfen mit Früchten. Das hat Vitamine und ist gesund.

E Krankmeldung und Aufgabenverteilung

E1 Anruf am Arbeitsplatz

1 32 **a** Was ist richtig? Hören Sie den Anfang des Gesprächs und kreuzen Sie an.

1 Frau Berger ist ○ eine Geschäftspartnerin. ○ eine Kollegin.
2 Sie ruft an, ○ weil sie sich krankmelden möchte. ○ weil sie den Wecker nicht gehört hat.
3 Der Arzt ○ schreibt sie krank. ○ schickt sie wieder heim.
4 Sie ruft an, weil ihre Kollegin eine Konferenz ○ besuchen ○ vorbereiten soll.

1 33 **b** Welche Aufgaben soll Frau Tokic übernehmen?
Hören Sie nun das ganze Gespräch und markieren Sie.

die Konferenz vorbereiten | die Krankmeldung schicken | sich um die Getränke kümmern | Schreibblöcke und Kugelschreiber bestellen | den Flug und das Hotel für Herrn Dr. Hauser buchen | später noch einmal anrufen

E2 Was passt? Ordnen Sie zu.

1 sich krankmelden | ○ auf Krankmeldungen reagieren | ○ erklären, was zu tun ist | ○ jemanden um etwas bitten | ○ auf Bitten reagieren

1 *(Frau ..., / Herr ...,) es tut mir wirklich leid, ich kann heute/morgen leider nicht kommen. Ich bin leider krank. Die Ärztin/Der Arzt hat mich für ... Tag(e)/Woche(n) krankgeschrieben. | Die Krankmeldung ist auch schon in der Post.*

2 *Ja, gut. Ich werde mich darum kümmern. Ja, natürlich. | Sicher, das mache ich doch gern!*

3 *Zuerst muss/sollte ... | Das ist dringend. ... muss / müssen noch ... werden. | Jemand muss / sollte ... | Der nächste wichtige Punkt ist ...*

4 *Könnten Sie / Könntest du bitte ...? Wären Sie / Wärst du vielleicht so nett, ...? Bitte seien Sie / sei so lieb und ... Es wäre nett/schön/super ..., wenn Sie / du ...*

5 *Oje, das tut mir leid. | Werden Sie erst einmal wieder gesund und denken Sie nicht so viel an die Arbeit. | Gute Besserung!*

E3 Rollenspiel: sich krankmelden und Aufgaben verteilen

a Wählen Sie eine Rolle und eine Situation.

Sie sind krank und rufen eine Kollegin / einen Kollegen an und sagen, was sie/er tun soll.

Sie sind an Ihrem Arbeitsplatz. Ihre Kollegin / Ihr Kollege ruft an und meldet sich krank.

Ordination
- im Labor anrufen und nach Ergebnissen fragen
- neue Verbände und Spritzen bestellen
- ...

Supermarkt
- die Haltbarkeit der Milchprodukte prüfen
- neue Ware auspacken
- ...

b Notieren Sie weitere Aufgaben wie in E1b.

c Spielen Sie dann ein Gespräch mit Ihrer Partnerin / Ihrem Partner. Benützen Sie Sätze aus E2.

Grammatik und Kommunikation

Grammatik

1 Passiv Präsens mit Modalverben ÜG 5.14

	Position 2		
Auf ausreichend Bewegung	sollte	besonders	geachtet werden.
Dadurch	können	neue Kräfte	gesammelt werden.

auch so: dürfen, wollen, müssen, „möchte"

Was muss in der Küche, im Hotel, im Garten, im Bad ... gemacht werden? Schreiben Sie fünf Sätze.

In der Küche muss ...

2 Genitiv ÜG 1.03, 2.01, 2.04

	Genitiv	
	definiter Artikel	indefiniter Artikel
●	des Rückens	eines / meines Fachmanns
●	des Trainings	eines / meines Medikaments
●	der Fitness	einer / meiner Spezialistin
●	der Beine	⚠ von Medikamenten / meiner Medikamente

auch so: dein-, sein-, ihr-, unser-, euer-, kein-, ...

Was ist für Sie Glück im Alltag? Ergänzen Sie.
Glück ist:

– ein Lächeln meines Kindes
– ein Anruf ....
– eine Einladung ....
– ein Geschenk ....
– ein E-Mail ....
– die Hilfe ....

Kommunikation

EINEN RAT SUCHEN: Was können Sie mir empfehlen?

Können Sie mir einen Rat geben? | Kennen Sie vielleicht ein gutes Medikament? | Was können/würden Sie mir empfehlen/raten? | Kennt jemand von Ihnen ...? | Hat jemand von Ihnen schon einmal ... gemacht?

ETWAS EMPFEHLEN / EINEN RAT GEBEN: Ich würde an Ihrer Stelle ...

Dagegen müssen Sie unbedingt etwas tun! | Mit ... habe ich (nur) gute/schlechte Erfahrungen gemacht.
Es ist/wäre am besten, Sie ... | Ich würde an Ihrer Stelle ... | Ich empfehle Ihnen ... | Sie sollten ... | ... soll wirklich helfen.

ÜBER EINE STATISTIK SPRECHEN: Drei Viertel unseres Kurses ...

Die Hälfte unserer Gruppe ... | Drei Viertel unseres Kurses ... | Ein Drittel der Kursteilnehmer ... manchmal ... | Die meisten von uns ... nur selten ... | Zwei Personen ... grundsätzlich nie ...

Haben Sie einen Tipp für mich? Schreiben Sie ein Gespräch.

○ Grüß Gott, Frau Steiger. Wie geht es Ihnen?
○ Ach, nicht so gut. Ich ...

TIPP
Malen Sie Bilder zu Wörtern und notieren Sie Beispielsätze.

die Hälfte 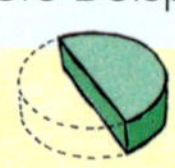

Die Hälfte unseres Kurses treibt regelmäßig Sport.

SICH KRANKMELDEN: Ich bin leider krank.

(Frau ...,/Herr ...,) es tut mir wirklich leid, ich kann heute/morgen leider nicht kommen. | Ich bin leider krank. Der Arzt hat mich für ... Tag(e)/ Woche(n) krankgeschrieben. | Die Krankmeldung ist auch schon in der Post.

AUF KRANKMELDUNGEN REAGIEREN: Gute Besserung!

Oje, das tut mir leid. | Werden Sie erst einmal wieder gesund und denken Sie nicht so viel an die Arbeit. | Gute Besserung!

ERKLÄREN, WAS ZU TUN IST: Der nächste wichtige Punkt ist ...

Zuerst muss/sollte ... | Das ist dringend. | ... muss/müssen noch ... werden. | Jemand muss/sollte ... | Der nächste wichtige Punkt ist ...

JEMANDEN UM ETWAS BITTEN: Bitte seien Sie so nett und ...

Könnten Sie bitte ...? | Wären Sie vielleicht so nett, ...? | Bitte seien Sie so lieb und ... | Es wäre nett/schön/super ..., wenn Sie ...

AUF BITTEN REAGIEREN: Klar, das mache ich doch gern.

Ja, gut. Ich werde mich darum kümmern. | Ja, natürlich. | Sicher, das mache ich doch gern.

Sie haben ab morgen Urlaub und übergeben Aufgaben an eine Kollegin. Schreiben Sie ein Gespräch.

10.7.–15.7 Urlaub
Modeboutique/To-do-Liste:
– neue Ware annehmen und auspacken
– Auslagen neu dekorieren
– jeden Abend: Kassa kontrollieren, Licht abdrehen, Tür zusperren

◇ Leyla, ich fahre ja morgen auf Urlaub und es muss noch einiges dringend erledigt werden. Könntest du das übernehmen? ...

Lernziele

Ich kann jetzt ...

A ... Ratgebertexte zum Thema Stress und Entspannung verstehen: *Schlaf ist die Grundlage jeder Entspannung.* ☺ 😐 ☹

B ... Fitnessübungen verstehen und beschreiben: *Die Arme ausstrecken und in die Knie gehen.* ☺ 😐 ☹

C ... ein Beratungsgespräch zum Thema Gesundheit verstehen: *Auch Probleme mit der Wirbelsäule können die Ursache für Schmerzen sein.* ☺ 😐 ☹

... Rat suchen und Ratschläge geben: *Dagegen müssen Sie unbedingt etwas tun!* ☺ 😐 ☹

D ... Vorsorge-Angebote von Krankenkassen verstehen: *Sie können umsonst an unseren Gesundheitskursen teilnehmen.* ☺ 😐 ☹

... erzählen, was ich für meine Gesundheit tue: *Ich möchte abnehmen und verzichte darum auf Schokolade.* ☺ 😐 ☹

... Statistiken beschreiben: *Die Hälfte des Kurses treibt Sport.* ☺ 😐 ☹

E ... mich krankmelden und Aufgaben verteilen: *Ich bin leider krank. Könnten Sie bitte die Konferenz vorbereiten?* ☺ 😐 ☹

Ich kenne jetzt ...

... 10 Wörter zum Thema *Gesundheit*:

die Entspannung, ...

... 6 Wörter zum Thema *Körper*:

die Schulter, ...

LESEN

Lachen ist gesund!

Haben Sie schon einmal fünf oder zehn Minuten lang richtig herzlich gelacht? Falls ja, dann kennen Sie dieses schöne Gefühl danach: Man ist entspannt, man fühlt sich wohl, der Stress ist weg und so manches Problem wirkt plötzlich viel kleiner als vorher. Man fühlt sich so wohl wie nach einer Stunde Joggen, einer warmen Dusche und einer guten Tasse Tee. Wissenschaftler haben herausgefunden, dass häufiges Lachen unserem Körper und unserer Psyche oft besser hilft als Medikamente. Wirklich neu ist diese Information aber nicht. Schon ein altes Sprichwort sagt: „Lachen ist die beste Medizin." Damit diese Medizin auch richtig gut wirken kann, sollte man möglichst oft und lang lachen. Warum man lacht, ist dabei gar nicht so wichtig. Hauptsache, man lacht von ganzem Herzen!

Wussten Sie schon, ...
... dass Kinder etwa vierhundertmal am Tag lachen, Erwachsene nur fünfzehnmal?
... dass ein Baby im ersten halben Jahr seine Mutter bis zu dreißigtausendmal anlächelt?
... dass zwei Minuten Lachen so gesund sind wie zwanzig Minuten Joggen?
... dass durch das Lachen im Körper Stoffe entstehen, die glücklich machen?

1 Lesen Sie den Text. Was finden Sie interessant? Sprechen Sie.

Ich habe nicht gewusst, dass Lachen so gesund sein soll.

... Das finde ich interessant!

2 Worüber können Sie am meisten lachen? Was finden Sie lustig?

Ich lese gern Comics. Darüber kann ich total lachen.

PROJEKT

Bewegung einmal anders – Sport in Österreich

Eisstockschießen | Preisschnapsen | Preberseeschießen | Walzertanzen

1 Schauen Sie die Fotos an. Welche Sportarten kennen Sie? Erzählen Sie.

Ich habe die Spielkarten schon einmal gesehen. Meine ältere Nachbarin spielt gern Schnapsen. Aber ich finde, das ist kein richtiger Sport, weil ...

2 Welche Sportart kennen Sie nicht? Recherchieren Sie im Internet und erzählen Sie.

Ich habe etwas über das Preberseeschießen gelesen. Das finde ich total interessant ...

3 Erfinden Sie mit Ihrer Partnerin / Ihrem Partner eine neue Sportart. Präsentieren Sie sie vor der Gruppe.

Unser Sport heißt Patschen-Tennis. Man nimmt einen alten Schuh und einen kleinen Ball. Mit dem Schuh muss man ...

LANDESKUNDE

Der Verlust der Mitte

Ein Kommentar von Sami Kirsch, Chefredakteur des „Stadt-Kurier"

Ein Tag in der Woche ohne Fleisch und Fisch? Was halten Sie davon? In Oberösterreich probiert man das aus: Schon seit 2014 gibt es den „FleischfreiTag". Dahinter steckt die Idee, dass ein Tag in der Woche der Tag des vegetarischen Essens sein könnte. Auf einer eigenen Internetseite gibt es viele Rezepte, aber auch eine Liste von mehr als 100 Lokalen oder Kantinen, die bei dieser Aktion mitmachen. Sie alle bieten täglich mindestens ein frisch zubereitetes Menü ohne Fisch und Fleisch an.

Auch am Landeskrankenhaus Graz wird für Patienten einmal wöchentlich fleischfrei gekocht, aber auch für alle Mitarbeiterinnen und Mitarbeiter. Die Reaktionen waren nicht immer positiv, und manche sehen es als „Verbot von oben" und haben Angst, dass sie mit mehr Obst und Gemüse ihren Lebensstil und ihre Freiheit verlieren.

Aber ist das nicht übertrieben, wenn man bedenkt, dass Österreich einer der größten Fleischkonsumenten in Europa ist? Jedes Jahr werden bei uns circa 65 Kilo Fleisch pro Person und Jahr gegessen. Laut einer Statistik ist der größte Teil davon Schweinefleisch (38,2 Kilo), gefolgt von Geflügel mit 12,8 Kilo. In Supermärkten kann man ein Hendl manchmal schon um 3,50 Euro pro Kilo kaufen. Dabei weiß man, dass zu viel Fleisch sehr schlecht für die Gesundheit und die Umwelt ist. Und klar ist auch, dass solche Tiefpreise nur mit Produktionsmethoden möglich sind, die man als Kunde lieber nicht so genau kennen will. Darum wächst bei uns die Zahl der Vegetarier und Veganer; sie machen zurzeit etwa sechs Prozent der Bevölkerung aus. Ich esse selber manchmal vegetarisch und kann sagen: Es schmeckt sehr gut! Aber kann man die Welt wirklich nur retten, wenn man gar kein Fleisch mehr isst? Ich denke: wichtig ist die Balance. Erinnern wir uns darum an das alte Sprichwort „Die Wahrheit liegt in der Mitte."

1 Lesen Sie den Text. Was ist richtig? Kreuzen Sie an.

a ○ In Firmen finden alle Mitarbeiterinnen und Mitarbeiter den „FleischfreiTag" gut.
b ○ In Österreich wird jedes Jahr im europäischen Vergleich viel Fleisch gegessen.
c ○ Billiges Fleisch kann man nur unter schlechten Bedingungen herstellen.
d ○ Sechs Prozent der Österreicherinnen und Österreicher essen zu viel Fleisch.

2 Wird in Ihrem Heimatland viel Fleisch gegessen? Gesundes Essen: Was ist das für Sie? Erzählen Sie.

1 🔊 34–37 **1 Schauen Sie die Fotos an.**

Was meinen Sie? Sprechen Sie. Hören Sie dann und vergleichen Sie.

– Warum treffen sich Ella und Max?
– Worüber sprechen sie?
– Warum ruft Ella Vivi an?

1 🔊 34–37 **2 Was ist richtig? Hören Sie noch einmal und kreuzen Sie an.**

	Max	*Ella*	
a	○	○	möchte „Chili con carne“ kochen.
b	○	○	muss arbeiten und hat es eilig.
c	○	○	macht viele Vorschläge für ein Treffen.
d	○	○	will am Wochenende den Keller ausräumen.
e	○	○	hat kein Interesse an einem Treffen.
f	○	○	spricht mit Vivi über die Situation.
g	○	○	hat auch Vivi zum Chiliessen eingeladen.

Stadt-Kurier

Ellas Tag

Sag's durch die Blume!

von Ella Wegmann

„Heute hat es aber eine Hitze!"
So hat mich gestern am Nachmittag eine Nachbarin im Stiegenhaus angesprochen. Es war wirklich sehr heiß und ich habe zugestimmt. Da kam sofort ihr nächster Satz: „Wollen wir miteinander ins Café rübergehen, ein Eis essen?" Das freute mich in dem Moment aber gar nicht. Ich sagte: „Nein danke, ich muss in meinen Yoga-Kurs."

Normalerweise würde man meine Antwort sofort richtig verstehen und zwar so: „Nein danke, ich möchte nicht mit dir Eis essen gehen, im Gegenteil: Ich hätte jetzt gern meine Ruhe." Die Nachbarin verstand es aber leider anders als ich – vielleicht war es ja auch nur wegen der Hitze. Jedenfalls lächelte sie und sagte: „Kein Problem, dann gehen wir halt nach deinem Yoga-Kurs!" Da musste ich dann leider ein bisschen deutlicher werden.
Tja, nicht alle Menschen verstehen es, wenn man ihnen etwas „durch die Blume" sagt. Leider.

3 Wie finden Sie das Verhalten von Max und Ella in der Geschichte?
Sprechen Sie im Kurs.

Ich finde, wenn Ella Nein sagt, muss Max das auch akzeptieren.

Komisch, dass Max nicht versteht, dass Ella keine Lust hat.

4 Ellas Kolumne
Lesen Sie die Kolumne und beantworten Sie die Fragen.

- Wer hat Ella angesprochen?
- Wo und wann hat das Gespräch stattgefunden?
- Wie war das Wetter?
- Was hat die Person vorgeschlagen?
- Was hat Ella „durch die Blume" gesagt?

Das bedeutet, dass man …
Einmal zum Beispiel …

5 Was bedeutet „etwas durch die Blume sagen"?
Haben Sie schon einmal etwas Ähnliches erlebt? Erzählen Sie.

Ich war auch schon einmal in so einer Situation: …

A Wenn ich du wäre, würde ich ...

A1 Was denkt Ella, was denkt Max? Ordnen Sie zu. Ergänzen Sie dann den Grammatikkasten.

a ◯ Wenn ich ihn richtig nett finden würde, hätte ich natürlich immer Zeit für ihn.
b ◯ Wenn sie nicht so viel arbeiten müsste, könnten wir jetzt auf einen Kaffee gehen.
c ◯ Wenn sie am Wochenende nichts vorhätte, könnten wir uns treffen.
d ◯ Wenn er nicht so anstrengend wäre, würde ich mich über seine Einladung freuen.
e ◯ Wenn ich er wäre, würde ich jetzt ganz schnell heimgehen und nicht weiter fragen.

1

2

Wenn ich ihn richtig nett ______________________,
______________ ich natürlich immer Zeit für ihn.

WIEDERHOLUNG

ich finde	→ ich würde ... finden
ich habe	→ ich hätte
ich bin	→ ich wäre
ich muss	→ ich müsste

A2 Wie würden Sie reagieren? Sprechen Sie.

Ihre frühere Kollegin Theresa lädt Sie auf eine Party ein. Sie wollen aber nicht hingehen, weil Sie dort niemanden kennen.

sich für die Einladung bedanken | absagen | eine gute Ausrede suchen | keine Zeit haben | schon etwas anderes vorhaben | die Wahrheit sagen | auf keinen Fall lügen | trotzdem hingehen | ...

Wenn ich in dieser Situation wäre, würde ich ...

A3 So sagen Sie eine Einladung höflich ab.

a Lesen Sie den Artikel und ordnen Sie die Tipps.

Sicherlich waren auch Sie schon häufiger in der Situation, dass Sie eine Einladung bekommen haben und diese absagen mussten. Hier ein paar Tipps, wie Sie eine Einladung höflich, aber bestimmt absagen.

◯ Sagen Sie, dass Sie gern dabei wären, aber leider nicht kommen können.
(1) Bedanken Sie sich für die Einladung.
◯ Beenden Sie Ihr E-Mail mit guten Wünschen für die Feier.
◯ Geben Sie einen Grund an, warum Sie nicht kommen können – auch wenn Sie sich eine kleine Ausrede ausdenken müssen.

b Schreiben Sie ein E-Mail an die Kollegin aus A2 und sagen Sie höflich ab.

Liebe Theresa,
vielen Dank für die Einladung, ich habe mich sehr gefreut! ...

A4 Arbeiten Sie zu zweit. Was würden Sie machen, wenn ...?

Fragen und antworten Sie.

a Sie sind 15 und dürfen sich einen Ausbildungsplatz aussuchen.
b Sie sind Präsidentin / Präsident.
c Sie finden eine Geldtasche mit 100 Euro auf der Straße.
d Sie dürfen etwas an der deutschen Sprache ändern.
e Sie können alle Sprachen fließend sprechen.

Was würdest du machen, wenn du 15 wärst und ...?

Ich glaube, dann würde ich ...

B Ich habe es eilig **wegen** meiner Arbeit.

B1 Wie kann man es auch sagen? Kreuzen Sie an.

Ich habe es wirklich eilig wegen meiner Arbeit.

Ich habe es wirklich eilig, ...

○ weil ich arbeiten muss.

○ obwohl ich arbeiten muss.

wegen	• meines Berufs
	• meines Praktikums
	• meiner Arbeit
	• meiner Interviews

Das hören Sie auch oft:
wegen meinem Beruf / meinem Praktikum

B2 Eine Umfrage im Radio

1 🔊 38 **a** Hören Sie den Anfang einer Radiosendung. Was ist das Thema? Kreuzen Sie an.

○ Fremdsprachen lernen – warum? ○ Zugewanderte erzählen, wie sie Deutsch gelernt haben

1 🔊 39–42 **b** Hören Sie weiter. Was ist die Muttersprache der Personen? Ergänzen Sie.

....

....

....

....

1 🔊 39–42 **c** Hören Sie nun die Gespräche noch einmal. Welche Aussage passt zu wem? Ordnen Sie die Personen aus b zu.

◯ Wenn man eine Sprache oft hört, lernt man sie viel schneller. Deswegen habe ich mir oft deutschsprachige Filme oder Serien im Fernsehen angeschaut.

◯ Ich habe wegen meiner Kinder Deutsch gelernt. Sie fanden es sehr wichtig und hatten irgendwann keine Lust mehr, dass sie für mich übersetzen.

◯ Das Lernen einer neuen Sprache kann sehr anstrengend sein. Daher braucht man immer eine gute Motivation, warum man das macht.

◯ Wegen meiner Muttersprache habe ich keine Probleme mit der Aussprache. Spätestens in zwei Jahren will ich mit meiner Lehre fertig sein. Deshalb muss mein Deutsch gut sein.

Warum? Wieso? Weshalb? Weswegen?	
daher	= darum
deshalb	
deswegen	
aus diesem Grund	

B3 Fremdsprachen

a Welche Fremdsprache(n) lernen Sie gerade oder möchten Sie noch lernen?

b Erzählen Sie Ihrer Partnerin / Ihrem Partner: Warum finden Sie Fremdsprachen wichtig?

Ich finde es total wichtig, dass man auch andere Länder und Kulturen kennenlernt. Deshalb lerne ich ...

Ich finde es total wichtig, dass ...
Für mich ist ... wichtig, weil/denn ...
Am allerwichtigsten ist ...
Darum/Daher/Deshalb/Deswegen ...

C Entschuldigung, könnten Sie das bitte wiederholen?

C1 Wie bitte?

1 ◀)) 43–46 **a** Was ist das Problem? Lesen Sie die Probleme 1–4. Hören Sie dann die Gespräche A–D und ordnen Sie zu.

1 Der Kollege versteht den Ausdruck „Viertel drei“ nicht.
2 Der Patient kann die Ordinationshilfe schlecht verstehen, weil sie so schnell spricht.
3 Die Personen sind sich nicht sicher, was genau „nächsten Donnerstag“ bedeutet.
4 Die Schülerin hat ein Wort nicht verstanden und fragt nach.

Gespräch	A	B	C	D
Problem				

b Lesen Sie die Sätze. Welche sind höflicher? A oder B? Kreuzen Sie an.

	A	B
1	☒ Was meinst du mit nächsten Donnerstag?	○ Nächsten Donnerstag? Wann denn jetzt?
2	○ Sagen Sie Ihren Namen noch einmal.	☒ Wie war bitte Ihr Name?
3	○ Könnten Sie bitte langsamer sprechen?	○ Sprechen Sie immer so schnell?
4	○ Eine Frage ist doch okay, oder?	○ Darf ich Sie kurz was fragen?
5	○ Sagen Sie das noch einmal.	○ Könnten Sie das bitte wiederholen?
6	○ Ha? Was soll denn das heißen?	○ Entschuldigung, habe ich das richtig verstanden?
7	○ Tut mir leid, aber das habe ich noch nie gehört.	○ Keine Ahnung, nie gehört.

1 ◀)) 43–46 **c** Hören Sie die Gespräche noch einmal. Welche Sätze hören Sie? Markieren Sie in b.

C2 Rollenspiel

Arbeiten Sie zu zweit. Wählen Sie eine Situation und spielen Sie ein Gespräch.

Ihr Auto ist kaputt. Sie machen einen Termin mit der Werkstatt aus. Der Mechaniker redet sehr schnell und Sie bitten um Wiederholung.

Sie gehen mit einem Freund in die Mensa. Er bestellt ein Gericht, das Sie nicht kennen. Sie fragen nach, weil Sie das Wort nicht verstanden haben.

Sie möchten sich für einen Integrationskurs anmelden. Sie rufen in der Sprachschule an und bitten um Informationen.

Was meinen Sie mit …?
Das Wort habe ich nicht verstanden.
Entschuldigung, habe ich das richtig verstanden?
Und was bedeutet …?
Tut mir leid, aber das habe ich noch nie gehört.

Wie war bitte Ihr Name?
Könnten Sie bitte langsamer sprechen?
Könnten Sie das bitte wiederholen?

Darf ich Sie (kurz) was fragen?
Können Sie mir vielleicht sagen, wo/ob …?
Wissen Sie, wo/ob …?

SCHON FERTIG? Schreiben Sie ein sehr höfliches oder ein sehr unhöfliches Gespräch.

D Fremdsprachen lernen – aber wie?

D1 Erfolgreich Fremdsprachen lernen

a Lesen Sie den Anfang des Textes. Schauen Sie dann die Bilder an und überlegen Sie: Welche Lerntipps könnten das sein?

Warum lernen manche Menschen problemlos Fremdsprachen, andere besuchen jahrelang Kurse und können immer noch keine einfache Unterhaltung führen? Wir wollten wissen, was dabei hilft, eine Fremdsprache zu lernen. Lest hier einige Tipps von erfolgreichen Fremdsprachenlernenden.

b Lesen Sie nun weiter und ordnen Sie die Tipps den Bildern zu.

◯ Miteinander ist es leichter: Such dir jemanden, mit dem du zusammen lernen kannst. So motiviert ihr euch gegenseitig und strengt euch vielleicht auch ein wenig mehr an.

◯ Ein konkretes Ziel vor Augen: Möchtest du mit Menschen in ihrer Muttersprache Smalltalk machen können, die Grammatik beherrschen, eine bestimmte Prüfung bestehen oder in Zukunft einmal fließend sprechen? Überleg dir, welches konkrete Ziel du erreichen willst.

◯ Fehler willkommen: Hab keine Angst, dass du etwas falsch machst, sondern lern wie ein Kind aus deinen Fehlern, sei mutig und trau dich. Wir Erwachsenen stehen uns oft selber im Weg und reden uns ein: „Das kann ich nicht." Aus Fehlern lernt man!

(A) Ohren auf: Beobachte Muttersprachler und hör gut zu. Versuch, sie so gut wie möglich zu imitieren: ihre Mundbewegung, ihre Sprachmelodie, ihre Aussprache.

◯ Selbstgespräche: Wenn du niemanden zum Reden hast, dann sprich einfach mit dir selber. Das kann in Gedanken sein, unter der Dusche, vor dem Spiegel oder beim Spazierengehen. So kannst du üben, wie man Sätze bildet und deine Aussprache trainieren.

Wichtig ist letztendlich, dass du wirklich bei der Sache bleibst, sobald du einmal angefangen hast, eine Fremdsprache zu lernen. Überleg dir einfach immer wieder, welche Vorteile das hat. Das Zauberwort heißt Selbstmotivation!

D2 Plakat mit Tipps zum Deutschlernen

a Schreiben Sie Ihren persönlichen Lerntipp wie in D1. Womit haben Sie gute Erfahrungen gemacht?

Lern Vokabeln mit einer App. Das macht Spaß – immer und überall – z. B. im Zug oder wenn du auf jemanden wartest.

b Schreiben Sie Ihren Lerntipp auf ein Plakat und stellen Sie ihn im Kurs vor.

E In mehreren Sprachen daheim

E1 Welches Zitat gefällt Ihnen am besten? Warum?

„Sprache ist die Musik des Denkens."

„Sprache ist das Stück Heimat – überall auf der Welt."

„Mit jeder neu gelernten Sprache bekommst du eine neue Seele."

E2 Mit verschiedenen Sprachen aufwachsen

a Lesen Sie die Informationen über die Autorin Anna Maria Baldermann. Was meinen Sie: Wie viele Sprachen spricht sie und was ist ihre Muttersprache?

Anna Maria Baldermann ist in Kairo geboren. Ihre Mutter stammt aus Chile und ihr Vater aus Deutschland. Dort ist sie auch aufgewachsen. Mit ihrem italienischen Ehemann und ihrem Sohn Bruno lebt sie heute in Italien.

b Lesen Sie den Text und vergleichen Sie mit Ihren Vermutungen.

„Mama, das ist kaputto!"

Zwei Fragen stellt man mir sehr oft: Die erste ist die, wo ich mich daheim fühle, die zweite ist die nach meiner Muttersprache. Auf die erste Frage antworte ich meistens, dass ich dort daheim bin, wo meine Familie ist. Die zweite Frage ist schwieriger zu beantworten, denn was bedeutet Muttersprache? Die Sprache, die ich am besten kann? Die Sprache, in der ich mich am wohlsten fühle? Oder ganz einfach: die Sprache meiner Mutter?
Mit mir sprach meine Mutter meistens Spanisch. Ich erinnere mich an spanische Kinderlieder. Am Sonntag gab es bei uns keinen Sonntagsbraten, sondern viel öfter „Cazuela" (ein chilenischer Eintopf). Küche und Kochen verbinde ich mit der spanischen Sprache. Meine Eltern haben nie auf eine genaue Trennung der Sprachen geachtet. Deshalb erinnere ich mich auch daran, dass ich oft unsicher war und es überhaupt nicht mochte, wenn mich jemand fragte: Fühlst du dich eher als Deutsche oder als Chilenin? Ich habe lange gebraucht, um mir meine eigene sprachliche Identität aufzubauen. Manchmal erfand ich dann auch einfach meine eigenen Wörter und „etwas reparieren" wurde zu „etwas annamarieren".
Schule war für mich ganz klar Deutsch. Auf Spanisch habe ich dafür gesungen, Musik gemacht, war kreativ. Alles, was ich auf Spanisch konnte, habe ich nur über Hören und Nachsprechen gelernt. Meine Aussprache war von Anfang an die einer Muttersprachlerin. Mir wurde oft gesagt, dass sich meine Stimme verändert, wenn ich Spanisch spreche. Ich bin dann weicher und emotionaler. Heute spreche ich viel Italienisch und lebe meine südländische Seite in der italienischen Kultur aus. Italienisch habe ich übrigens ebenfalls fast ausschließlich über Hören und Nachsprechen gelernt. Grammatik ist nichts für mich.
Bei meinem Sohn Bruno achte ich sehr darauf, dass ich nur Deutsch mit ihm spreche, Italienisch hört er überall. Mein Mann und ich trennen beide Sprachen zu Hause und Bruno konnte schon mit drei Jahren unterscheiden, ob er „wie die Mama" oder „wie der Papa" spricht. Natürlich bringt er beide Sprachen manchmal durcheinander und es kommen Sätze zustande wie: „Mama, das ist kaputto!". Ich antworte dann einfach: „Kein Problem, das kann man annamarieren!".

c Welche Aussagen sind richtig? Kreuzen Sie an.

1 ○ Anna Maria kann nicht genau sagen, was ihre Muttersprache ist.
2 ○ Sie hat mit ihrer Mutter immer Spanisch und mit ihrem Vater immer Deutsch gesprochen.
3 ○ Mit Spanisch verbindet sie Kochen, Musik und Kreativität.
4 ○ Anna Maria spricht Spanisch mit einem leichten deutschen Akzent.
5 ○ Anna Maria und ihr Mann erziehen ihren Sohn Bruno zweisprachig.
6 ○ Bruno konnte Deutsch und Italienisch schon sehr früh unterscheiden.

SCHON FERTIG? Ergänzen Sie die Sätze. Deutsch ist für mich ... Meine Muttersprache ist für mich ...

E3 Ihre Sprachen

a Übersetzen Sie einige dieser Wörter in Ihre Muttersprache und vergleichen Sie sie mit den deutschen Wörtern. Sprechen Sie im Kurs.

die Muttersprache | die Fremdsprache | der Sprachkurs | der Ausländer | der Freund | die Heimat | ...

b Arbeiten Sie zu zweit. Fragen Sie Ihre Partnerin / Ihren Partner und notieren Sie die Antworten.

1 Woher kommen Sie?

2 Was ist Ihre Muttersprache?

3 Wie viele Sprachen/Fremdsprachen sprechen Sie? Welche?

4 Welche sprechen Sie gut, welche ein bisschen?

5 Gibt es eine Sprache, die Sie gern noch lernen würden? Warum?

6 Welche Sprachen sprechen Sie mit Ihrer Partnerin / Ihrem Partner, Ihren Kindern, Ihren Kolleginnen und Kollegen sowie im Freundeskreis?

7 In welcher Sprache schimpfen oder träumen Sie?

Französisch Russisch Spanisch Swahili Englisch Thai Urdu Paschtu Griechisch Arabisch Wolof Farsi

c Erzählen Sie über Ihre Partnerin / Ihren Partner im Kurs.

Alexej spricht drei Sprachen, aber mit seiner Familie spricht er nur Russisch. Russisch hat kein „der/das/die". Super, oder?

Eva kommt aus Ungarn. Sie spricht Ungarisch, aber auch gut Serbisch. Serbisch hat eine andere Schrift als Deutsch.

Grammatik und Kommunikation

Grammatik

1 Konjunktiv II: Irreale Bedingungen ÜG 5.18

Nebensatz		Hauptsatz		
Wenn ich ihn richtig nett	finden würde,	(dann) hätte	ich … für ihn.	
Wenn sie am Wochenende nichts	vorhätte,	(dann) könnten	wir uns	treffen.
Wenn sie nicht so viel	arbeiten müsste,	(dann) könnten	wir …	gehen.
Wenn er nicht so anstrengend	wäre,	(dann) würde	ich mich …	freuen.

Ergänzen Sie die Sätze.
Wenn ich noch einmal Urlaub hätte, …………

Wenn ich noch einmal 15 wäre, …………

Wenn ich fliegen könnte, …………

2 Präposition: *wegen* + Genitiv ÜG 6.04

wegen	• meines Berufs • meines Praktikums • meiner Arbeit • meiner Interviews

Warum haben Sie Deutsch gelernt?
Wegen meiner Kinder.

Merke:
Wegen benützt man in der gesprochenen Sprache oft mit Dativ: wegen dem Beruf / einem Praktikum

Antworten Sie mit *wegen*.
Warum gehst du heute nicht joggen? (→ das Wetter)

…………

Warum machst du heute keinen Sport? (→ meine Gripppe)

…………

Warum freust du dich so? (→ die Note in Mathematik)

…………

Kommunikation

ÜBER IRREALE BEDINGUNGEN SPRECHEN: Wenn ich … könnte, …

Wenn ich … könnte, (dann) …
Wenn ich … hätte, (dann) …
Wenn ich (nicht) … wäre, (dann) …
Wenn ich (nicht) … dürfte, (dann) …

WICHTIGKEIT AUSDRÜCKEN UND BEGRÜNDEN: Für mich ist … wichtig, weil …

Ich finde es total wichtig, dass …
Für mich ist … wichtig, weil/denn …
Am allerwichtigsten ist … Darum/Daher/Deshalb/Deswegen …

Schreiben Sie fünf Sätze mit *wenn*.

Wenn ich nie mehr arbeiten müsste, …

TIPP
Wählen Sie einige Redemittel aus, die Sie in Ihrem Alltag brauchen, und schreiben Sie kleine Gespräche.

UM INFORMATIONEN BITTEN: Wissen Sie, ob ...?

Darf ich Sie/dich (kurz) was fragen?

Können Sie / Kannst du mir (vielleicht) sagen, wo/ob ...?

Wissen Sie / Weißt du, wo/ob ...?

ETWAS NICHT VERSTEHEN UND NACHFRAGEN: Und was bedeutet ...?

Tut mir leid, das Wort habe ich nicht verstanden. / habe ich noch nie gehört.

Entschuldigung, habe ich das richtig verstanden?

Und was bedeutet ...?

Was meinen Sie / meinst du mit ...?

UM WIEDERHOLUNG BITTEN: Könnten Sie das bitte wiederholen?

Wie war bitte Ihr/dein Name?

Könnten Sie / Könntest du bitte langsamer sprechen?

Wie bitte? Könnten Sie / Könntest du das bitte wiederholen?

ÜBER SICH SPRECHEN: ... ist meine Muttersprache.

Russisch/Serbisch ist/hat ... | ... ist meine Muttersprache. | ... hat eine andere Schrift. | Das finde ich viel einfacher. | Ich kann gut Englisch /... sprechen. | Und jetzt kann ich (auch) schon (ein bisschen) Deutsch.

TIPP

Das macht Ihre Fragen höflicher: Beginnen Sie Ihre Frage mit „Können Sie / Kannst du mir sagen, ...?"

Schreiben Sie die Fragen besonders höflich.

- Wann beginnt der Arabischkurs?
- Kann man da auch Salsa lernen?
- Wo finden die Kurse statt?
- Wie viel kostet der Intensivkurs?

Schreiben Sie: Welche Sprachen haben Sie wann und wie gelernt?

Ich spreche ... Sprachen. Meine Muttersprache ist ...

Lernziele

Ich kann jetzt ...

A ... über irreale Bedingungen sprechen: *Wenn ich in dieser Situation wäre, ...* ______ ☺ 😐 ☹

B ... Wichtigkeit ausdrücken und begründen: *Für mich ist ... wichtig, ...* ______ ☺ 😐 ☹

C ... um Informationen bitten: *Können Sie mir sagen, wo das ist?* ______ ☺ 😐 ☹

... um Wiederholung bitten: *Könnten Sie das bitte wiederholen?* ______ ☺ 😐 ☹

D ... Tipps zum Deutschlernen verstehen und selber formulieren: *Lern Vokabeln mit einer App.* ______ ☺ 😐 ☹

E ... einen Erfahrungsbericht verstehen und über die Sprachbiografie meiner Partnerin / meines Partners sprechen: *Ihre Muttersprache ist Portugiesisch.* ______ ☺ 😐 ☹

Ich kenne jetzt ...

8 Wörter zum Thema *Sprachen*:

die Muttersprache, ...

______

______

______

______

______

______

Für zwischendurch ...

SPIEL

Das Abkürzungsspiel

Abkürzungen gibt es überall, sicher auch in Ihrer Sprache. Viele verwendet man nur selten. Andere begegnen einem häufiger, manche sogar täglich. Die Abkürzung „www“ kennt heute fast jeder Mensch. Auch im Deutschen finden wir viele Abkürzungen. Diese z.B. kennen Sie, oder? Aber sicher, „z.B.“ heißt „zum Beispiel“.

WKO · BHS · ÖAMTC · GIS · AG · DIN
AMS · MfG · PIN · LKH · u.A.w.g. · MEZ
usw. · MwSt. · LKW · BFI · ÖBB · Hbf.

1 Lesen Sie den Text. Welche Abkürzungen kennen Sie? Was bedeuten sie? Manche Abkürzungen können auch mehr als eine Bedeutung haben.

Ich kenne AMS. Das heißt ...

2 Arbeiten Sie in Gruppen. Wählen Sie Abkürzungen und erfinden Sie eigene Bedeutungen. Wer hat die lustigsten Sätze?

DIN könnte bedeuten: Dora isst Nudeln.
Das Internet nervt. ...

SCHREIBEN

Sag es mit 50 Wörtern!

Es macht mich wütend, wenn ...
Wenn ich viel Geld hätte, würde ich ...
Ich bewundere Sie, weil ...
Was ich dir schon lang einmal sagen wollte: ...
Am Wochenende könnten wir ...
Ich habe nichts gegen laute Musik, aber ...

Es macht mich wütend, wenn ...

... jemand schlecht über andere Menschen redet. Ich finde, so etwas ist eine Charakterschwäche. Und ich frage mich dann immer, was so jemand wohl über mich erzählt, wenn er mit anderen Leuten spricht. Zu solchen Typen sage ich einfach nur: „Stopp! Ich will das nicht hören!“

Wenn ich viel Geld hätte, würde ich ...

... ein richtig großes Fest machen. Das Fest würde von Freitagabend bis Sonntagabend dauern. Alle meine Freunde könnten kommen und mitfeiern. Alle könnten so viel essen und trinken, wie sie wollen. Ich würde auch mehrere Bands einladen, dann könnten wir zur Live-Musik tanzen.

1 Sag es mit 50 Wörtern! Wählen Sie auf S. 56 einen Textanfang und schreiben Sie einen 50-Wörter-Text.

Am Wochenende könnten wir …

2 Lesen Sie Ihren Text im Kurs vor.

HÖREN

Missverständnisse

Fritz ist in der Stadt und ruft mit seinem Handy daheim bei Josefine an.
Leider ist die Handyverbindung sehr schlecht. Manche Wörter kann Josefine fast gar nicht verstehen.
Am Schluss sagt Josefine etwas und Fritz versteht es nicht.

Das versteht Josefine:

Du hast es schon mehrfach versucht?
Wo gehst du entlang?
Wassersport? Wieso Wassersport?
Es ist dir egal?
Du rauchst jetzt?
Es wird immer schlimmer?
Da ist kein Handtuch oben links.

Das hat Fritz gesagt:

Die Verbindung ist sehr schwach.
Ich habe fast keinen ______.
Ich brauche mein ______.
Es ist ______.
Ich ______.
Geh einmal ______.
Es steht in dem kleinen ______ links oben.

Das hat Josefine gesagt:

Bring mir Marillen mit.
Und dann noch Fisolen.

Das versteht Fritz:

Brauchst du neue ______?
Ok, ich kann sie ______.

1 🔊 47 Hören Sie. Was hat Fritz gesagt und was versteht er am Schluss? Ergänzen Sie.

Eine Arbeit finden

2 🔊 1–4 🎬 **1 Schauen Sie die Fotos an und hören Sie. Beantworten Sie die Fragen.**

– Welches Problem hat Tante Lina?
– Was rät Ella Tobias?
– Was übt Ella mit ihm?
– Warum sind Ella und Lina überrascht?

2 🔊 1–4 **2 Hören Sie noch einmal. Was ist passiert? Erzählen Sie. Die Stichwörter helfen Ihnen.**

Foto 1
Lina – Ella anrufen
Sohn Tobias – schlechtes Schulzeugnis haben
Lina sich Sorgen machen – Tobias keinen Ausbildungsplatz finden
Ella fragen – Tobias bei Bewerbung helfen

Foto 2
Tobias Praktikum bei MediaUniverse gemacht
sich gut mit Technik auskennen
Ella Idee: Tobias sich bei Technik-Markt bewerben

Foto 3
Tobias sich um Job bewerben
zum Vorstellungsgespräch eingeladen
mit Ella Gespräch üben
Ella: Tobias guter Schauspieler

Foto 4
Lina und Ella überrascht:
Tobias sich bei Schauspielschule beworben
Platz in der Schauspielschule bekommen

Stadt-Kurier

Ellas Tag

Tobias L., 17, ~~k~~eine Idee

von Ella Wegmann

Es gibt Menschen, die schon als Kinder wissen, welchen Beruf sie später einmal ergreifen wollen. Tobias L. gehört nicht zu dieser Gruppe.

Tobias, bis kurz vor deinem Schulabschluss hattest du keine Ahnung, was du werden sollst.
Ja, ich habe zwar während meines letzten Schuljahrs an mehreren Berufsberatungskursen teilgenommen. Aber auf eine Idee hat mich das nicht gebracht.

Hattest du schon einmal die Möglichkeit, Erfahrungen zu sammeln?
Ich habe ein Praktikum in einem großen Technik-Markt gemacht. Aber ein Leben lang Kunden beraten? Nein, das ist nichts für mich. Aber in meiner Freizeit habe ich mich viel mit meiner Videokamera beschäftigt. Ich habe witzige Clips gemacht und sie ins Internet gestellt.

Also wolltest du dann beruflich Videos produzieren?
Nicht direkt. Irgendwann hat mir jemand gesagt, dass ich ein großes Talent für den Schauspielerberuf habe. In diesem Moment hat es „Bling!" in meinem Kopf gemacht.

Und weiter?
Ich habe mich bei einer bekannten Schauspielschule beworben und man hat mich genommen, obwohl es für die sieben freien Plätze etwa 100 Mitbewerber gegeben hat.

Manchmal genügt nur eine einzige Idee ... und schon wird alles gut!

3 Ellas Kolumne

Was ist richtig? Lesen Sie die Kolumne und kreuzen Sie an.

a ○ Tobias hat schon in der Schule gewusst, was er werden will.
b ○ Die Berufsberatungskurse haben ihm bei der Berufswahl geholfen.
c ○ Irgendwann hat ihm jemand gesagt, dass er ein guter Schauspieler ist.
d ○ Er hat einen Platz in der Schauspielschule bekommen, weil es wenig Bewerber gegeben hat.

4 Was hat Ihnen bei der Berufswahl geholfen? Erzählen Sie.

Nach meinem Praktikum in einem Kindergarten habe ich gewusst, dass ...

Ich weiß noch gar nicht, was ich werden will. Vielleicht ...

5 Was bedeutet: „Für den Traumjob muss man etwas tun!"? Was meinen Sie?

Ich finde, man soll den Beruf lernen, den man wirklich will.

Den Traumjob gibt es nicht. Bei einem Job sind andere Dinge wichtig: ...

A Fang endlich an, Bewerbungen **zu schreiben**!

A1 Fang endlich an, ...!

2 🔊 5 **a** Wer sagt was? Hören Sie. Verbinden Sie und ordnen Sie zu.

A

◯ Fang endlich an,	als Verkäufer in einem Technik-Markt zu arbeiten?
◯ Es ist wirklich schön,	Bewerbungen zu schreiben!
◯ Hättest du Lust,	Kunden zu beraten.

B

C

b Ergänzen Sie dann.

Es ist schön, ...

auch so nach: Es ist (nicht) stressig/interessant/anstrengend/leicht, ...

Fang endlich an, ...

auch so nach: versuchen, vergessen, aufhören, sich (nicht) vorstellen können, ...

Hättest du Lust, ...

auch so nach: (kein/keine) Zeit/Interesse /Angst/Freude/Spaß/ ... haben, ...

c Notieren Sie drei Sätze zum Thema „Beruf".
Sammeln Sie die Zettel ein und verteilen Sie sie neu.
Lesen Sie und raten Sie: Wer hat was geschrieben?

Ich kann mir nicht vorstellen, ... | Ich vergesse oft, ... | Es ist toll, ...

Ich kann mir nicht vorstellen, in der Nacht zu arbeiten.
...

A2 Jobinserate

a Welches Inserat passt zu den Branchen? Ordnen Sie zu.

◯ Hotel, Gastronomie Ⓐ Handwerk ◯ Pflege ◯ Handel

A

Für den Einsatz in ganz Österreich suchen wir:
Servicetechniker Fotovoltaik (m/w) (Elektroinstallateur)
Wir erwarten Branchenerfahrung im Bereich Fotovoltaik, eine abgeschlossene Ausbildung als Elektriker/in oder Elektroniker/in, Montage- und Reisebereitschaft, gute Deutschkenntnisse, Zuverlässigkeit, eine selbstständige Arbeitsweise. Wir bieten Ihnen eine leistungsgerechte Bezahlung und optimale Entwicklungsmöglichkeiten. Gute MS-Office-Kenntnisse sind Voraussetzung. Wir freuen uns auf Ihre Bewerbung bis zum

B

Wir suchen ab Juni befristet auf 3 Monate eine(n) erfahrene(n) Serviceangestellte(n) zur Vergrößerung unseres Teams für unser persönlich geführtes Hotel.
Gute Englisch- und Französischkenntnisse vorausgesetzt.
Weitere Informationen und Bewerbungsunterlagen bitte an: Hotel

C

Pflichtbewusste und motivierte Altenbetreuerin gesucht.
Ihre Aufgaben: Unterstützung im Haushalt, leichter Pflegedienst.
Voraussetzung: Pkw-Führerschein; Berufserfahrung von Vorteil. **Bewerbung an**

D

Wir suchen ab sofort freundliche und zuverlässige Kassiere/Kassierinnen
Sie brauchen uns keine schriftliche Bewerbung zu schicken. Rufen Sie uns einfach an.

Sie brauchen uns keine schriftliche Bewerbung zu schicken. =
Sie müssen uns keine schriftliche Bewerbung schicken.
Sie brauchen nicht/nur ... zu ... = Sie müssen nicht/nur ...

b Lesen Sie die Jobinserate in a noch einmal und markieren Sie:
Welche (beruflichen) Kenntnisse und persönlichen Fähigkeiten werden verlangt?

A3 Darios Bewerbungsschreiben

a Auf welches Inserat aus A2 bewirbt sich Dario? Lesen Sie und ergänzen Sie im Brief.

b Notieren Sie die Fähigkeiten und Anforderungen aus dem Inserat in A2, auf die sich Dario bezieht.

Bewerbung als ______

Sehr geehrte Damen und Herren,

mit großem Interesse habe ich Ihr Inserat gelesen und bewerbe mich hiermit um die Stelle.

Wie Sie aus meinen Unterlagen ersehen können, war ich in Kroatien nach meiner Ausbildung zum Elektriker mehrere Jahre als Angestellter in einem Betrieb für Anlageninstallation tätig. Dort konnte ich auch Erfahrungen in der Montage von Solaranlagen sammeln und feststellen, dass ich gern auf Reisen bin.

Meine Muttersprache ist Kroatisch, ich spreche aber auch etwas Englisch und gut Deutsch.
Es macht mir Spaß, selbstständig zu arbeiten. Außerdem bin ich es gewohnt, meine Aufgaben schnell und zuverlässig zu erledigen. Ich beherrsche auch die üblichen PC-Programme.
Über eine Einladung zu einem persönlichen Gespräch würde ich mich sehr freuen.

Mit freundlichen Grüßen

Dario Simic

Anlagen: Lebenslauf, Zeugnisse

Erfahrung im Bereich Fotovoltaik, Montage- und ...

SCHON FERTIG? Welche Fähigkeiten und Kenntnisse braucht man für Ihren (Traum)Job? Sammeln Sie.

A4 Wählen Sie ein Jobinserat aus A2 oder aus dem Internet / einer Tageszeitung und schreiben Sie ein Bewerbungsschreiben. Die Satzanfänge helfen Ihnen.

Mit großem Interesse ...

Wie Sie aus meinen Unterlagen ersehen können, war ich in meiner Heimat / in ... / ... als ... tätig.

Ich habe dort bei ... gearbeitet. Das ist eine große/ kleine/... Firma / ein großes Unternehmen, die/das ... herstellt./produziert./verkauft./importiert./ exportiert./entwickelt.

Ich konnte in verschiedenen Bereichen Erfahrungen sammeln. So war ich ...

Dabei habe ich ...

Zu meinen Tätigkeiten gehörte auch ...

Ich bin es gewohnt, ...

Ich kann mir sehr gut vorstellen, ...

Es fällt mir leicht, ...

Es macht mir große Freude, ...

Über eine Einladung ...

B **Während** seines letzten Schuljahrs ...

B1 Was bedeuten die Sätze? Kreuzen Sie an.

a Während seines letzten Schuljahrs nimmt Tobias an mehreren Berufsberatungskursen teil.
- ○ Tobias hat im letzten Jahr die Schule besucht und zur gleichen Zeit an mehreren Berufsberatungskursen teilgenommen.
- ○ Tobias hat erst seinen Schulabschluss gemacht und nachher an mehreren Berufsberatungskursen teilgenommen.

b Außerhalb des Unterrichts macht Tobias witzige Clips für das Internet.
- ○ Tobias macht im Unterricht witzige Clips für das Internet.
- ○ Tobias macht in seiner Freizeit witzige Clips für das Internet.

c Innerhalb weniger Wochen hat er einen Platz in der Schauspielschule bekommen.
- ○ Nach wenigen Wochen hat er einen Platz in der Schauspielschule bekommen.
- ○ Vor wenigen Wochen hat er einen Platz in der Schauspielschule bekommen.

Wann?	
während innerhalb außerhalb	● des Unterrichts ● des Schuljahrs ● der Schulzeit ● der Öffnungszeiten

B2 Ohne Nervosität zum Bewerbungsgespräch

a Lesen Sie die Tipps und ordnen Sie zu.

~~bei~~ beim bis vom ... an vor vor während während

WIEDERHOLUNG

Wann?	bei, beim, vor
Wie lange?	bis
Ab wann?	von ... an

„BITTE ERZÄHLEN SIE UNS ETWAS ÜBER SICH."

Spätestens nach diesem Satz werden wohl die meisten Bewerberinnen und Bewerber nervös. Was hilft gegen Nervosität ______ Bewerbungsgespräch?

1 Gute Vorbereitung schafft Sicherheit: Sie können sich schon ______ dem Gespräch auf Standardfragen vorbereiten und sich über das Unternehmen informieren. Warten Sie damit nicht ______ zur Einladung zum Vorstellungsgespräch. Beginnen Sie schon ______ Zeitpunkt der Bewerbung ______ .

2 Stress vermeiden: Rechnen Sie für Ihre Anfahrt etwas mehr Zeit ein. Ohne Stress bei der Anreise gehen Sie entspannter in das Gespräch.

3 Übung macht den Meister: Spielen Sie Gespräche vor dem Spiegel. Dann fühlen Sie sich ______ des Gesprächs sicherer.

4 Freuen Sie sich auf das Gespräch: Die Firma bewirbt sich auch um Sie. Und vergessen Sie nicht, ______ des Gesprächs zu lächeln.

5 Bewegung baut Stress ab: Gehen Sie ______ dem Gespräch spazieren, wenn Sie noch etwas Zeit haben. Das beruhigt und so können Sie vermeiden, noch zusätzlich nervös zu werden.

b Was halten Sie von den Tipps? Was machen Sie gegen Nervosität bei Bewerbungsgesprächen oder Prüfungen? Sprechen Sie.

Also, Tipp fünf finde ich nicht so gut. Spazierengehen macht mich eher nervös. Ich ...

B3 Ein Bewerbungsgespräch in einem Technik-Markt

2 6

a Hören Sie das Gespräch und kreuzen Sie an: Über welche Themen wird gesprochen?

O Schulabschluss O Gehalt O Praktikum O Grund für die Bewerbung
O technische Kenntnisse O Kenntnisse von PC-Programmen
O Sprachkenntnisse O Arbeitszeiten

b Was sagt Frau Hartmann? Hören Sie noch einmal und markieren Sie die Sätze.

- ◆ Grüß Gott, Herr ... . Kommen Sie doch bitte herein. Schön, dass Sie da sind.
- ○ Danke für die Einladung zum Gespräch.
- ◆ Setzen Sie sich doch, bitte.
- ○ Dankeschön.
- ◆ Erzählen Sie doch bitte etwas über sich.
- ○ Ich bin ... / Ich habe ... gearbeitet. / gelernt. Davor habe ich als ... bei ... gearbeitet. Ich mache grad meine Ausbildung / meinen ...kurs / ... fertig.
- ◆ Welche Aufgaben hatten Sie in Ihrer letzten Firma / während des Praktikums / ...?
- ○ Ich war ... im Verkauf / im Lager / ... tätig. Dort war ich für ... zuständig.
- ◆ Konnten Sie während Ihrer Ausbildung / Ihres Praktikums / Ihres Studiums / ... schon praktische Erfahrungen sammeln?
- ○ Ja, ich habe ein Praktikum / einen Kurs bei ... gemacht. / Nein, ich habe leider noch keine Berufserfahrung.
- ◆ Haben Sie auch noch andere / technische / handwerkliche / ... Kenntnisse oder Fähigkeiten? Haben Sie auch Computerkenntnisse / Sprachkenntnisse?
- ○ Ja, ich habe ... / Nein, ich ... / Es fällt mir leicht, ... / Ich bin es gewohnt, ... / Es macht mir Spaß, ...
- ◆ Haben Sie denn noch eine Frage an mich?
- ○ Ja, ich würde gern wissen, ...
- ◆ Gut, Herr ..., wir melden uns dann innerhalb der nächsten Woche / in ... Tagen / Wochen bei Ihnen. Vielen Dank, dass Sie da waren.
- ○ Ja, vielen Dank auch an Sie. Auf Wiederschauen.

B4 Rollenspiel: Das Bewerbungsgespräch

a Für welchen Job würden Sie sich gern bewerben? Welche Fähigkeiten haben Sie? Machen Sie Notizen.

Bewerbung als: ____________
Ausbildung / Berufserfahrung: ____________
besondere Fähigkeiten: ____________
Sprachkenntnisse: ____________
Computerkenntnisse: ____________

b Spielen Sie ein Bewerbungsgespräch mit Ihrer Partnerin / Ihrem Partner. Hilfe finden Sie in B3. Tauschen Sie auch die Rollen.

C Berufsberatung

C1 Berufsberatung: Lesen Sie und beantworten Sie die Fragen.

Neue Perspektiven finden: Das bringt mich weiter.

Beratungsservice

Sie sind gerade mit der Schule fertig, wissen noch nicht, was Sie werden wollen und brauchen Hilfe bei der Berufswahl? Oder Sie sind berufstätig und möchten sich beruflich neu orientieren? Wir beim AMS sind Expertinnen und Experten für alle Fragen, die mit Ihren beruflichen Wünschen zusammenhängen. Im persönlichen Gespräch oder online besprechen wir Ihre aktuelle Situation und beantworten Ihre Fragen. So finden wir gemeinsam den Weg, der zu Ihren Interessen, Fähigkeiten, Kenntnissen und Erfahrungen passt.

a Wer kann das Beratungsservice des AMS nützen?
b Worüber wird in der Beratung gesprochen?

C2 Berufsberatung im Kurs: Welche beruflichen Wünsche haben Sie?

a Lesen Sie und kreuzen Sie an. Haben Sie noch weitere Wünsche? Ergänzen Sie.

Möchten Sie …	ja	nein		ja	nein
… viel reisen?	○	○	… etwas mit den Händen machen?	○	○
… im Team arbeiten?	○	○	… Verantwortung übernehmen?	○	○
… im Büro tätig sein?	○	○	… künstlerisch tätig sein?	○	○
… im Freien arbeiten?	○	○	… sich mit technischen Fragen beschäftigen?	○	○
… in einer Werkstatt tätig sein?	○	○	… etwas Neues entwickeln?	○	○
… am Computer sitzen?	○	○			
… anderen helfen?	○	○	weitere Wünsche:		
… Menschen beraten?	○	○	…………………………		

b Fragen Sie Ihre Partnerin / Ihren Partner und machen Sie Notizen.

Ich habe Lust, …
Ich habe Interesse (daran), …
Ich kann mir gut vorstellen, …
Ich finde es (nicht) anstrengend/leicht/schwer, …
Es macht mir Spaß/Freude, …

Hast du Lust, viel zu reisen?

Nein, ich habe gar keine Lust, zu reisen. Ich habe Familie und darum will ich lieber viel daheim sein.

Reisen?
Nein: Familie,
mehr daheim sein
…

c Arbeiten Sie in Gruppen. Stellen Sie Ihre Partnerin / Ihren Partner vor. Welchen Beruf würden die anderen ihr/ihm empfehlen?

◆ … will nicht reisen, denn er hat Familie. Er kann sich gut vorstellen, im Team zu arbeiten, und wenn möglich auch im Freien. Auf keinen Fall will er am Computer arbeiten. Es macht ihm mehr Spaß, etwas mit den Händen zu machen. Welchen Beruf würdet ihr ihm empfehlen?
○ Vielleicht Gärtner?
▲ Oder Maler?

D1 Zufällige Begegnungen

2 🔊 7–9

a Welches Foto passt? Hören Sie die Gespräche und ordnen Sie zu.

Gespräch	1	2	3
Foto			

A

B

C

b Worüber reden die Leute in welchem Gespräch? Hören Sie noch einmal und ordnen Sie zu. Finden die Leute das positiv oder negativ? Ergänzen Sie: ☺ oder ☹.

- ○ neue Leute kennenlernen
- ○ abwechslungsreiche Aufgaben
- ③ wenig Aufträge ☹
- ○ Überstunden haben
- ○ neuer Arbeitsplatz und neue Kollegen
- ○ zu viel Arbeit
- ○ Schicht arbeiten
- ○ einen Job suchen
- ○ sich selbstständig machen
- ○ ein Bewerbungsgespräch

D2 Rollenspiel: Zufällige Begegnung im Supermarkt

Arbeiten Sie zu zweit. Spielen Sie ein Gespräch. Tauschen Sie dann die Rollen.

Partnerin/Partner 1: Sie treffen im Supermarkt jemanden, den Sie schon länger nicht mehr gesehen haben. Erkundigen Sie sich nach seiner Arbeit.

Partnerin/Partner 2: Wählen Sie eine Rolle und antworten Sie.

Hannes Meier
seit einem halben Jahr arbeitslos
☹ es gibt zurzeit kaum Jobs als Tierpfleger im Tierpark
☹ hat schon mehrere Bewerbungen geschrieben
☺ hat eine gute Fortbildung beim AMS besucht
☺ hatte vor zwei Wochen ein interessantes Bewerbungsgespräch
☺ hofft, dass er den Job bekommt

Kasimir Woźniak
selbstständig als Übersetzer und Dolmetscher
☺ interessante Tätigkeit
☺ überlegt, eine Weiterbildung zu machen
☹ viel Konkurrenz: zu wenig Aufträge
☹ muss nebenbei als Reinigungskraft jobben
☹ kommt dort mit dem Chef nicht zurecht

Wie geht's dir denn in der Firma/beim Jobsuchen?
Noch immer so viel los/Arbeit?
Was machst du jetzt eigentlich genau?
Ist das nicht stressig/anstrengend/schön, dauernd ...?
Hast du noch nie daran gedacht, die Stelle zu wechseln/dich selbstständig zu machen?

Ich habe (doch) einen neuen Job als ... bei ...
Ich muss eine Kollegin/einen Kollegen vertreten/zurzeit viel arbeiten.
Ich suche immer noch einen Job als ...
Es ist interessant/stressig/schön/anstrengend, ...
Ich muss jetzt leider los.
Schade, ich muss jetzt leider (dringend) ...
Ciao dann! Es war schön, dass wir uns wieder einmal gesehen haben. Bis zum nächsten Mal.

Grammatik und Kommunikation

Grammatik

1 Infinitiv mit *zu* ÜG 10.07

Fang endlich an, Bewerbungen zu schreiben!

auch so: erwarten können, versuchen, vergessen, aufhören, sich (nicht) vorstellen können, ...

Es ist schön, Kunden zu beraten.

auch so: Es ist (nicht) leicht/stressig/interessant/anstrengend/ ...

Hättest du Lust, als Verkäufer zu arbeiten?

auch so: (kein/keine/keinen) Interesse/Angst/Zeit/Freude/Spaß/ ... haben, ...

Schreiben Sie über sich. Wie viele Sätze finden Sie in fünf Minuten?

Ich möchte endlich aufhören, ...
Es macht mir viel Freude, ...
Ich versuche, ...

2 Temporale Präposition: *während* + Genitiv ÜG 6.01

während	• des/eines Kurses
	• des/eines Schuljahrs
	• der/einer Beratung
	• der Öffnungszeiten

auch so: innerhalb, außerhalb
Leider rufen Sie außerhalb unserer Öffnungszeiten an.
Wir werden uns innerhalb einer Woche bei Ihnen melden.

Was passt? Ordnen Sie zu.

außerhalb innerhalb während

1 Schon beim Frühstück plant sie ihren Arbeitstag. =
Schon ______ des Frühstücks plant sie ihren Arbeitstag.

2 Ich rufe dich in der nächsten Stunde an. =
Ich rufe dich ______ einer Stunde an.

3 Privatgespräche führen Sie bitte nicht in der Arbeitszeit. =
Privatgespräche sind nur ______ der Arbeitszeit erlaubt.

Kommunikation

VON BERUFLICHEN WÜNSCHEN ERZÄHLEN: Ich kann mir gut vorstellen, ...

Ich habe Lust, ... | Ich habe Interesse (daran), ... |
Ich kann mir gut vorstellen, ... | Ich finde es (nicht) anstrengend/leicht/schwer, ... | Es macht mir Spaß/Freude, ...

SICH SCHRIFTLICH BEWERBEN: Mit großem Interesse ...

Mit großem Interesse ...

Wie Sie aus meinen Unterlagen ersehen können, war ich in meiner Heimat / in ... / ... als ... tätig.

Ich habe dort bei ... gearbeitet. Das ist eine große/kleine/... Firma / ein großes Unternehmen, die/das ... herstellt./produziert./verkauft./importiert./exportiert./entwickelt.

Ich konnte in verschiedenen Bereichen Erfahrungen sammeln. So war ich ...

Dabei habe ich ... Zu meinen Tätigkeiten gehörte auch ...

Ich bin es gewohnt, ... / Ich kann mir sehr gut vorstellen, ... / Es fällt mir leicht, ... / Es macht mir große Freude, ...

Über eine Einladung ...

ÜBER DIE EIGENE ARBEIT SPRECHEN: Ich habe ein Praktikum bei ... gemacht.

Ich bin ... / Ich habe ... gearbeitet. / gelernt.

Davor habe ich als ... bei ... gearbeitet.

Ich beende gerade meine Ausbildung / meinen ...kurs / ...

Ich war ... im Verkauf / im Lager / ... tätig. Dort war ich für ... zuständig.

Ich habe ein Praktikum / einen Kurs bei ... gemacht.

Ich habe leider noch keine Berufserfahrung.

SICH NACH DER ARBEIT ERKUNDIGEN: Noch immer so viel Arbeit?

Wie geht's dir denn in der Firma / beim Jobsuchen?

Noch immer so viel los / Arbeit?

Was machst du jetzt eigentlich genau?

Ist das nicht stressig / anstrengend / schön, dauernd ...?

Hast du noch nie daran gedacht, die Stelle zu wechseln / dich selbstständig zu machen?

ÜBER DIE ARBEIT SPRECHEN: Es ist anstrengend, ...

Ich habe (doch) einen neuen Job als ... bei ...

Ich muss eine Kollegin / einen Kollegen vertreten / zurzeit viel arbeiten.

Ich suche immer noch einen Job als ...

Es ist interessant / stressig / schön / anstrengend, ...

EIN GESPRÄCH BEENDEN: Schade, ich muss jetzt leider ...

Ich muss jetzt leider los.

Schade, ich muss jetzt leider (dringend) ...

Ciao dann! Es war schön, dass wir uns wieder einmal gesehen haben.

Bis zum nächsten Mal.

Schreiben Sie Ihren Lebenslauf. Lassen Sie ihn korrigieren.

Sie treffen Ihre Nachbarin bei der Bushaltestelle. Schreiben Sie ein kurzes Gespräch.

△ Grüß dich, Theresa.
Wie geht's dir denn ...?

TIPP

Schreiben Sie wichtige Redemittel auf Kärtchen und lernen Sie sie auswendig.

Schön, dass wir uns wieder einmal gesehen haben!

Lernziele

Ich kann jetzt ...

A ... eine Bewerbung schreiben: *Mit großem Interesse ...* ______ ☺ 😐 ☹

B ... ein Bewerbungsgespräch führen: *Danke für die Einladung zum Gespräch.* ______ ☺ 😐 ☹

C ... von meinen beruflichen Wünschen erzählen: *Ich kann mir gut vorstellen, im Team zu arbeiten.* ______ ☺ 😐 ☹

D ... von der Arbeit erzählen: *Ich habe doch einen neuen Job ...* ______ ☺ 😐 ☹

Ich kenne jetzt ...

10 Wörter zum Thema *Bewerbung*:

die Fähigkeit, ...

6 Wörter zum Thema *Berufstätigkeit*:

die Verantwortung, ...

LIED

Es ist Zeit, endlich aufzuwachen!

Macht's euch denn wirklich Spaß,
um sechs Uhr aufzustehen?
Habt ihr denn immer noch Lust,
in diese Firma zu gehen?
Ist es für euch nicht frustrierend,
die müden Gesichter zu sehen?
Habt ihr noch nicht genug davon,
euch dauernd nur im Kreis zu drehen?

Hey, es ist Zeit, mal endlich aufzuwachen.
Ja, es ist Zeit, die Dinge anders zu sehen.
Hört bitte auf, die Welt so grau zu machen!
Fangt lieber an, auf neuen Wegen zu gehen!

Macht's euch denn gar nichts aus,
immer nur zu funktionieren
und diesen täglichen Superstress
auch noch mit zu organisieren?
Wir sollten wirklich versuchen,
nicht noch mehr Zeit zu verlieren.
Drum lasst uns jetzt gleich beginnen,
etwas Neues auszuprobieren.

Hey, es ist Zeit, mal endlich aufzuwachen.
Ja, es ist Zeit, die Dinge anders zu sehen.
Wir fangen an, gemeinsam loszulachen.
Wir fangen an, gemeinsam loszugehen.

2 🔊 10 **1** Hören Sie das Lied und singen Sie mit.

2 Würden Sie auch gern etwas ändern? Wenn ja, was? Schreiben Sie Sätze.

Wir sollten endlich versuchen, ...
Es ist Zeit, ...
Wir sollten wirklich beginnen, ...
Hört bitte auf, ...
Fangt lieber an, ...
Habt ihr noch nicht genug davon, ...?
Macht es euch wirklich Spaß, ...?

RÄTSEL

Grüß euch! Ich bin Kathi.

Lesen Sie die Informationen zu Kathi. Ordnen Sie zu und lösen Sie dann das Rätsel.

MITARBEITER CHEFIN ~~AUSBILDUNG~~ KANTINE ABTEILUNG BERUFSERFAHRUNG UNTERNEHMEN PRODUZIEREN MÖBELFIRMA

Grüß euch! Ich bin Kathi. Nach der Schule habe ich eine AUSBILDUNG (3→6) zur Möbeltischlerin gemacht und habe inzwischen fünf Jahre ______ (12→8). Ich arbeite in einer ______ (10→9). Wir ______ (3→2 / 8→7) dort zum Beispiel Tische, Sessel und Betten. In meiner ______ (2→3) machen wir vor allem Küchenkästen. Ich arbeite dort mit sechs Kollegen zusammen. In der Mittagspause essen wir in der ______ (4→10). Die Firma hat fast 200 ______ (2→4). Das ______ (6→5) gibt es schon seit 1955. Unsere ______ (3→11) ist die Enkelin des Firmengründers.

	1	2	3	4	5	6	7	8	9	10	11
Lösungswort:	J										

ÖSTERREICH-SPEZIAL

So ist es bei uns

◯ Nur nicht hudeln!
- ○ Keinen Stress, bitte!
- ○ Bitte nicht so laut sein!

◯ Bist du narrisch!
- ○ Du schaust aber müde aus!
- ○ Wahnsinn! Unglaublich!

◯ Ohne Schmäh!
- ○ Das ist ganz billig.
- ○ Das ist kein Witz.

(1) Gemma, gemma!
- ○ Bitte beeilen! Jetzt aber schnell!
- ○ Sofort alle zuhören!

◯ Da geht's zu!
- ○ Da ist viel los!
- ○ Da ist der Ausgang.

2 🔊 11–15 **1** Hören Sie die Gespräche 1–5. Ordnen Sie zu.

2 Was bedeuten diese Ausdrücke? Kreuzen Sie an.

Dienstleistung

Folge 6: Mädchen für alles

2 🔊 16–19

1 Schauen Sie die Fotos an. Was meinen Sie? Welche Aussage von Leon passt?
Ordnen Sie zu. Hören Sie dann und vergleichen Sie.

Leon

A *Ich habe einen Job gesucht, bei dem man viel herumkommt, statt nur im Büro zu sitzen.*

B *Ich will als Erster beim Geschäft sein, um dort zu warten, bis es aufmacht.*

C *Ich kenne da jemanden bei einer Produktionsfirma. Der sucht so einen Elefanten für einen Kinofilm.*

D *Haben Sie ein Foto von der Tasse? ... Wunderbar! Schicken Sie es mir bitte gleich, okay? Bis wann müssen Sie die Ersatztasse haben?*

Foto	1	2	3	4
Aussage				

Stadt-Kurier

Ellas Tag

Etwas tun, statt nur zu träumen

von Ella Wegmann

„Raus aus dem faden Alltag, statt immer nur das Gleiche zu machen. Was anderes tun, was Neues ausprobieren, mein eigener Chef sein, ah, das wäre so schön!" Denken Sie das auch manchmal? Und ... was machen Sie dann? Seien Sie ehrlich! Ändern Sie was? Fangen Sie wirklich mit etwas Neuem an?

„Nein, nicht heute. Lieber erst morgen. Es ist doch viel einfacher, alles so zu lassen, wie es ist. Da weiß man wenigstens, was man hat und wie es geht. Das Neue ist ja leider immer so anstrengend. Und überhaupt: Änderungen sollte man sich sehr gut überlegen, damit man keine Fehler macht."

Es ist viel leichter, über Änderungen nur zu reden, als wirklich etwas zu ändern. Jemand hat einmal gesagt:

„Den größten Fehler, den man im Leben machen kann, ist, immer Angst zu haben, einen Fehler zu machen." Man kann nichts Neues lernen, ohne Fehler zu riskieren. In diesem Sinn: Versuchen wir es, probieren wir das Neue, statt immer nur davon zu träumen!

2 🔊 16–19

2 Hören Sie noch einmal. Was erfahren Sie über Leons Job? Ergänzen Sie.

Foto 1: Heute musste Leon sehr früh aufstehen. Sein Service ist für Menschen, die keine ________ oder keine ________ haben, bestimmte Dinge selber zu erledigen.

Foto 2: Leon arbeitet ________ und ist sein eigener Chef. Wenn er einmal warten muss oder wenn es regnet, nutzt er die Zeit für ________.

Foto 3: Leon löst fast jedes ________ für seine Kunden. Wenn er etwas sucht, ________ er es auch. Das ist sein Geheimnis.

Foto 4: Wenn Leon einen Gegenstand findet, der für einen Kunden interessant sein könnte, schickt er ihm ein ________, damit er sehen kann, wie der Gegenstand ausschaut.

3 Ellas Kolumne

Lesen Sie die Kolumne. Welche Aussage passt zu Ella? Kreuzen Sie an.

a ◯ Änderungen sind anstrengend und machen unser Leben nicht unbedingt besser. Wir sollten lieber in unserem ruhigen Alltag bleiben und keine Fehler riskieren.

b ◯ Die meisten Menschen möchten kein Risiko eingehen und lassen lieber alles so, wie es ist. Das ist schade, denn nur aus Fehlern lernen wir.

A Es ist nicht leicht, aber es lohnt sich.

2 🔊 20 **A1 Wer sagt was?**

Kreuzen Sie an. Hören Sie dann und vergleichen Sie.

	Ella	Leon
a Es war drei Uhr, als mein Wecker in der Früh geläutet hat!	○	○
b Es ist unglaublich! Von so etwas kann man doch nicht leben!	○	○
c Es ist nicht leicht, aber es lohnt sich.	○	○
d Wenn es einmal regnet, mache ich Büroarbeiten.	○	○
e Wahnsinn! Du findest für jedes Problem eine Lösung.	○	○

A2 Wann benützt man *es*? Ordnen Sie zu.

Befinden | Wetter | Tages- und Jahreszeiten | ~~allgemein~~

es in festen Wendungen

allgemein: Es ist (nicht) leicht/schwierig/schön/... Es gibt ... / Es lohnt sich.
......................: Es ist jetzt vier Uhr/Sommer/Nacht/...
......................: Es regnet / ist heiß / hat dreißig Grad /...
......................: Wie geht es Ihnen? / Wie geht's?

A3 Der eigene Chef sein

a Lesen Sie die Texte und kreuzen Sie an.

Hung Nguyen	Songül Nevin	Victor Petrov	
○	○	○	führt einen Altenpflegedienst.
○	○	○	besitzt ein Lebensmittelgeschäft.
○	○	○	hat in Wien ein Restaurant aufgemacht.

Der eigene Chef sein

Hung Nguyen, 29 Jahre

Ich komme aus Vietnam und bin im Norden des Landes aufgewachsen. Mein Vater hat in den 1980er-Jahren in Österreich gearbeitet. Als ich geboren wurde, hat er sich entschlossen, nach Vietnam zurückzugehen. Ich habe in Vietnam Management studiert und bin mit 23 Jahren zum Studieren nach Wien gegangen. Mein Vater hat immer viel von Österreich erzählt, und ich wollte dieses Land unbedingt kennenlernen. Das Leben in so einer Stadt wie Wien habe ich sehr aufregend gefunden. Am Anfang hatte ich manchmal ein bisschen Heimweh, aber dann habe ich meine Frau kennengelernt und bin geblieben. In Wien gibt es viele asiatische Lokale. Der Wettbewerb ist also relativ groß. Vor drei Jahren habe ich trotzdem selber ein kleines Restaurant eröffnet. Unsere Spezialität sind Banh Mi. Das ist eine Art gefülltes Weckerl mit Fleisch oder Ei, dazu Gemüse, Kräuter, Gewürze und eine besondere Sauce. Banh Mi waren in Wien etwas Neues. Gekocht habe ich schon immer gern. Ich mache alles selber, und es schmeckt den Gästen sehr. Mittlerweile verkaufe ich Banh Mi auch am Markt. Streetfood, also schnelles Essen, das man auf der Straße kauft und isst, ist gerade sehr beliebt.

Songül Nevin, 42 Jahre alt

Meine Eltern sind vor über 40 Jahren als Gastarbeiter aus der Türkei nach Österreich gekommen. Ich bin hier in Österreich geboren. Nach der Schule habe ich eine Ausbildung als Krankenschwester gemacht und sieben Jahre in einem Spital gearbeitet. Danach bin ich in die Altenpflege gewechselt und mir ist aufgefallen, dass es bei der Pflege von türkischen Patientinnen und Patienten große Probleme gibt. Denn das österreichische Pflegepersonal kennt ihre Sprache und Kultur nicht. Darauf sollte man bei der Pflege Rücksicht nehmen. Vor fünf Jahren habe ich einen interkulturellen Pflegedienst gegründet, um diese Menschen richtig zu betreuen. Doch es war nicht leicht, Pflegekräfte mit türkischem Hintergrund zu finden. Mittlerweile habe ich zwölf Mitarbeiterinnen. Ich gehe auch selber noch zu Patienten. Außerdem gebe ich Kurse, muss viel organisieren und gehe zu Ärzten und türkischen Vereinen um den Pflegedienst vorzustellen. In der Türkei ist man es nicht gewohnt, alte Menschen von Pflegediensten betreuen zu lassen. Viele wollen ihre Eltern selber pflegen. Doch irgendwann ist es zu anstrengend und dann freuen sie sich über unsere Hilfe.

Victor Petrov, 58 Jahre

Schon in meiner Heimat Russland habe ich jahrelang ein Geschäft geleitet. Ich bin Kaufmann von Beruf und habe lange in einer Drogerie gearbeitet. Als ich 1996 nach Österreich gekommen bin, war klar: Irgendwann will ich mein eigenes Geschäft aufmachen. Ich habe ein paar Jahre in anderen Geschäften gearbeitet und mich vor 15 Jahren mit einem Lebensmittelgeschäft in Salzburg selbstständig gemacht. Es war ein Experiment und natürlich auch ein finanzielles Risiko, aber es hat geklappt. Inzwischen arbeitet meine Frau ebenfalls mit im Geschäft. Es macht uns beiden großen Spaß. Ich glaube, wir sind die geborenen Geschäftsleute und immer froh darüber, unsere Kunden glücklich zu sehen. Wir verkaufen ausschließlich russische Produkte und somit auch ein bisschen Heimatgefühl. Rund 80 Prozent unserer Kunden kommen aus Russland. Bei uns gibt es alle Zutaten, die man für die russische Küche braucht. Mein erstes Geschäftslokal war sehr klein. Ich hatte damals nur wenige Waren, höchstens 30 Artikel. Die Kunden waren trotzdem begeistert, bei mir Lebensmittel zu finden, die es sonst hier nicht gibt. Schnell musste ich ein größeres Geschäft mieten. Heute ist es ein kleiner Supermarkt mit rund 700 Produkten.

b Lesen Sie die Texte noch einmal und markieren Sie alle Zahlen. Machen Sie Notizen und sprechen Sie.

Victor ist 1996 …

Hung Nguyen	Songül Nevin	Victor Petrov
29: Alter	42: ______	58: ______
1980: ______	40: ______	1996: nach Österreich
23: ______	7: ______	15: ______
3: ______	5: ______	80: ______
	12: ______	30: ______
		700: ______

A4 Welche Geschäftsidee aus A3 finden Sie gut?
Oder haben Sie eine eigene Geschäftsidee? Erzählen Sie.

Mein Traum wäre ein eigenes Kosmetikstudio. Es ist sicher nicht leicht, selbstständig zu sein, aber es wäre schön, …

B Ich will beim Geschäft sein, **um** dort **zu** warten.

B1 Was ist richtig? Kreuzen Sie an.

Ergänzen Sie dann den Grammatikkasten.

a Leon will als Erster beim Geschäft sein,
○ damit er in Ruhe mit dem Verkäufer sprechen kann.
○ um dort Schuhe für einen Kunden zu kaufen.

b Leon kauft diese Schuhe,
○ damit sein Kunde ausschlafen kann.
○ um sie dem Kunden zu schenken.

Leon will als Erster beim Geschäft sein, ________ dort Schuhe für einen Kunden ________ kaufen.
Leon kauft diese Schuhe, ________ sein Kunde ausschlafen kann.

B2 Wozu macht Leon den Job? Schreiben Sie.

Er möchte selbstständig sein. | Leons Kunden müssen nichts selber erledigen. | Er möchte verschiedene Menschen kennenlernen. | Er möchte viel herumkommen. | Er will nicht immer im Büro sitzen. | Sein Alltag wird interessanter.

Leon macht den Job, damit er selbstständig ist. = Leon macht den Job, um selbstständig zu sein.
Leon macht den Job, damit sein Alltag interessanter wird.

B3 Kenntnisse im Beruf

2 ◀)) 21 **a** Hören Sie den Anfang. Welche sozialen Kompetenzen hören Sie? Kreuzen Sie an.

○ Teamfähigkeit ○ Pünktlichkeit ○ Toleranz ○ Konfliktfähigkeit ○ kommunikative Kompetenz
○ Kreativität ○ Zuverlässigkeit ○ Motivation ○ Flexibilität ○ Humor ○ Engagement

2 ◀)) 22 **b** Lesen Sie die Fragen (1–6) und die Antworten (a–f). Hören Sie das Interview. Ordnen Sie zu.

		Antwort
1	Warum sind diese sozialen Kompetenzen heute eigentlich so wichtig?	(b)
2	Welche Soft Skills soll denn ein Bewerber auf jeden Fall mitbringen?	○
3	Man liest immer die Wörter Teamfähigkeit und Konfliktfähigkeit. Was genau bedeutet das?	○
4	Gibt es noch andere wichtige Soft Skills?	○
5	Kann man diese Dinge eigentlich lernen?	○
6	Hätten Sie zum Schluss noch Zeit, damit unsere Hörerinnen und Hörer Tipps von Ihnen bekommen?	○

a Kommunikative Kompetenz und ein sicheres Auftreten sind auf jeden Fall wichtig.
b Heute gibt es immer mehr Teamarbeit am Arbeitsplatz.
c Sie sollten wissen, was Sie gut oder auch nicht so gut können.
d Wichtig sind außerdem noch Motivation und Engagement.
e Vieles lernt man schon in der Kindheit, z.B. in der Familie oder in der Schule.
f Das bedeutet, man kann gut im Team arbeiten und auch einmal Kompromisse eingehen.

B4 Wozu braucht man das? Arbeiten Sie in Gruppen.

Jede/r schreibt ein blaues und ein grünes Kärtchen. Mischen Sie die Kärtchen. Fragen und antworten Sie.

Was? Internet | Klimaanlage

Wozu? kühl sein | recherchieren

Wozu braucht man eine Klimaanlage?

Damit es im Sommer in der Wohnung kühl ist.

C Etwas tun, **statt** nur **zu** träumen

C1 Arbeitsalltag

Ergänzen Sie.

a Man sollte etwas tun. Aber man träumt nur. — Man sollte etwas tun, statt nur zu träumen.

b Man möchte viel herumkommen. Aber man sitzt nur im Büro. — Man möchte viel herumkommen, statt ______.

c Man kann nichts Neues lernen. Man muss Fehler machen. — Man kann nichts Neues lernen, ohne ______.

d Man möchte selbstständig arbeiten. Man möchte nicht dauernd einen Chef vor der Nase haben. — Man möchte selbstständig arbeiten, ohne ______.

Man sollte etwas tun, statt nur zu träumen.
Man kann nichts Neues lernen, ohne Fehler zu machen.

C2 Unglücklich im Job

a Lesen Sie den Forumsbeitrag von Melly99. Was ist ihr Problem? Was wünscht sie sich?

Melly99
Hoffentlich habt ihr einen guten Rat für mich, ich bin nämlich ziemlich verzweifelt.
Ich (26) bin Informatikerin und habe seit zwei Jahren einen Job bei einer Softwarefirma.
Leider hat es mir dort von Anfang an nicht gefallen. Ihr könnt euch gar nicht vorstellen, wie fad dieser Job ist. Statt zu arbeiten, schaue ich spätestens ab 11 dauernd auf die Uhr.
Jeder macht brav seine eigenen Aufgaben. Aber mit Teamarbeit hat das leider nichts zu tun.
Ich hätte so gern interessante Aufgaben und ein junges, motiviertes Team. Was soll ich nur machen?
Ich bin dankbar für jeden Beitrag.

b Wie sollte man sich in so einer Situation verhalten? Formulieren Sie Sätze.

Vielleicht lieber so ...	und nicht so ...
1 nichts entscheiden	→ nicht vorher mit dem Chef oder der Chefin über die Situation reden
2 um interessantere Aufgaben bitten	→ sofort kündigen
3 keinen neuen Job suchen	→ nicht mit dem Betriebsrat sprechen
4 regelmäßig kleine Pausen machen	→ dauernd auf die Uhr schauen
5 versuchen, mehr Verantwortung zu übernehmen	→ immer nur fade Aufgaben erledigen
6 mit netten Kollegen was trinken gehen	→ sich über unsympathische Kollegen ärgern

Man sollte nichts entscheiden, ohne vorher mit dem Chef oder der Chefin über die Situation zu reden.

Man sollte um interessantere Aufgaben bitten, statt ...

C3 Schreiben Sie eine Antwort für Melly99 im Forum. Formulieren Sie höfliche Ratschläge.

An deiner Stelle würde ich ... | Du solltest vielleicht einmal ... | Du könntest auch/zum Beispiel/vielleicht ... Wie wäre es, wenn ...? | Wie findest du die Idee, ...? | Was hältst du davon, ...? | Versuch doch einmal, ... Ich kann dir nur raten, ... | Am besten wäre es, wenn ...

D Verkaufsgespräche

2 ◀)) 23–25 **D1 Verkaufsgespräche führen**

a Welches Foto passt? Hören Sie und ordnen Sie zu.

A

B

C

Gespräch	Foto
1	
2	
3	

b Was ist richtig? Hören Sie noch einmal und kreuzen Sie an.

Gespräch 1 ○ Der Kunde kann sich nicht entscheiden und will wiederkommen.
Gespräch 2 ○ Der Kunde kauft das Shampoo sofort, weil es so billig ist.
Gespräch 3 ○ Der Kunde kauft den Pullover, ohne ihn zu probieren.

D2 Machen Sie eine Tabelle und ordnen Sie zu.

Darf ich Ihnen ... anbieten/empfehlen? ~~Das ist mir zu teuer / ...~~ Das muss ich mir noch überlegen. Dürfte ich Sie was fragen? Es kommt drauf an, wie viel es kostet. Haben Sie einen (bestimmten) Wunsch? ~~Ich hätte gern ...~~ Ich kann mich noch nicht entscheiden. Ist es möglich, ...? Wie wär's mit ...? Kann ich sonst noch was für Sie tun? Sie wünschen? Vielen Dank für Ihre Mühe/Hilfe.

den Kunden ansprechen:	
um Hilfe/Information bitten:	Ich hätte gern ...
dem Kunden etwas anbieten:	
sich nicht entscheiden können:	Das ist mir zu teuer / ...
das Gespräch beenden:	

D3 Rollenspiel: Ich hätte gern ...

Arbeiten Sie zu zweit. Wählen Sie eine Situation aus und spielen Sie ein Gespräch.

In der Drogerie:
Sie brauchen Zahnpasta, Waschmittel und eine neue Bürste.

Im Spielzeuggeschäft:
Sie suchen ein Geburtstagsgeschenk für Ihre dreijährige Nichte.

Verkäuferin/Verkäufer
Sie begrüßen den Kunden und bieten Hilfe an.

Kundin/Kunde
Sie grüßen und sagen, was Sie möchten.

Verkäuferin/Verkäufer
Sie empfehlen etwas.

Kundin/Kunde
Sie können sich nicht entscheiden.

Verkäuferin/Verkäufer
Sie überzeugen die Kundin/den Kunden.

Kundin/Kunde
Sie entscheiden sich.

Verkäuferin/Verkäufer
Sie fragen, wie die Kundin/der Kunde zahlen möchte.

Kundin/Kunde
Sie möchten bar/mit Bankomatkarte/Kreditkarte zahlen.

Verkäuferin/Verkäufer
Sie bedanken sich. Sie verabschieden sich.

Kundin/Kunde
Sie bedanken sich. Sie verabschieden sich.

E Reklamation

E1 Eine schriftliche Reklamation

a Lesen Sie die Reklamation und ordnen Sie die Abschnitte.

E-Mail senden

○ Über eine schnelle Bearbeitung würde ich mich sehr freuen.
Mit freundlichen Grüßen
Nina Winter

○ Ich möchte Sie bitten, dass Sie die Rolle so schnell wie möglich reparieren oder mir einen Ersatz schicken. Denn ich habe Anspruch auf einen neuen Koffer.

(6) Bitte bestätigen Sie mir schriftlich bis spätestens 30.06.20.., dass Sie meine Reklamation erhalten haben.

○ am 23.05.20.. haben Sie mir einen Reisekoffer geliefert.

○ Ich brauche den Koffer nämlich dringend für meine geschäftlichen Reisen. Anbei erhalten Sie eine Kopie der Rechnung.

○ Leider musste ich feststellen, dass eine Rolle des Koffers beschädigt ist. Das ist sehr ärgerlich.

○ Reklamation
Rechnungsnummer 14456832-1
Sehr geehrte Damen und Herren,

b Welches Foto passt zu der Reklamation in a? Kreuzen Sie an.

○ 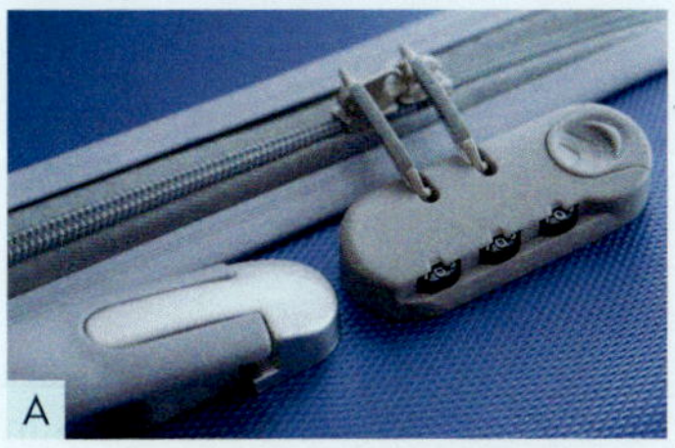
A

○ 
B

○ 
C

E2 Wählen Sie eine Situation und schreiben Sie eine Reklamation wie in E1.

A Sie haben vor zwei Wochen einen Drucker gekauft. Er funktioniert nicht, obwohl Sie alles so gemacht haben, wie es in der Bedienungsanleitung steht. Sie haben auch schon die Hotline angerufen, aber der Drucker meldet „Fehler 5700“ und druckt nicht. Sie möchten das Gerät umtauschen. Wenn Sie nicht innerhalb von zwei Wochen ein neues Gerät bekommen, möchten Sie Ihr Geld zurückhaben.

B Sie haben einen neuen Bürosessel bestellt, aber die Firma hat das falsche Modell geliefert. Sie ärgern sich, weil Sie schon acht Wochen auf den Sessel warten mussten. Sie haben schon zwei E-Mails geschrieben, aber noch keine Antwort erhalten. Jetzt fordern Sie Ihr Geld zurück.

Am ... habe ich ... / haben Sie ... | Leider musste ich feststellen, dass ...
Obwohl ich Ihnen schon zwei E-Mails geschickt habe, ... / Ihre Hotline angerufen habe, ...
Das ist sehr ärgerlich. | Ihr Service hat mich sehr enttäuscht. | Ich möchte Sie bitten/auffordern, dass Sie ...
Bitte bestätigen Sie mir schriftlich bis ..., dass Sie meine Reklamation erhalten haben.
Wenn ich bis ... nichts von Ihnen höre, (dann) ...
Über eine schnelle Bearbeitung würde ich mich sehr freuen.

Grammatik und Kommunikation

Grammatik

1 Verben und Ausdrücke mit *es* ÜG 5.25

allgemein:	Es ist (nicht) leicht/schwierig/schön/möglich/...
	Es gibt ... Es lohnt sich.
Tages- und Jahreszeiten:	Es ist jetzt vier Uhr / Sommer/Nacht/...
Wetter:	Es regnet / ist heiß / hat dreißig Grad /...
Befinden:	Wie geht es Ihnen? Wie geht's?

2 Konjunktion *um ... zu* + Infinitiv und *damit* ÜG 10.10

			Ende
Leon will als Erster beim Geschäft sein,	um	dort Schuhe für einen Kunden	zu kaufen.
Leon will als Erster beim Geschäft sein,	damit	er dort Schuhe für einen Kunden	kaufen kann.
Leon kauft diese Schuhe,	damit	sein Kunde	ausschlafen kann.

3 Konjunktion *statt/ohne ... zu* + Infinitiv ÜG 10.12

			Ende
Man sollte etwas tun,	statt	nur	zu träumen.
Man kann nichts Neues lernen,	ohne	Fehler	zu machen.

Wozu braucht man das? Schreiben Sie.

~~Sonnenschirm~~ Taschenlampe Smartphone Regenschirm Haube Laptop Schere ...

Einen Sonnenschirm braucht man, um sich vor der Sonne zu schützen. ...

Was würden Sie gern einmal anders machen? Schreiben Sie Sätze mit *statt/ohne ... zu*.

Ich würde in der Früh gern einmal länger schlafen, statt jeden Tag um sechs Uhr aufzustehen. Ich würde ...

Kommunikation

ÜBER TRÄUME UND WÜNSCHE SPRECHEN: Es wäre schön, ...

Mein Traum wäre, ...
Es wäre schön, ...

EIN VERKAUFSGESPRÄCH FÜHREN: Sie wünschen?

Sie wünschen? | Haben Sie einen (bestimmten) Wunsch?
Darf ich Ihnen ... anbieten/empfehlen?
Wie wär's mit ...?
Kann ich sonst noch was für Sie tun?
Zahlen Sie bar oder mit Bankomatkarte/Kreditkarte?
Ich hätte gern ...
Dürfte ich Sie was fragen? | Ist es möglich, ...?
Ich kann mich noch nicht entscheiden. | Das muss ich mir noch überlegen.
Das ist mir zu teuer. | Es kommt drauf an, wie viel es kostet.
Kann ich auch mit Bankomatkarte / Kreditkarte bezahlen?
Vielen Dank für Ihre Mühe/Hilfe.

Wie möchten Sie in 20 Jahren leben? Schreiben Sie.

Mein Traum wäre, ...
Ich möchte ...

Im Geschäft: Sie suchen ein Geschenk für Ihre Frau / Ihren Mann / Ihre Tochter / .... Schreiben Sie ein Gespräch.

◇ Grüß Gott, kann ich Ihnen helfen?
○ Grüß Gott, ich suche ...

HÖFLICHE RATSCHLÄGE GEBEN: An Ihrer Stelle würde ich ...

An Ihrer/deiner Stelle würde ich ...
Sie sollten / Du solltest vielleicht einmal ...
Sie könnten / Du könntest auch / zum Beispiel / vielleicht ...
Wie wäre es, wenn ...?
Wie finden Sie / findest du die Idee, ...?
Was halten Sie / hältst du davon, ...?
Versuchen Sie doch einmal, / Versuch doch einmal, ...
Ich kann Ihnen/dir nur raten, ...
Am besten wäre es, wenn ...

EINE REKLAMATION SCHREIBEN: Leider musste ich feststellen, dass ...

Am ... habe ich ... / haben Sie ...
Leider musste ich feststellen, dass ...
Obwohl ich Ihnen schon zwei E-Mails geschickt habe / Ihre Hotline angerufen habe, ...
Das ist sehr ärgerlich.
Ihr Service hat mich sehr enttäuscht.
Ich möchte Sie bitten/auffordern, dass Sie ...
Bitte bestätigen Sie mir schriftlich bis ..., dass Sie meine Reklamation erhalten haben.
Wenn ich bis ... nichts von Ihnen höre, (dann) ...
Über eine schnelle Bearbeitung würde ich mich sehr freuen.

Im Park bittet Sie eine alte Dame um Hilfe. Sie vermisst ihre Handtasche. Geben Sie ihr Ratschläge.

An Ihrer Stelle ...

TiPP

Wenn Sie eine Reklamation schreiben möchten, achten Sie darauf, dass Ihr Schreiben folgende Informationen enthält:
– Warum schreiben Sie?
– Was ist bisher passiert?
– Was soll die Firma tun?
– Was machen Sie, wenn weiterhin nichts passiert?

Lernziele

Ich kann jetzt ...

A ... über eine eigene Geschäftsidee sprechen: *Mein Traum wäre ein eigenes Kosmetikstudio.* ______ ☺ 😐 ☹

B ... ein Ziel ausdrücken: *Er macht diesen Job, um selbstständig zu arbeiten.* ______ ☺ 😐 ☹

C ... höfliche Ratschläge geben und Alternativen ausdrücken: *An deiner Stelle würde ich ..., statt ... zu ... / ohne ... zu ...* ______ ☺ 😐 ☹

D ... ein Kundengespräch führen: *Dürfte ich Sie was fragen?* ______ ☺ 😐 ☹

E ... eine Reklamation schreiben: *Leider musste ich feststellen, dass eine Rolle des Koffers beschädigt ist.* ______ ☺ 😐 ☹

Ich kenne jetzt ...

4 Wörter zum Thema *Altenpflege*:
der Pflegedienst, ...
______

6 Wörter zum Thema *Arbeitswelt*:
der Bewerber, ...
______

6 Wörter zum Thema *Reklamation*:
reklamieren, ...
______

HÖREN

Gemma, gemma ...

2 ◀)) 26–29 **1** Schauen Sie das Bild an. Hören Sie dann die Gespräche und ordnen Sie zu.

Gespräch	1	2	3	4
Bild				

2 ◀)) 26–29 **2** Hören Sie die Gespräche noch einmal. Was ist richtig? Kreuzen Sie an.

1 ○ Der Redner will, dass die Welt schneller wird.
2 ○ Man hört eine Radiowerbung.
3 ○ Der Mann kauft einen Hotdog.
4 ○ Der Sohn ist am Ende sehr traurig.

3 Suchen Sie sich eine Figur im Bild aus und schreiben Sie, was sie gerade denkt. Lesen Sie vor. Die anderen raten: Wer ist das?

Oje, mein Zug fährt gleich ab!

Das denkt der Mann vor dem Ausgang. Richtig?

SPIEL

Kennen Sie ***iam***?

Nein. Was ist ***iam***? Entscheiden Sie selber und präsentieren Sie ***iam*** anschließend im Kurs.
Können Sie ***iam*** überzeugend, seriös, lustig, charmant verkaufen?
Am Ende sollte jede und jeder im Kurs das Gefühl haben:
Oh ja, ich brauche ***iam***! ***iam*** ist genau das Richtige für mich!

1 Arbeiten Sie in Gruppen. Entscheiden Sie, was *iam* ist und machen Sie Notizen: Was kann man damit machen? Wie sieht es aus? Warum ist es super? ...

Schokoriegel mit Nüssen, Bananen
gesund (keine Kalorien)
und schmeckt super
kostet nur 30 Cent

2 Präsentieren Sie *iam* im Kurs.

„iam" ist ein Schokoriegel mit Nüssen und ...
Er ... Und das Beste: ...

GEDICHT

Kaufen, kaufen, kaufen ...

Ja, grüß Gott in unserem Shop! Was kann ich für Sie tun?
Haben Sie denn einen Wunsch oder schauen Sie sich nur um?
Jacken? Aber sicher doch! Die haben wir gleich da.
Darf's ein Glaserl Wasser sein und ein Verlängerter?

Wie finden Sie die Jacke da, ist die nicht wunderschön?
Mit der können Sie ins Theater oder tanzen gehen!
Schauen Sie einmal, die macht eine ganz fesche Figur
Und die Farbe passt perfekt zu Ihrer modischen Frisur.

Ich helfe Ihnen wirklich gern beim Anprobieren und Wählen.
Diese Hose da zum Beispiel kann ich jeder Frau empfehlen.
Ein Modell von Guccibana – günstig wie sonst nie!
Schauen Sie, das ist doch genau das Richtige für Sie.

Kennen Sie die neuen schicken Freizeitblusen schon?
Die haben wir zurzeit in einer Niedrigpreisaktion.
Ein Angebot speziell für Sie: Nimm vier und zahl nur zwei!
Und ein Kilo Feinwaschmittel, das ist auch gleich mit dabei.

Schauen Sie her: Die Gürtel da, die sind sensationell.
Wenn Sie einen haben wollen, entscheiden Sie sich schnell!
Die sind zurzeit extrem gefragt. Die gibt's nur kurze Zeit.
Drum nutzen Sie doch unbedingt jetzt die Gelegenheit!

Sie möchten zahlen? Oh, sehr gern! Dann folgen Sie mir, bitte!
Bei der Kassa warten schon Elfriede und Brigitte.
Sie können gern mit Karte zahlen oder auch in bar.
Wir danken sehr für den Besuch! Auf Wiederschauen! Baba!

2 🔊 30 **1** Hören Sie das Gedicht und lesen Sie mit.
Welche Sätze haben Sie beim Einkaufen schon selber gehört? Markieren Sie.

2 Wie soll eine Verkäuferin / ein Verkäufer sein?
Was soll sie / er (nicht) tun? Sprechen Sie.

Ich mag es nicht, wenn ein Verkäufer zu viel redet.

Rund ums Wohnen

2 🔊 31–34 **1 Schauen Sie die Fotos an. Was meinen Sie?**

Warum heißt die Geschichte „Streit ohne Ende“? Wer sind die Personen? Hören Sie dann und vergleichen Sie.

Die Personen sind vermutlich ... Vielleicht streiten sie sich, weil ...

2 🔊 31–34 **2 Was ist richtig? Hören Sie noch einmal und kreuzen Sie an.**

a ○ Die Miesbergers hatten mit einem Nachbarn in den letzten drei Jahren fünf Gerichtsprozesse.
b ○ Herr Miesberger sägt sehr oft Brennholz neben dem Wohnzimmerfenster von Herrn Kummer.
c ○ Herr Kummer findet, dass das Lärm und Dreck macht.
d ○ Herr Kummer hat Lösungen angeboten.
e ○ Die Miesbergers sägen auch in den Ruhezeiten.
f ○ Herr Kummer hat den Lärm mit Mikrofonen aufgenommen und einen Rechtsanwalt beauftragt.
g ○ Vor Gericht hat Herr Miesberger gewonnen. Er musste keine neue Säge kaufen.
h ○ Herr Kummer hat neue Lärmschutzfenster einbauen lassen, weil das Sägen immer noch sehr laut ist.
i ○ Die Miesbergers beschweren sich über einen Kratzer an ihrem Auto und über Mist auf dem Grundstück. Sie verdächtigen Herrn Kummer.

Stadt-Kurier

Ellas Tag

Die zwei „R“ – Ein Rezept für gute Nachbarschaft

von Ella Wegmann

Ein schönes Haus mit einem großen Garten, draußen im Grünen vor der Stadt. Die Vögel singen, alles ist friedlich. Das ist zu schön, um wahr zu sein. Die Wirklichkeit schaut oft ganz anders aus. Sich über Nachbarn zu ärgern, gehört in Österreich zu den häufigsten Problemen. Der Hund bellt zu oft. Die Musik ist zu laut. Der Rasen wird zu oft gemäht. Der Rasen wird zu selten gemäht. Der Nachbar grillt dauernd. Er räumt seinen Mist nicht weg. Darüber und über vieles mehr wird viel zu oft gestritten. In einer aktuellen Umfrage hat man festgestellt, dass im Bundesland Niederösterreich vier von zehn Befragten schon einmal Ärger mit den Nachbarn hatten. In Wien war es sogar jede zweite Person. Dabei wäre es doch so einfach: Der Nachbar lässt mich in *Ruhe* und ich ihn. Wenn es trotzdem ein Problem gibt, lösen wir es höflich und mit *Respekt* voreinander. Glauben Sie mir: Mit den zwei „R“ macht man alles richtig.

3 Wie finden Sie das Verhalten von Herrn Kummer und Herrn und Frau Miesberger?
Sprechen Sie.

Es ist schade, dass die Nachbarn sich nicht einigen konnten.

Ich finde, dass Herr Miesberger nur an sich selber denkt.

4 Ellas Kolumne
Lesen Sie die Kolumne und beantworten Sie die Fragen.

– Worüber streiten sich Nachbarn in Österreich oft?
– Wie schaut Ellas Rezept für gute Nachbarschaft aus? Was sind die zwei „R“?

5 Hatten Sie schon einmal Ärger mit Ihren Nachbarn? Erzählen Sie.

Ja, ich habe einen Nachbarn, der in der Nacht oft laut Musik hört.

A ... nicht nur Lärm, sondern auch Dreck.

2 35 **A1 Hören Sie und ordnen Sie zu.**
Verbinden Sie dann in der Tabelle.

entweder ... oder | zwar ... aber | nicht nur ... sondern auch

◆ Das macht ja .... Lärm, ... Dreck.
Ich habe .... Lösungsvorschläge gemacht, ...
die Miesbergers haben sich überhaupt nicht dafür interessiert.

○ Der Anwalt hat geschrieben: „............ Sie verwenden eine leisere Säge, ... die Sache geht vor Gericht."

nicht nur..., sondern auch ...	= oder
zwar ..., aber ...	= und
entweder ..., oder ...	= trotzdem

A2 Kettenübung

a Schreiben Sie zehn Wörter zum Thema „Wohnen" auf Kärtchen.

Nachbarn | Wohnung | Miete

b Ziehen Sie abwechselnd ein Kärtchen und beginnen Sie mit einem Satz mit *nicht nur ...*, *zwar ...*, oder *entweder ...* Ihre Partnerin / Ihr Partner ergänzt den Satz.

Meine Nachbarn sind zwar nett, ...

... aber manchmal auch ganz schön laut. Die Wohnung ist nicht nur schön, ...

... sondern sie liegt auch zentral. Die Miete ...

A3 Unsere Familienregeln

a Was ist das Thema? Ordnen Sie die Regeln zu.

Pflichten im Haushalt | Kommunikation | Eigentum und eigene Räume
6 Umgang miteinander | Lärm und Ruhezeiten | Mahlzeiten

Unsere Familienregeln:

1 Wir sind freundlich und schreien nicht, wenn wir uns streiten. Wir hören nicht nur zu, sondern lassen den anderen auch ausreden.

2 Wir essen mindestens einmal am Tag miteinander. Es liegen keine Zeitungen, Smartphones oder Spielsachen auf dem Tisch. Wir stehen erst auf, wenn alle fertig sind.

3 Jeder übernimmt nicht nur Aufgaben im Haushalt, sondern hält auch Ordnung. Alle Gegenstände kommen an ihren Platz zurück, wenn wir sie nicht mehr brauchen.

4 Wir nehmen Rücksicht. Wenn jemand entweder schläft oder krank ist, machen wir keinen Lärm. Es gelten Ruhezeiten zwischen 13.00 und 15.00 Uhr und ab 21.00. In dieser Zeit muss zwar niemand schlafen, aber alle beschäftigen sich ruhig.

5 Wir respektieren die Privatsphäre. Wir klopfen an, wenn die Tür zu einem Zimmer zu ist. Außerdem fragen wir um Erlaubnis, wenn wir etwas benützen wollen, das uns nicht gehört.

6 Zu guter Letzt: Wir lachen viel miteinander und sind füreinander da!!!

b Lesen Sie die Situationen. Welche Regel aus a passt? Ergänzen Sie.
Passt das Verhalten zur Regel? Notieren Sie ja oder nein.

		Regel	*passt?*
1	Elena braucht einen Radiergummi, einen Bleistift und Farbstifte für ihre Hausübung. Ihr Bruder ist nicht daheim, darum geht sie zu seinem Schreibtisch und borgt sich alles aus.	⑤	nein
2	Felix macht seine Hausübung am Küchentisch. Dann geht er zum Fußballtraining, aber vorher räumt er seine Sachen weg.	◯	______
3	Die Familie sitzt am Frühstückstisch. Der Vater erwartet ein wichtiges E-Mail von einem Kunden und schaut dauernd auf sein Handy.	◯	______
4	Felix entdeckt, dass Elena mit seinem Handy gespielt hat, ohne zu fragen. Er ist sehr wütend.	◯	______
5	Elenas Mutter hat starke Kopfschmerzen. Sie legt sich ins Bett und bittet die Kinder um Ruhe. Die Kinder setzen sich mit einem Puzzle in die Küche.	◯	______

c Welche Regeln finden Sie sinnvoll? Wie ist es bei Ihnen?
Haben Sie heute oder hatten Sie früher Familienregeln? Erzählen Sie.

Wir mussten/müssen ... | Wir durften/dürfen zwar nicht ..., aber ...
Ich war/bin nicht nur zuständig für ..., sondern auch für ...
Wir mussten/müssen entweder ... oder ....
Was war/ist bei euch üblich?
Durfte/Darf man ...? | Musste/Muss man ...?
War/Ist das bei euch auch so?

Bei uns daheim müssen wir nicht nur die Schuhe vor der Wohnung ausziehen, sondern auch Patschen anziehen. Ist das bei euch auch so?

A4 Unsere Hausordnung

Arbeiten Sie in Gruppen. Wählen Sie eine Situation und fünf Themen.
Schreiben Sie eine Hausordnung. Präsentieren Sie Ihre Hausordnung im Kurs.

Umgang miteinander | Kommunikation | Ruhe | Essen und Trinken | Pünktlichkeit | Kleidung | Sauberkeit | Pflichten und Rechte | Verbote | ...

Schreiben Sie eine Hausordnung für Ihre Familie/WG.

Schreiben Sie eine Hausordnung für den Deutschkurs.

Regeln für unseren Deutschkurs

Umgang miteinander

1 Wir sagen jeden Tag mindestens einer Kursteilnehmerin / einem Kursteilnehmer etwas Nettes.
2 ...

B **Hätte** ich bloß nichts **gesagt**!

2 🔊 36 B1 Was wünscht sich Herr Kummer? Hören Sie und ergänzen Sie.

Das ist passiert:	Wunsch:
Ich habe etwas gesagt.	*Hätte* ich bloß nichts *gesagt* !
Die Miesbergers sind hierhergezogen.	.... sie bloß nie .... !
Ich bin zum Rechtsanwalt gegangen.	.... ich bloß nicht zum Rechtsanwalt .... !
Wir haben keine Lösung gefunden.	.... wir bloß eine Lösung .... !

B2 Streit mit den Nachbarn

Sprechen Sie.

Rücksicht nehmen | freundlicher sein | zuhören | den Streit rechtzeitig beenden | aufmerksamer sein | nicht hierherziehen | sich nicht beim Vermieter beschweren | Nachbarn auf einen Kaffee einladen | ...

Hätte ich doch bloß mehr Rücksicht genommen.

Hätte ich	nur ...
Wäre ich	doch ...
	(doch) bloß ...

2 🔊 37–39 B3 Beschwerden unter Nachbarn

a Worüber beschweren sich die Leute (1–3)? Welcher Grund (A–F) passt? Hören Sie und verbinden Sie.

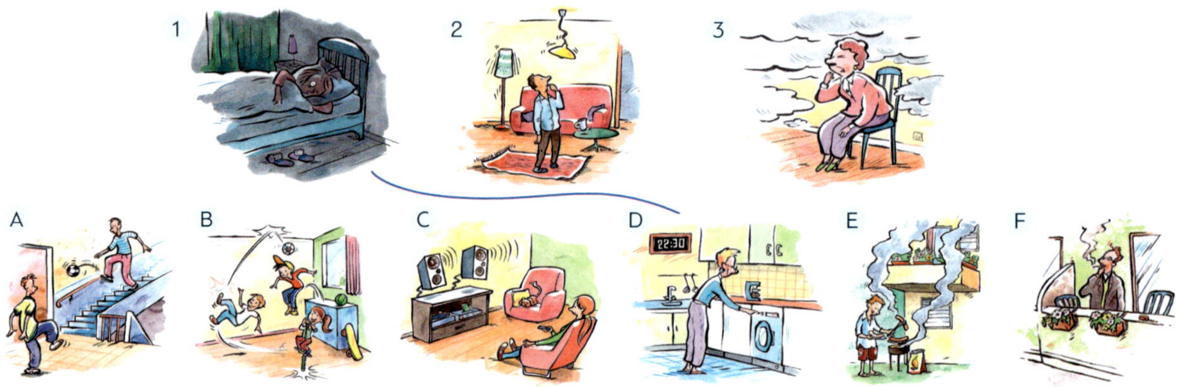

b Hören Sie noch einmal und machen Sie Notizen.

Gespräch	Problem	Lösung?
1	Die Nachbarin wäscht spät am Abend die Wäsche.	

B4 Rollenspiele: Konflikte mit Nachbarn lösen

Arbeiten Sie zu zweit: Wählen Sie eine Situation aus B3. Welche Sätze wollen Sie benützen? Markieren Sie. Spielen Sie dann ein Gespräch.

Wir haben doch ausgemacht, dass ...	*Tatsächlich?*	*Das tut mir furchtbar leid.*	*Das ist ja eine Frechheit!*
Ich hätte da eine Bitte: ...	*Das ist ja komisch.*	*Daran habe ich noch gar nicht gedacht.*	*Das ist ja lächerlich!*
Es wäre schön, wenn Sie da etwas Rücksicht nehmen könnten.	*Echt? Das ist mir noch gar nicht aufgefallen.*	*Sicher, geht in Ordnung.*	*Also das ist ja echt arg!*
		Meinetwegen / Okay, von mir aus.	*Das geht Sie wirklich gar nichts an!*

C Wohnungssuche

C1 Wohnung gesucht

a Lesen Sie den Anfang des Forumsbeitrags. Welches Problem hat Samira1992?

GÜNSTIGE WOHNUNG IN SALZBURG GESUCHT

Samira1992: Hallo!
Ich übersiedle in zwei Monaten nach Salzburg und finde einfach keine bezahlbare 1-2-Zimmerwohnung. Auf Luxus wie Balkon, Lift oder Terrasse kann ich gut verzichten, aber sie sollte eher zentral liegen, am liebsten in Mülln. Weiß irgendjemand was von einer freien Wohnung oder habt ihr vielleicht einen Tipp für die Wohnungssuche?

b Welche Tipps geben die Leute Samira? Lesen Sie und ordnen Sie zu.

1 Erzähl vielen Leuten, dass du eine Wohnung suchst. 2 Die Innenstadt ist besonders teuer! Du musst raus aus der Stadt. 3 Du musst flexibel sein und Kompromisse eingehen. 4 Teil dir eine Wohnung!

○ Bella: Oje, in Mülln sind die Mieten eher hoch. In Gnigl oder am Stadtrand in Langwied sind die Wohnungen oft wesentlich preiswerter.

○ Albatros87: Wir haben uns nach langer, vergeblicher Suche für die Alternative draußen in Anthering entschieden. Da wohnen wir nicht nur günstig, sondern auch im Grünen. Und die Fahrt ins Zentrum von Salzburg dauert gar nicht so lang.

○ Vincent35: In deinen sozialen Netzwerken hast du ja sicherlich von deiner Suche geschrieben, oder? In meinem werden manchmal Nachmieter gesucht. Ich denke beim nächsten Mal an dich und stelle den Link hier ins Forum.

○ DoroF: Hast du schon einmal an eine Wohngemeinschaft gedacht? Gerade im Zentrum findet man ein WG-Zimmer nicht nur leichter, sondern es ist meistens auch viel billiger als eine kleine Wohnung.

WIEDERHOLUNG

denken an		denken an	
Sache – woran?	Hast du schon einmal an eine WG gedacht?	Person – an wen?	Ich denke beim nächsten Mal an dich.

c Was ist richtig? Lesen Sie noch einmal und kreuzen Sie an. Schreiben Sie dann vier eigene Sätze und tauschen Sie mit Ihrer Partnerin / Ihrem Partner.

1 ○ Samira sucht eine günstige Wohnung im Zentrum. 2 ○ Samira wünscht sich einen Balkon.

C2 Ihre Wohnsituation: Lesen Sie die Fragen und schreiben Sie einen Text.

Mischen und verteilen Sie die Texte und lesen Sie vor. Wer hat den Text geschrieben? Raten Sie.

- Worüber freuen Sie sich?
- Womit sind Sie zufrieden?
- Worüber / Über wen ärgern Sie sich?
- Worauf können Sie leicht / gar nicht verzichten?
- Wovon träumen Sie?
- Was fehlt Ihnen?

Ich wohne mit meiner Familie in einer kleinen 3-Zimmer-Wohnung. Die Wohnung liegt an einer großen Straße. Ich ärgere mich oft über den Lärm. Am meisten fehlt mir ein Balkon. Ich träume von einem sonnigen Balkon, der in den Innenhof geht …

D Fernbeziehungen

D1 Warum leben immer mehr Menschen in Fernbeziehungen? Was meinen Sie?

Na ja, wenn jemand wegen des Berufs die Stadt wechseln muss, dann kann der Partner vielleicht nicht so einfach seinen Job kündigen und mitgehen.

D2 Fernbeziehungen

a Welche Überschrift passt? Lesen Sie den Text und kreuzen Sie an.

○ Warum immer mehr Menschen in Fernbeziehungen leben
○ Fernbeziehungen und wie sie besser funktionieren

Die Liebe ist groß, aber der Partner weit weg? Eine Fernbeziehung ist kein Wunschzustand, aber auch kein Unglück. Hier ein paar Tipps, wie eine Fernbeziehung gelingen kann.

In Österreich gibt es viele Paare, die mehr als 100 Kilometer voneinander entfernt leben und eine Fernbeziehung führen. Manche Paare sehen sich jedes Wochenende, andere nur alle drei Wochen oder sogar Monate. Für die meisten Paare ist das nicht einfach. „Das größte Problem in Fernbeziehungen ist, dass die Partner keinen gemeinsamen Alltag haben", sagt Ines Hackl, Psychologin und Paartherapeutin in Wien. „Darum ist es wichtig, regelmäßig Kontakt zu haben, am besten jeden Tag." So können sie am Leben der anderen Person teilhaben, und die emotionale Verbindung bleibt bestehen. Die meisten Paare in einer Fernbeziehung telefonieren täglich, schicken sich Nachrichten oder skypen regelmäßig.

Trotz der großen Freude über das Wiedersehen nach vielen Wochen ist das aber auch nicht immer einfach. Das ist verständlich, denn beide Partner kommen aus ganz verschiedenen Alltagen, meint Ines Hackl. „Deshalb ist es auch wichtig, sich beim Wiedersehen erst einmal Zeit zu zweit zu nehmen", sagt sie. Ein bestimmtes Ritual kann zum Beispiel helfen, das Gefühl der Distanz schneller zu verlieren.

Ein anderes Problem ist, dass Paare in Fernbeziehungen häufig zu hohe Erwartungen haben. „Die meisten denken, dass die wenige Zeit, die sie miteinander verbringen, perfekt sein muss", sagt sie. „Das funktioniert natürlich nicht." Niemand kann die ganze Zeit gute Laune haben oder dauernd Probleme nicht beachten. „Wie in anderen Beziehungen muss natürlich auch über Schwierigkeiten und Ärger gesprochen werden", so Hackl.

Für das Gelingen einer Fernbeziehung empfiehlt sie außerdem, dass beide Partner für ihren Alltag einen eigenen Freundeskreis aufbauen oder ein eigenes Hobby haben. „Denn beide leben zufriedener, wenn ihr Glück nicht von der Anwesenheit des Partners abhängt und jeder auch schöne Erlebnisse hat, wenn der Partner gerade nicht da ist."

Trotz vieler Nachteile können Fernbeziehungen auch Vorteile haben: „Wir wissen, dass die Kommunikation und der Austausch in vielen Fernbeziehungen tiefer ist als in normalen Beziehungen", sagt Hackl. Und in so einer Beziehung bleibt die Liebe länger frisch, weil man sich mehr aufeinander freut und sich bewusst Zeit füreinander nimmt.

Präposition: *trotz* + Genitiv
trotz der großen Freude =
obwohl die Freude groß ist

b Lesen Sie noch einmal und machen Sie Notizen. Vergleichen Sie anschließend mit Ihrer Partnerin / Ihrem Partner.

Nachteile	Ratschläge	Vorteile
kein gemeinsamer Alltag	regelmäßiger Kontakt: ...	

SCHON FERTIG? Welche Vor- und Nachteile sehen Sie in einer Fernbeziehung? Notieren Sie.

2 40 D3 Wie ist das in einer Fernbeziehung? Zwei Paare erzählen.

a Hören Sie den Anfang der Radiosendung und beantworten Sie die Fragen.

1 Wie viele Österreicher haben schon einmal in einer Fernbeziehung gelebt?
2 Warum leben immer mehr Menschen in Fernbeziehungen?

2 41 b Hören Sie jetzt die ganze Sendung. Was ist richtig? Kreuzen Sie an.

René und Nadine

1 ○ Nadine und René haben sich auf einer Party in Wien kennengelernt.
2 ○ Trotz regelmäßiger Telefonate finden sie das Abschiednehmen immer noch schwer.
3 ○ Im Urlaub hatten sie viel Zeit füreinander und konnten neue Seiten aneinander entdecken.
4 ○ Sogar wenn sie sich lang nicht gesehen haben, funktioniert das Wiedersehen problemlos.
5 ○ In einem halben Jahr wollen sie zusammenziehen.
6 ○ Sie sind gespannt, wie das Zusammenleben mit einem gemeinsamen Alltag funktioniert.

Nicole und Michael

7 ○ Nicole lebt jetzt seit einem Jahr aus beruflichen Gründen in Manchester.
8 ○ Michael hat eine eigene Firma und konnte daher nicht mitgehen.
9 ○ Michael hat sich schnell an die neue Situation gewöhnt.
10 ○ Die beiden sehen sich in der Regel alle vier Wochen und machen es sich dann meistens daheim gemütlich.
11 ○ Sie telefonieren täglich und schicken sich über den Tag verteilt gegenseitig mehrere Nachrichten.
12 ○ Wenn Nicole im nächsten Jahr nach Linz zurückkommt, wollen die beiden heiraten.

D4 Können Sie sich vorstellen, in einer Fernbeziehung zu leben? Warum (nicht)? Erzählen Sie.

Vor ein paar Jahren hatte ich einmal für kurze Zeit eine Fernbeziehung. Das war nichts für mich. Mir hat der gemeinsame Alltag zu sehr gefehlt.

Vor ein paar Jahren ...
Das war nichts / genau das Richtige für mich.
Das hat (nicht so) gut funktioniert.
Eigentlich wollte ich nie / immer ...

Das kann ich mir gut / nicht so gut / ... vorstellen.
Mir ist ... wichtig / nicht so wichtig.
... würde mir fehlen / guttun.
An ... könnte ich mich gut / gar nicht gewöhnen.

Grammatik und Kommunikation

Grammatik

1 Zweiteilige Konjunktionen ÜG 10.13

Das macht ja	nicht nur	Lärm,	sondern auch	Dreck.
Ich habe	zwar	Lösungsvorschläge gemacht,	aber	sie haben sich nicht dafür interessiert.
	„Entweder	Sie verwenden eine leisere Säge,	oder	die Sache geht vor Gericht."

nicht nur..., sondern auch ...	= und
zwar ..., aber ...	= trotzdem
entweder ..., oder ...	= oder

Ihre Traumwohnung? Schreiben Sie drei Sätze mit *nicht nur ..., sondern auch / entweder ..., oder / zwar ..., aber.*

Meine Traumwohnung hat nicht nur fünf Zimmer, sondern auch ...

2 Konjunktiv II Vergangenheit: Konjugation ÜG 5.18

ich	hätte		wäre	
du	hättest		wärst	
er/es/sie	hätte	gesagt	wäre	gegangen
wir	hätten		wären	
ihr	hättet		wärt	
sie/Sie	hätten		wären	

3 Konjunktiv II Vergangenheit: Irreale Wünsche ÜG 5.18

Hätte	ich bloß nichts	gesagt!
Wäre	ich bloß nicht zum Rechtsanwalt	gegangen!

Zu spät gekommen! Was denkt die Person? Schreiben Sie.

die Anzeige früher lesen
sofort anrufen
den Bus nicht verpassen
die Straße finden
nicht im Stau stehen
gleich hierher fahren

Hätte ich die Anzeige bloß früher gelesen!

4 Wiederholung: Verben mit Präpositionen ÜG 5.23

Verb + Präposition	Präpositionaladverb	Präposition + Personalpronomen	Fragewort	
	Sachen	Personen	Sachen	Personen
denken an	daran	an dich/ihn/sie ...	Woran?	An wen?

5 Präposition: *trotz* + Genitiv ÜG 6.04

Trotz	der großen Freude über das Wiedersehen nach vielen Wochen ist das aber auch nicht immer einfach.

trotz der Freude über das Wiedersehen
= obwohl man sich über das Wiedersehen freut,

Kommunikation

ÜBER GEWOHNHEITEN SPRECHEN: War das bei euch auch so?

Wir mussten/müssen ... | Wir durften/dürfen zwar nicht ..., aber ...
Ich war/bin nicht nur zuständig für ..., sondern auch für ... |
Wir mussten/müssen entweder ..., oder ... | Was war/ist bei euch üblich?
Durfte/Darf man ...? | Musste/Muss man ...? | War/Ist das bei euch auch so?

HÖFLICH KRITIK ÄUSSERN: Ich hätte da eine Bitte:

Wir haben doch ausgemacht, dass ...
Ich hätte da eine Bitte: ...
Es wäre schön, wenn Sie da etwas Rücksicht nehmen könnten.

AUF KRITIK ERSTAUNT REAGIEREN: Das ist ja komisch.

Tatsächlich? | Das ist ja komisch.
Echt? Das ist mir noch gar nicht aufgefallen.

AUF KRITIK FREUNDLICH REAGIEREN: Sicher, geht in Ordnung.

Das tut mir furchtbar leid.
Daran habe ich noch gar nicht gedacht.
Sicher, geht in Ordnung.
Meinetwegen.
Okay, von mir aus.

AUF KRITIK VERÄRGERT REAGIEREN: Das ist ja lächerlich.

Das ist ja eine Frechheit!
Das ist ja lächerlich!
Also das ist ja echt arg!
Das geht Sie wirklich gar nichts an!

Beschwerden unter Nachbarn: Schreiben Sie das Gespräch zwischen dem Mann und der Frau.

◇ Entschuldigung, Herr Steiner, haben Sie einen Moment Zeit?
○ Ja, natürlich. Was gibt's denn?
◇ Ich hätte da eine Bitte an Sie ...

Lernziele

Ich kann jetzt ...

A ... Regeln verstehen und von Gewohnheiten und Regeln erzählen: *Bei uns daheim müssen wir nicht nur ..., sondern auch ...* ______ ☺ 😐 ☹

B ... Kritik äußern und auf Kritik reagieren: *Es wäre schön, wenn Sie da etwas Rücksicht nehmen könnten.* ______ ☺ 😐 ☹

C ... Forumstexte zur Wohnungssuche verstehen: *Ich finde einfach keine bezahlbare Wohnung.* ______ ☺ 😐 ☹

... Von meiner Wohnsituation erzählen: *Ich träume von einem sonnigen Balkon.* ______ ☺ 😐 ☹

D ... einen Zeitungsartikel und eine Radiosendung zum Thema Fernbeziehungen verstehen: *Trotz vieler Nachteile können Fernbeziehungen auch Vorteile haben.* ______ ☺ 😐 ☹

Ich kenne jetzt ...

... 10 Wörter zum Thema *Haus* und *Wohnung*:

das Grundstück, ...

... 6 Wörter zum Thema *Beschwerden* und *Konflikte*:

die Rücksicht, ...

LANDESKUNDE

Wo und wie leben wir in Zukunft?

Haben Sie schon einmal daran gedacht, wie die Zukunft in Österreich oder in einem anderen deutschsprachigen Land ausschaut? Wir stellen Ihnen vier Zukunftstrends für das Leben und Wohnen vor!

Trend Nummer 1

In den deutschsprachigen Ländern werden die Menschen in Zukunft immer älter. Die Zahl der über 60-jährigen steigt immer weiter, laut Statistiken von 27 auf 36 Prozent aller Einwohner. Bei den unter 60-jährigen geht sie dafür von 73 auf 64 Prozent zurück, genauso wie die Zahl der Berufstätigen (20 bis 60 Jahre): Im Jahr 2040 sind es voraussichtlich sogar nur mehr 47 Prozent.

Trend Nummer 2

Immer mehr Menschen leben in Zukunft in Städten. Aber schon heute gibt es in den meisten Städten viel zu wenig Wohnungen. Dieses Problem wird in den nächsten Jahren noch schlimmer. Man glaubt, dass bis zum Jahr 2030 in und rund um die Städte Wien, München, Frankfurt oder Zürich circa 1 Million Wohnungen fehlen. Was das bedeutet, kann man schon heute deutlich sehen: Die Mieten steigen dort besonders schnell.

Trend Nummer 3

Wohnen wird immer teurer. Die durchschnittlichen Wohnkosten steigen schon seit einiger Zeit stärker als die Einkommen. Für Miete plus Nebenkosten (Heizung, Strom, Gas ...) muss man in manchen Städten heute schon bis zu 50 Prozent seines Einkommens zahlen. Und von Wohnungen im Stadtzentrum oder schöneren Stadtteilen können Leute, die normal verdienen, nur träumen.

Trend Nummer 4

Immer mehr Wohnungen werden zu sogenannten Smarthomes. Das bedeutet, dass Haushaltsgeräte zentral ferngesteuert werden können. So kann man z. B. von unterwegs die Waschmaschine oder die Heizung einschalten, die perfekte Wohnzimmertemperatur wählen oder den Herd abdrehen, wenn man dies beim Rausgehen vergessen hat.

1 Lesen Sie den Text und ergänzen Sie das Diagramm zu Trend Nummer 1:

über 60 Jahre | unter 60 Jahre | 20 bis 60 Jahre | ~~0 bis 20 Jahre~~

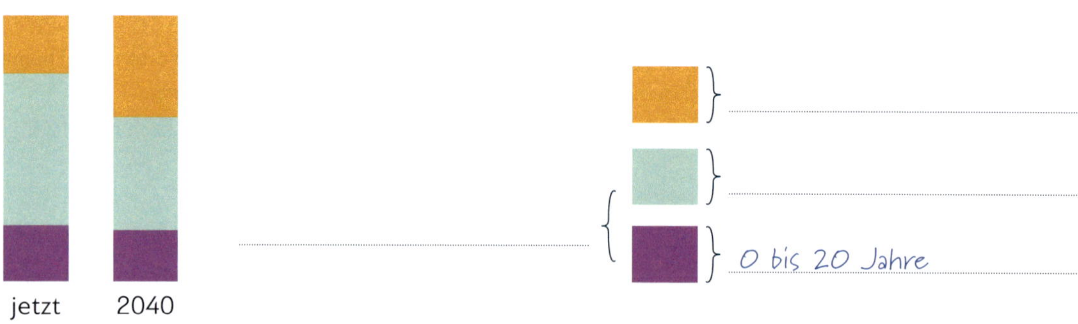

2 Lesen Sie noch einmal und markieren Sie: Welche Informationen finden Sie besonders interessant? Sprechen Sie.

Ich finde es interessant, dass es viel zu wenige Wohnungen geben wird. Warum ...

LESEN

Von Tür zu Tür

Räume ohne Fenster kann man sich leicht vorstellen. Denken Sie zum Beispiel an Kinos, Keller oder Garagen. Einen Raum ohne Tür gibt es nicht, man könnte ja nicht einmal reingehen. Türen spielen aber nicht nur in unserem Leben eine wichtige Rolle, sondern auch in unserer Sprache. Im Deutschen findet man sehr viele Sprichwörter und Redewendungen, in denen die Tür vorkommt. Da sind ein paar:

1 Kehren Sie doch bitte vor Ihrer eigenen Tür!
2 Man soll nicht mit der Tür ins Haus fallen.
3 Das besprechen wir nicht zwischen Tür und Angel.
4 Ich bin dort schon mit einem Fuß in der Tür drinnen.
5 Meine Tür steht immer für dich offen.
6 Dort bin ich dann vor verschlossenen Türen gestanden.
7 Es gibt Dinge, die erzählt man besser hinter verschlossener Tür.
8 Damit rennst du offene Türen bei mir ein.

1 Lesen Sie den Text. Ordnen Sie dann die Redewendungen und Sprichwörter aus dem Text zu.

a (6) Dort war niemand. Ich bin nicht reingekommen.
b ◯ Darüber redet man nicht einfach so ohne Vorbereitung.
c ◯ Komm rein! Das muss nicht jeder hören.
d ◯ Du kannst mit allen Problemen zu mir kommen.
e ◯ Dort habe ich schon Kontakte geknüpft.
f ◯ Das besprechen wir in aller Ruhe und ohne Stress.
g ◯ Kümmern Sie sich um Ihre eigenen Sachen!
h ◯ Du musst mich nicht überzeugen, ich denke genau wie du.

2 Gibt es in Ihrer Sprache ähnliche Sprichwörter oder Redewendungen? Können Sie sie ins Deutsche übersetzen?

RÄTSEL

Schauen Sie die Bilder an und ergänzen Sie die Buchstaben. Was sagt das Team von Schritte PLUS NEU Österreich am Schluss?

T O P F
1 2 3 4

_ _ _ _ _ _
1 2 3 4 5 6

_ _ _
1 2 3

_ _ _ _
1 2 3 4 (V=D)

_ _ _ _
1 2 3 4

_ _ _ _ _ _
2 x: 1 2 3 4 5 6

Lösungswort: P F _ _ _ _ _ _ _ _ _ _ _ _ _ _ _ !

Arbeitsbuch

A 35 Jahre lang **spielte** Manfred Stöger Lotto.

Wiederholung
A1, L8
A2, L6

1 Ergänzen Sie in der richtigen Form: *sein – haben – können – wollen – müssen.*

◆ Warum wart (a) ihr gestern nicht auf der Firmenfeier? Es .... (b) wirklich ein wunderschönes Fest.

○ Ja, schade. Leider .... (c) wir beide nicht kommen. Eigentlich .... (d) ich dich noch anrufen und dir Bescheid geben. Aber ich .... (e) gestern starke Kopfschmerzen und da bin ich sofort ins Bett gegangen. Und Peter .... (f) am Abend lang arbeiten. Er .... (g) erst um 23 Uhr Feierabend und dann .... (h) er zu müde und .... (i) daheim bleiben. Er .... (j) ja heute schon wieder um fünf Uhr aufstehen.

◆ Ah ja, das verstehe ich. Trotzdem schade, dass ihr nicht kommen .... (k). Wir haben euch vermisst.

A2
Grammatik entdecken

2 Der Lottogewinn

a Markieren Sie und schreiben Sie wie im Beispiel.

Manfred St. (53) spielte schon immer gern Lotto. Seit seinem 18. Lebensjahr ging er jede Woche zum Lottospielen in die Trafik. Dort kreuzte er immer dieselben Zahlen an. Er hoffte auf das große Glück. Aber das brachte nur selten Geld. Eines Tages kam dann die große Überraschung – sechs Richtige. Es war verrückt. Er glaubte es zuerst gar nicht. Er dachte: „Das ist alles nur ein Traum.“ Aber es stimmte. Er gewann eine Million Euro – steuerfrei. So ein Glück! Zwar hatte er jetzt viel Geld, aber er wollte mehr. Im Traum sah er die Zahl 14 und hörte eine Stimme. Kurz danach besuchte er ein Spielcasino und spielte Roulette. Er setzte alles auf die Zahl 14 – und verlor sein ganzes Geld. Alles war weg. An diesem Abend musste er zu Fuß heimgehen. Das Geld reichte nicht einmal für ein Taxi ...

spielen
gehen
ankreuzen
....
....
....
....
....
....
....
....
....

b Machen Sie eine Tabelle und ergänzen Sie die Verben aus a.

Typ „tanken“	Typ „fahren“	Typ „bringen“	werden, sein, haben	wollen, dürfen, ...
spielte kreuzte an	ging			

c Wo finden Sie die Formen aus b im (Online-)Wörterbuch? Markieren Sie.

an|kreu|zen ['ankrɔy̯tsn̩], kreuzt an, kreuzte an, angekreuzt ⟨tr.; hat; etw. a.⟩: *(in einem Text) durch ein kleines Kreuz hervorheben:* einen Namen in einer Liste ankreuzen. *Syn.:* markieren.

ge|hen ['ge:ən], geht, ging, gegangen ⟨itr.; ist⟩: 1. *sich in aufrechter Haltung auf den Füßen bewegen:* schnell, langsam, zu Fuß gehen; geradeaus, um die Ecke, über die Straße gehen. 2. ⟨irgendwohin

brin|gen ['brɪŋən], bringt, brachte, gebracht: 1. ⟨tr.; hat; jmdm.; jmdn./etw.: *an einen Ort tragen, befördern, bewegen*

A3 **3 Ergänzen Sie in der richtigen Form. Arbeiten Sie auch mit dem Wörterbuch.**

Glück im Unglück

In der Nacht auf Samstag fiel ein Achtjähriger aus dem Kinderzimmerfenster im ersten Stock. Nach Polizeiangaben *verletzte* **(verletzen) er sich aber kaum und ______ (gehen) noch im Schlaf zurück in die Wohnung.**

Die Eltern ______ (sitzen) im Wohnzimmer und ______ ______ (fernsehen): Sie ______ (sein) sicher, dass ihr Sohn in seinem Zimmer ruhig ______ (schlafen). Gegen Mitternacht ______ (klingeln) es plötzlich. Die Eltern ______ (wundern) sich und ______ (öffnen) die Tür. Und da ______ (stehen) ihr Sohn vor dem Haus. Er *wandelte* (wandeln) im Schlaf zurück in sein Zimmer im ersten Stock und ______ (steigen) in sein Bett. Die Eltern ______ (rufen) sofort einen Notarzt. Der ______ (bemerken) aber nur eine leichte Verletzung am Bein. Das Kind ______ (verbringen) die Nacht daheim, die Mutter aber ______ (kommen) mit einem leichten Schock ins Spital und ______ (bleiben) dort bis zum nächsten Morgen.

◇ **A3** **4 *Damals* … Markieren Sie wie im Beispiel und schreiben Sie den Text neu.**

Ich bin jetzt 16 Jahre alt und besuche das Gymnasium. Am Nachmittag mache ich die Hausübung und lerne viel für die Schule. Darum habe ich unter der Woche nicht viel Freizeit. Aber am Wochenende treffe ich mich oft mit mehreren Freunden. Wir kochen dann miteinander oder gehen ins Kino. Das ist immer lustig.

Ach, damals! Ich war 16 Jahre alt und besuchte das Gymnasium. Am Nachmittag …

❖ **A3** **5 Ricardos Geschichte. Schreiben Sie Sätze mit *reiste*, *brachte*, …**

A

B

C

D

a nach Österreich reisen – seine Familie und Freunde ihn zum Flughafen bringen
b einen Deutschkurs besuchen – die Sprache gut lernen wollen – neue Freunde kennenlernen
c einen Praktikumsplatz in einer Autowerkstatt bekommen – erste Berufserfahrungen sammeln – viel Spaß haben und viel lernen
d Praktikum mit Erfolg abschließen – der Chef ihm einen Ausbildungsplatz anbieten – sehr glücklich sein – Angebot annehmen

a Vor drei Jahren reiste Ricardo nach Österreich. Seine Familie und Freunde brachten ihn …
b In Österreich …
c Nach dem Sprachkurs …
d Er …

B Es ist vor einem Jahr passiert, **als** ...

B1

6 Das ist passiert, als ...

Grammatik entdecken

a Verbinden Sie.

1 Als ich ein Kind war,
2 Als wir geheiratet haben,
3 Ich habe gestern meinen Schlüssel verloren,
4 Mein Bruder ist allein nach Kanada übersiedelt,
5 Ich habe ihn sofort angerufen,
6 Als mein Vater 70 Jahre geworden ist,

a haben ungefähr 300 Gäste mit uns bis tief in die Nacht gefeiert.
b haben wir für ihn eine Überraschungsparty organisiert.
c als ich seine Nachricht bekommen habe.
d haben wir unsere Häuser im Dorf nie abgesperrt.
e als ich zum Bus gelaufen bin.
f als er 18 Jahre alt war. Das war sehr mutig von ihm.

b Ergänzen Sie die Tabellen mit den Sätzen aus a.

Als	ich ein Kind	war,	haben wir unsere Häuser im Dorf nie abgesperrt.
Als			
Als			

Ich habe gestern meinen Schlüssel verloren,	als	ich zum Bus gelaufen	bin.
	als		
	als		

B1

7 Antonio (68) erzählt: Fußball war sein Leben.

Schreiben Sie Sätze.

a Antonio – schon – mit seinem Vater – hat – Fußball – gespielt / noch ganz klein – er – war – als
b er – in der Volksschule – war – als / jeden Nachmittag – hat – mit seinen Freunden – er – Fußball – gespielt
c er – 15 Jahre alt – als – war / jeden Tag – trainiert – im Fußballverein – er – hat
d in der Bezirksmannschaft – Fußball – gespielt – hat – er – viele Jahre / er – Student – war – als
e er – berufstätig – war – als / er – hat – in seiner Freizeit – mit Kollegen – sich – zum Fußballspielen – getroffen

a Antonio hat schon mit seinem Vater Fußball gespielt, als er noch ganz klein war.
b ...

B2

8 Oma ist die Beste! Verbinden Sie.

a Immer wenn wir früher krank waren,
b Wenn Oma bei uns war,
c Immer wenn wir zum Arzt gehen mussten,
d Jedes Mal wenn wir wieder gesund waren,

1 ist Oma mitgekommen.
2 war unsere Oma für uns da.
3 durften wir ins Kino gehen.
4 hat sie uns beiden immer vorgelesen.

B2 **9 Was ist richtig? Kreuzen Sie an.**

a ○ Wenn ☒ Als wir letztes Jahr in Frankreich waren, haben wir einen Sprachkurs gemacht.
b Ich habe kein Wort verstanden, ○ als ○ wenn ich das erste Mal in Österreich war.
c Typisch Papa! Immer ○ wenn ○ als wir auf Urlaub gefahren sind, hat er etwas vergessen.
d ○ Wenn ○ Als ich noch im Kindergarten war, habe ich manchmal die Sprachen verwechselt. Ich habe dann mit den österreichischen Kindern Kroatisch geredet und mit meinen Eltern Deutsch.

B3 **10 Schreiben Sie Sätze mit *wenn – als*.**

a jedes Mal – ich – auf Deutsch – telefonieren müssen / nervös sein
b ich – gestern – im Deutschkurs sein / plötzlich – ein alter Freund aus meiner Heimat – hereinkommen
c immer – meine Schwester und ich – früher – zu unseren Großeltern fahren / viel Spaß haben
d meinen 18. Geburtstag feiern – ich – letzte Woche / zum ersten Mal – einige Freunde – betrunken sein

a *Jedes Mal wenn ich auf Deutsch telefonieren musste, war ich sehr nervös.*
b *...*

◇ B3 **11 Ergänzen Sie: *wenn – als*.**

Wann sind Sie oder waren Sie so richtig glücklich?

Yussuf: *Als* (a) ich zum ersten Mal unsere Tochter im Arm gehalten habe, war ich sehr glücklich.

Ahmad: ________ (d) ich meinen österreichischen Pass bekam, war ich überglücklich.

Pedro: ________ (b) ich eine gute Pasta esse und einen edlen Rotwein trinke, denke ich mir: Es gibt nichts Besseres.

Leyla: Ich fand es sehr aufregend, ________ (c) ich auf meiner ersten Reise mit meinem neuen Motorroller die italienische Grenze erreicht habe.

Maria: Ich liebe es im Garten zu arbeiten. ________ (e) ich sehe, wie alles wächst, bin ich total zufrieden.

◆ B3 **12 Meine Kindheit. Schreiben Sie Sätze mit *wenn – als*.**

a Ich war als Kind immer sehr glücklich, *wenn ich mit meinen Hunden gespielt habe.*
b Einmal habe ich mir sehr wehgetan, *als* ________
c Ich fand es als Kind immer sehr aufregend, ________
d Meine Eltern waren oft sauer, ________
e Aber sie waren meistens sehr zufrieden, ________
f Besonders witzig war für mich einmal, ________

C Er **hatte** wirklich **gewonnen**.

C2 **13 Nur geträumt …**

Grammatik entdecken

a Ordnen Sie die Bilder den Sätzen zu.

1

2

3

4

5

Markus wollte wie immer seinen Frühstückskaffee trinken …

a ◯ Oh nein. Auch das noch: Das Auto startete nicht.
Markus hatte am Vortag nicht getankt. Also los, schnell zur Bushaltestelle.

b ① Aber leider hatte er am Vortag keinen Kaffee gekauft.
Na ja, dann musste er ohne Kaffee ins Büro fahren.

c ◯ Jetzt – endlich im Büro. Markus wollte nun seinen Kaffee trinken.
Oh nein! Die Kantine hatte schon geschlossen.

d ◯ Da klingelte der Wecker. Markus hatte alles nur geträumt. Zum Glück!

e ◯ Aber so ein Ärger! Der Bus war gerade abgefahren.
Er musste 30 Minuten auf den nächsten Bus warten.

b Machen Sie eine Tabelle und schreiben Sie die Bildergeschichte.

Das ist passiert.	Das war vorher.
1 Dann musste er ohne Kaffee ins Büro fahren.	Markus hatte am Vortag keinen Kaffee gekauft.

C2 **14 Ergänzen Sie *hatte*- und *war*- in der richtigen Form.**

Wiedersehen nach 20 Jahren

Sie trafen sich zufällig in Wien auf der Straße wieder.
20 Jahre lang hatten (a) sie sich nicht gesehen.
Früher .... (b) sie viel Zeit zusammen verbracht. Als sie sich damals kennenlernten, ... (c) er sein Studium schon abgeschlossen, sie studierte noch.
Er .... (d) für sie immer der allerbeste Zuhörer, wenn sie Sorgen hatte. Dann .... (e) er plötzlich eines Tages verschwunden und sie .... (f) sich immer gewundert, was mit ihm passiert war. Sie .... (g) nichts mehr von ihm gehört. .... (h) er ins Ausland gereist? Oder .... (i) ihm etwas passiert? Nur einmal .... (j) sie einen Artikel über ihn gelesen. Die Polizei .... (k) ihn festgenommen. Sie .... (l) lange nachgedacht:
Was würde sie ihm bei einem Wiedersehen wohl sagen?
Und jetzt stand er vor ihr – und vor Überraschung konnte sie gar nichts sagen. …

C2 15 Was war passiert? Ergänzen Sie in der richtigen Form.

Gestern war eine wichtige Besprechung mit den Kollegen und einem Kunden.
Aber warum kam Klaus zu spät? Was war vorher passiert?

a Klaus _hatte_ sich am Tag davor gut auf dieses Treffen _vorbereitet_ (vorbereiten).

b Seinen Wecker ________ er auf 5.30 Uhr ________ (stellen).

c Er ________ nur schnell etwas ________ und ________ pünktlich aus dem Haus ________ (essen, gehen).

d Dann ________ Klaus ins Auto ________ und ________ (steigen, losfahren).

e Nach etwa 20 Minuten Fahrt bemerkte er, dass er sein Handy zu Hause ________ ________ (vergessen). Oh nein! Er musste wieder zurückfahren und sein Handy holen.

f Nun ________ Klaus viel Zeit ________ (verlieren).

g Als er endlich mit viel Verspätung in der Firma ankam, war die Besprechung schon vorbei und der Kunde ________ schon ________ (gehen). So ein Ärger!

C2 16 Satzmelodie

1 a Hören Sie und markieren Sie die Satzmelodie : → oder ↘.

Phonetik

1 Als er gefrühstückt hatte _→_, ging er los _↘_.
Er ging los ____, als er gefrühstückt hatte ____.

2 Weil er sein Handy vergessen hatte ____, musste er zurückfahren ____.
Er musste zurückfahren ____, weil er sein Handy vergessen hatte ____.

3 Als er ins Büro kam ____, war die Besprechung schon vorbei ____.
Die Besprechung war schon vorbei ____, als er ins Büro kam ____.

b Markieren Sie *als* und *weil*. Vergleichen Sie: Wann steht →, wann steht ↘?

1 c Sprechen Sie die Sätze. Achten Sie dabei auf die Satzmelodie.
Hören Sie dann noch einmal und vergleichen Sie.

C2 17 Wie heißen die Wörter? Schreiben Sie.

a Rubén hat heute beim Fußballspiel drei _Tore_ (erTo) ________ (schosgesen).
Der ________ (renTrai) war sehr zufrieden mit ihm.

b Nina und Ralf haben gestern geheiratet, aber nicht in der Kirche, nur auf dem ________ (desStanamt).

c Ich esse kein Schweinefleisch. Das verbietet meine ________ (liRegion).

d ◆ Ich habe einen interessanten ________ (keltiAr) in der Zeitung gelesen. Menschen mit einem Partner werden älter, und die glücklichsten Menschen leben in Dänemark.
○ Ja, diese ________ (gnudMel) habe ich in der Früh auch im Radio gehört.

D Pech gehabt!

D2 18 Was erzählt Victor? Schreiben Sie.

A

B

C

D
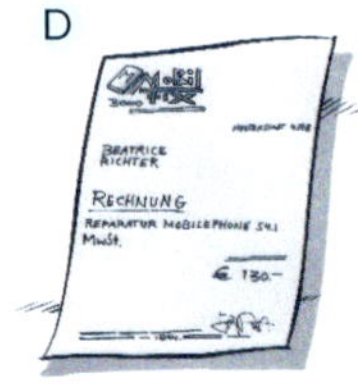

a gerade von einem Ausflug kommen – in volle S-Bahn einsteigen – Sitzplatz suchen
b sich umdrehen – mit Rucksack gegen Frau stoßen – Frau telefonieren
c Frau erschrecken – Handy auf den Boden fallen – Display kaputt – Frau sehr sauer sein
d vor einer Woche Rechnung über Reparatur bekommen – Schadenshöhe 130 Euro

a Ich bin gerade von einem Ausflug gekommen. Ich bin in die volle S-Bahn eingestiegen und habe einen Sitzplatz gesucht …

D2 19 Victors Schadensmeldung an die Versicherung

a Ordnen Sie zu und ergänzen Sie in der richtigen Form.

erschrecken | umdrehen | fallen | ~~einsteigen~~ | stoßen | sein | suchen | bemerken

Der Unfall passierte am 21.09.20.. gegen 18 Uhr bei der Station „Rennweg". Ich stieg in die S-Bahn ein und ____________ einen Sitzplatz. Ich ____________ leider nicht, dass hinter mir jemand stand. Als ich mich ____________ , ____________ ich unabsichtlich mit meinem Rucksack gegen eine Dame neben mir. Sie hatte gerade telefoniert. Sie ____________ und ihr Handy ____________ auf den Boden. Das Display ____________ daraufhin kaputt. Der Name der Handybesitzerin ist Beate Richter. Vor wenigen Tagen hat Frau Richter mit mir Kontakt aufgenommen und eine Rechnung über die Display-Reparatur geschickt. Die Schadenshöhe beträgt 130 Euro.

b Markieren Sie.

Wann und wo ist der Unfall passiert? Wie hoch ist der Schaden?
Wie ist der Unfall genau passiert? Wer hat den Schaden?

c Ergänzen Sie das Formular mit den Informationen aus a.

Ihre Versicherungsnummer:	1 0 0 9 8 7 6 5 4 5 3 2
Versicherungsnehmer:	Victor Koslow
Straße, Ort:	Irisgasse 13, 1010 Wien
Schadentag:	
Uhrzeit:	
Ort:	
Schadenshöhe:	Geschädigter:

D2 **20 Lösen Sie das Rätsel.**

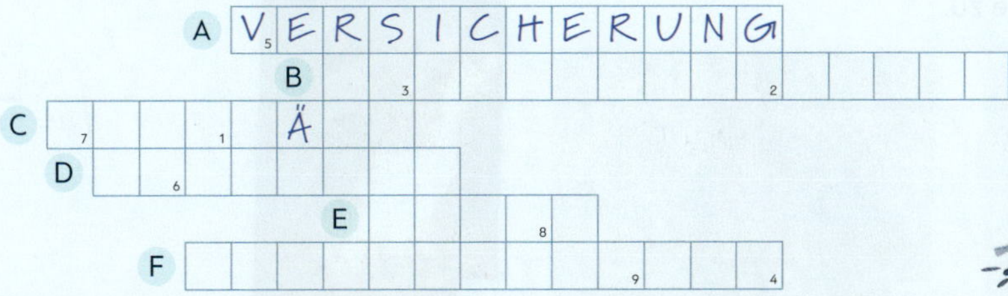

a Sie machen etwas von einer anderen Person kaputt? Ihre Haftpflicht... bezahlt die Rechnung.
b Wenn Sie möchten, dass Ihre Versicherung einen Schaden bezahlt, müssen Sie eine ... schreiben. Hier beschreiben Sie, was passiert ist.
c Welchen Schaden die Versicherung bezahlt, klären Sie am besten in einem persönlichen ... mit Ihrem Berater.
d Für die Schadensmeldung gibt es meistens ein ... von der Versicherung.
e Dort müssen Sie alle Ihre persönlichen ... (Name, Geburtsdatum etc.) eintragen.
f Sie haben etwas ohne Absicht kaputt gemacht, es war ...

Lösung: Wer oft Dinge ohne Absicht kaputt macht, ist ein _1 _2 _3 _4 V5 _6 _7 _8 _9.

D3 **21 Sie hören ein Gespräch. Sie hören das Gespräch zweimal.**
2
Prüfung
Entscheiden Sie beim Hören, ob die Aussagen 1–10 richtig (+) oder falsch (–) sind.

1 ◯ Hans-Peter Wildmoser ist ein Coach für Buchautoren.
2 ◯ Hans-Peter Wildmoser war das letzte Mal richtig glücklich, als er auf einer längeren Reise war.
3 ◯ Viele glauben, sie brauchen einen perfekten Partner und viel Geld. Dann sind sie glücklich.
4 ◯ Viele Menschen denken, dass das Glück in der Zukunft liegt. Sie sehen nicht das Glück im Hier und Jetzt.
5 ◯ Das kleine Glück können lachende Kinder oder Blumen im Frühling sein.
6 ◯ Man kann lernen, glücklicher zu sein.
7 ◯ Oft weiß man gar nicht, was einen glücklich macht.
8 ◯ Es macht glücklich, wenn man Neues ausprobiert.
9 ◯ Man sollte nicht zu alt sein, wenn man ein neues Hobby beginnt.
10 ◯ Wenn man anderen Menschen hilft oder ihnen Zeit schenkt, macht man sie glücklich.

LERNTIPP Sind Sie sich bei einer Antwort nicht sicher? Markieren Sie diese Antwort und achten Sie beim zweiten Hören besonders auf diese Antwort.

E Glücksbringer

E3 **22 Glücksbringer aus aller Welt**

Prüfung **a** Lesen Sie und ordnen Sie zu.

1

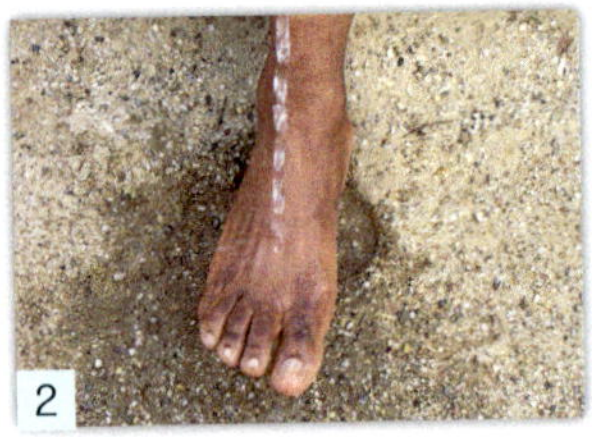

2

3

Bild	Text
1	
2	
3	

Unsere Reporterin Karin war wieder unterwegs und hat Menschen aus verschiedenen Ländern zum Thema: „Was bringt in Ihren Heimatländern Glück?" interviewt

A Amadou K. aus dem Senegal berichtet: „Immer wenn ich wieder nach Österreich reise, macht meine Mutter ein Glücksritual. Ich ziehe bei der Haustür einen Schuh aus und sie gießt kaltes Wasser über meinen Fuß auf den Sandboden. Den nassen Sand legt meine Mutter in ein Tuch. Das hängt sie dann im Haus auf. Das bringt Glück und bedeutet, dass ich gesund wiederkomme. An einem Dienstag oder Freitag sollte man übrigens bei uns nicht reisen, denn das sind Unglückstage."

B „Bei uns in der Türkei ist das blaue Auge der wichtigste Glücksbringer", berichtet Filiz T. aus der Türkei. „Es beschützt die Menschen vor Unglück, einem Unfall oder einer Krankheit. Wenn ein Baby geboren wird, schenkt man oft das blaue Auge, man hängt es an die Wohnungstür oder ins Auto oder trägt es als Schmuck am Körper. Manche Leute malen es sogar an die Wohnzimmerwand. Ja, das blaue Auge findet man bei uns überall."

C „Also, bei uns im Iran ist das persische Neujahr das wichtigste Fest im ganzen Jahr", erzählt Keyvan I. „Ein sehr altes Ritual gibt es bei uns in der Nacht vom letzten Dienstag des Jahres auf Mittwoch, beim so genannten „Mittwochsfest". Man sieht dann überall in der Stadt und auf dem Land viele schöne kleine und große Feuer, die die Menschen extra für Neujahr gemacht haben. Alle Menschen, auch alte Leute, springen oder steigen darüber. Das bringt Glück. Man ‚verbrennt' dabei alle Krankheiten und bekommt die Energie des Feuers. Dieses Fest ist immer ein besonderes Erlebnis für alle."

b Lesen Sie die drei Texte noch einmal. Zu jedem Text gibt es zwei Aufgaben. Entscheiden Sie bei jedem Text, ob die Aussage richtig oder falsch ist und welche Antwort (a, b oder c) am besten passt.

1 Menschen aus dem Senegal nehmen nassen Sand und Steine mit auf eine Reise. ○ richtig ○ falsch

2 Der nasse Sand bedeutet, dass
- a ○ auf einer Reise nichts passiert.
- b ○ man seine Schuhe putzen muss.
- c ○ man nicht an einem Dienstag reisen soll.

3 Menschen in der Türkei glauben, dass das blaue Auge Glück bringt. ○ richtig ○ falsch

4 Das blaue Auge
- a ○ kann man nicht als Schmuckstück tragen.
- b ○ findet man an jeder Wohnzimmerwand.
- c ○ wird oft bei einer Geburt verschenkt.

5 Im Iran beginnt das neue Jahr immer am Mittwoch. ○ richtig ○ falsch

6 Wenn die Menschen beim Mittwochsfest über ein Feuer steigen,
- a ○ feiern sie das letzte Wochenende im Jahr.
- b ○ möchten sie Gesundheit und Energie für das neue Jahr bekommen.
- c ○ verbrennen sie sich die Kleider.

Test Lektion 1

1 Markieren Sie noch drei Wörter und ergänzen Sie.

1 ____ / 3 Punkte

WÖRTER

GSVERLIEBTDJDGAUFREGENDSDISLGSMUTIGSUNRAH
SELGCHBOD(STANDESAMT)DAL

a Wir haben auf dem S t a nd e s a m t und in der Kirche geheiratet.

b Sabrina hat keine Angst. Wenn ihr etwas nicht gefällt, sagt sie offen ihre Meinung. Das finde ich sehr __ u __ __ __ von ihr.

c Anna sieht so glücklich aus. Vielleicht ist sie ja frisch __ __ rl __ __ __ __?

d Den letzten *Harry-Potter*-Film habe ich nicht zu Ende gesehen. Der war viel zu a __ __ __ e __ __ __ __ für mich.

____ 0–1 / 2 / 3

2 Ergänzen Sie: *wenn – als*.

2 ____ / 4 Punkte

GRAMMATIK

a Richtig glücklich war ich zuletzt, als mein Mann für mich zum Geburtstag eine Überraschungsparty organisiert hat. Ich habe mich so gefreut, ________ meine Freunde vor der Haustür gestanden sind.

b ________ ich klein war, hatten wir ein Feld hinter dem Haus. Immer ________ mein Opa zu Besuch gekommen ist, bin ich dort mit ihm spazieren gegangen. Es war wunderbar, ________ er mir dabei Geschichten erzählt hat.

3 Was war vorher? Schreiben Sie Sätze im Präteritum und Plusquamperfekt.

3 ____ / 4 Punkte

a gestern: Johannes ist sehr froh über seinen wiedergefundenen Schlüssel.
vorher: Er verliert ihn auf der Straße.
Johannes war sehr froh über seinen wiedergefundenen Schlüssel. Er hatte ihn auf der Straße verloren.

b gestern: Bolek feiert am Abend mit Freunden in einem Restaurant.
vorher: Er besteht die B2-Prüfung.
____
____

c letzte Woche: Viktoria freut sich sehr.
vorher: Sie findet nach langer Suche eine neue Arbeit.
____
____

____ 0–4 / 5–6 / 7–8

4 Ordnen Sie.

4 ____ / 6 Punkte

KOMMUNIKATION

- ◯ Die Schadenshöhe beträgt 169 Euro.
- ① Der Unfall ist am 18.10. am Abend passiert.
- ◯ Leider bemerkte ich nicht, dass Frau Berg Gläser mit Wein auf den Tisch gestellt hatte.
- ◯ Wir saßen im Wohnzimmer und unterhielten uns.
- ◯ Ich stieß unabsichtlich ein Glas um, dabei lief Rotwein auf den neuen Teppich von Frau Berg.
- ◯ Ich war bei meiner Bekannten, Stefanie Berg, zum Geburtstag eingeladen.
- ◯ Daraufhin musste Frau Berg den Teppich in die Putzerei bringen.

____ 0–3 / 4 / 5–6

Fokus Beruf: Sich auf einer Jobmesse präsentieren

1 Was kann man auf der Jobmesse machen? Lesen Sie das Plakat und kreuzen Sie an.

JOBMESSE WELS

Die Messe für Ausbildung | Studium | Praktikum
Training | Weiterbildung | Existenzgründung

WELS

Karrierechancen bei über 60 teilnehmenden Firmen!
Service:

- Bewerbungsfoto-Service
- Bewerbungsmappen-Check
- über 120 informative Vorträge
- direkte Kontakte zu potenziellen Arbeitgebern

Messegelände, Halle A–B - 17.02.20..

Hier können Sie ...

a ○ eine berufliche Weiterbildung machen.
b ○ eine neue Stelle oder einen Ausbildungsplatz finden.
c ○ Ihre eigenen Projekte präsentieren.
d ○ Ihre Bewerbungsunterlagen überprüfen lassen.
e ○ Tipps und Tricks für schöne Porträtfotos bekommen.

2 Alexej bereitet sich auf den Besuch der Messe vor und informiert sich im Internet.
Lesen Sie den Text und ordnen Sie die Überschriften zu.

A die richtige Kleidung wählen B eine Bewerbungsmappe erstellen
C Vorbereitung – Recherche D Verhaltenstipps E Gesprächstermine ausmachen

○ Die Messe ist groß – es gibt über 60 Aussteller! Welches Unternehmen ist für Sie interessant? Sammeln Sie weitere Informationen im Internet. Mit diesem Wissen können Sie beim Gespräch am Messestand punkten!

○ Bringen Sie alle Ihre Unterlagen zur Messe mit. Ist Ihr Foto noch aktuell? Stimmt der Lebenslauf? Haben Sie Kopien Ihrer Zeugnisse dabei? Ordentliche Unterlagen machen gleich einen guten Eindruck bei Ihrem potenziellen neuen Arbeitgeber.

○ Nehmen Sie rechtzeitig Kontakt zu Firmen auf, bei denen Sie sich vorstellen möchten und bitten Sie um einen Gesprächstermin. Beachten Sie: Am Vormittag haben die Aussteller oft mehr Zeit und Ruhe für ein Gespräch.

○ Wählen Sie für das Gespräch ein passendes Outfit. Bei einer Bank sind Sie mit Anzug richtig angezogen, bei einem Handwerksbetrieb passt eine Hose mit einer Bluse / einem Hemd.

○ Mit Freundlichkeit kommt man weiter! Fragen Sie am Messestand höflich nach Ihrem Ansprechpartner. Warten Sie einen Moment, wenn die Person gerade beschäftigt ist. Schauen Sie Ihren Gesprächspartner bei der Begrüßung direkt an. Blickkontakt ist wichtig.

3 **3 Alexej hat ein Gespräch mit Herrn Petermaier von der Firma *Innovativ Holz* vereinbart.**
Lesen Sie die Sätze. Hören Sie dann das Gespräch und korrigieren Sie.

a Alexej ist seit ~~über~~ zwei Jahren in Österreich. nicht ganz
b Er hat seine Lehre zum Tischler in Österreich gemacht. ....
c Er hat in der Ukraine schon zwei Deutschkurse besucht. ....
d Er hat als Lehrling in der Abteilung Möbelbau gearbeitet. ....
e Herr Petermaier sagt, Alexej kann sich noch vor dem Praktikum um eine Stelle bewerben. ....
f Das Praktikum wäre im September, wenn alle Kollegen auf Urlaub sind. ....
g Der Personalchef bekommt die Bewerbungsunterlagen von Alexej. ....

A ... **obwohl** du sie schon ... gesehen hast.

A1 **1 Was man macht, obwohl ...**

a Verbinden Sie.

1 Norman geht mit seiner Freundin ins Kino.	a Er gewinnt nie.
2 Kolja spielt gern Backgammon mit seiner Frau.	b Er findet Tanzen total fad.
3 Petra schaut sich keine Kochsendungen an.	c Er mag keine Filme.
4 Khadija geht mit ihrem Freund ins Stadion.	d Die Kinder schauen so gern fern.
5 Khalil geht mit Eve in die Tanzschule.	e Sie kocht sehr gern.
6 Familie Skoff kauft keinen Fernseher.	f Sie hasst Sport.

b Schreiben Sie die Sätze aus a mit *obwohl*.

1 Norman geht mit seiner Freundin ins Kino, obwohl er keine Filme mag.
2 Kolja spielt gern Backgammon mit seiner Frau, ______.
3 Petra schaut sich keine Kochsendungen an, ______.
4 Khadija geht mit ihrem Freund ins Stadion, ______.
5 Khalil geht mit Eve in die Tanzschule, ______.
6 Familie Skoff kauft keinen Fernseher, ______.

c Schreiben Sie die Sätze aus b neu.

1 Obwohl Norman keine Filme mag, geht er mit seiner Freundin ins Kino.
2 Obwohl Kolja ...

A2 **2 Ergänzen Sie: *weil – obwohl*.**

E-Mail senden

Liebe Samia,
hast du gestern auch ferngeschaut? Da war doch dieser Krimi – „Angst um Mitternacht". Obwohl er so spät angefangen hat, habe ich ihn mir bis zum Schluss angeschaut. Und das, ______ ich kein Blut sehen kann. Und eigentlich mag ich ja auch gar keine Krimis, ______ sie fast immer unrealistisch sind. Aber dieser Krimi war einfach richtig spannend. Ich war dann erst um halb zwei im Bett, ______ ich heute um 7 Uhr aufstehen musste. Jetzt bin ich natürlich total müde, ______ ich zu wenig geschlafen habe. Was machst du am Samstag? Magst du dir mit mir einen Krimi anschauen? ☺
Liebe Grüße, Chris

A2 **3 Schreiben Sie Sätze mit *trotzdem – deshalb*.**

Wiederholung
A2, L 8, L 11

a Der neue Fall von *Shylock* ist frei erfunden, trotzdem ist diese Folge sehr realistisch. (Diese Folge ist sehr realistisch.)
b Elena will heute Nachmittag unbedingt wieder ihre Lieblingskrimiserie sehen, ______. (Sie geht nicht mit uns schwimmen.)
c Mein Video über Wien ist super geworden, ______. (Ich möchte es im Internet veröffentlichen.)
d In dieser Serie sind die Hauptfiguren oft die Verlierer, ______. (Sie bleiben immer optimistisch.)

A2 **4 Was passt? Verbinden Sie. Ergänzen Sie dann: *weil – obwohl – trotzdem – deshalb*.**

a Ich schaue mir nur selten Quizshows an, obwohl
b Meine Oma schaut sich gern alte Filme an, ...
c In der Früh bin ich oft sehr müde, ...
d Die Karten sind oft teuer, ...
e Wir haben keinen Fernseher, ...
f Ich gehe oft ins Kino, ...
g Die Schauspieler finde ich nicht so gut, ...
h Die Hauptfiguren in dieser Serie haben sehr viel Geld, ...

1 das nächste Kino wirklich weit weg ist.
2 sie sie an ihre Jugend erinnern.
3 finde ich den Film super.
4 besuche ich viele Konzerte.
5 ich am Abend immer so lang fernsehe.
6 sie nicht arbeiten.
7 schauen wir uns Filme oft im Internet an.
8 ich sie sehr interessant finde.

◇ A2 **5 Lieblingsserien. Was ist richtig? Kreuzen Sie an.**

a Meryem kauft sich ihre Lieblingsserie auf DVD,
○ weil ☒ obwohl ○ trotzdem ○ deshalb
sie wenig Geld hat.

b Mahmud hat alle *Star-Trek*-Filme gesehen,
○ weil ○ obwohl ○ trotzdem ○ deshalb
er Science-Fiction eigentlich nicht mag.

c Paul kann keine Operationen sehen.
○ Weil ○ Obwohl ○ Trotzdem ○ Deshalb
schaut er sich immer Krankenhaus-Serien an.

d Lena und Max ärgern sich,
○ weil ○ obwohl ○ trotzdem ○ deshalb
sie heute ihre Lieblingsserie nicht sehen dürfen.
Ihre Eltern haben es verboten.

e Kira findet die modernen Serien schlecht.
○ Weil ○ Obwohl ○ Trotzdem ○ Deshalb
schaut sie sich nur Serien aus den 70er-Jahren an.

❖ A2 **6 Schreiben Sie Sätze mit *weil – obwohl – trotzdem – deshalb*.**

Ich gehe ins ..., | Ich habe keine Lust auf ... | ... ich keine Zeit habe, ... | ... schaue ich mir immer ... an, ... | Früher habe ich oft ... | ...

Ich gehe ins Schwimmbad, obwohl ich lieber im See schwimme.

A3 7 **Wie war der Film? Kreuzen Sie an.**

Der Film war ...	++	+	–	––
a nicht so gut.	○	○	○	○
b total gut.	○	○	○	○
c überhaupt nicht gut.	○	○	○	○
d ziemlich gut.	○	○	○	○
e echt gut.	○	○	○	○

	++	+	–	––
f nicht so fad.	○	☒	○	○
g total fad.	○	○	○	○
h überhaupt nicht fad.	○	○	○	○
i ziemlich fad.	○	○	○	○
j echt fad.	○	○	○	○

◇ **A3** 8 **Was ist richtig? Kreuzen Sie an.**

A

B

C

a ◆ Papa, Mathematik ist heute ☒ echt ○ nicht so schwer. Hilfst du mir?
○ Geh, komm. Die Hausübung ist ○ ziemlich ○ doch nicht schwer. Ich finde sie sogar ○ nicht besonders ○ ziemlich leicht.

b ◆ Komm doch ins Wasser! Es ist ○ nicht besonders ○ echt kalt.
○ Stimmt nicht. Es ist ○ gar nicht ○ ziemlich kalt.

c ◆ Komm, wechsle doch einmal den Sender! Der Film ist ○ total ○ überhaupt nicht fad.
○ Na ja, es geht. Aber du hast schon recht, ich finde ihn auch ○ nicht so ○ ziemlich fad.

❖ **A3** 9 **Was finden Sie total/ziemlich/echt/überhaupt nicht gut/lustig/...?**
Schreiben Sie Sätze.

Ich finde es überhaupt nicht gut, dass die Busse bei uns nur bis 23 Uhr fahren.

A3 10 **Was schaut sich Kristina gern an? Ergänzen Sie.**

M______ L______ heißt „Vorstadtweiber". Sie wird in Wien g e d r e h t und spielt in der h______ Z____. In der Serie g____ e__ u__ das Beziehungsleben von fünf verschiedenen Frauen. Sie sind alle eher reich und leben in Wien. O______ i__ ernste Geschichten e______ lieber mag, schaue ich sie mir seit drei Jahren immer an, wenn sie im Fernsehen gezeigt wird. B______ interessant f____ i__ die Figuren „Walli" und „Nicoletta". So, jetzt muss ich aber heimgehen, es ist Zeit für die „Vorstadtweiber"!

B Eine Köchin, **die** unglaublich gut kochen kann.

B1 **11 Wie heißt denn ...?**

Grammatik entdecken

a Markieren Sie wie im Beispiel und schreiben Sie die Sätze neu.

1 Wie heißt denn dieser Film? Er gefällt dir so gut.
Wie heißt denn dieser Film, *der dir so gut gefällt* ?

2 Wie heißt denn dieses Buch? Es ist gerade in allen Medien.
Wie heißt denn dieses Buch, ... ?

3 Wo ist denn die DVD? Sie ist hier auf dem Tisch gelegen.
Wo ist denn die DVD, ... ?

4 Wo sind denn die Kinokarten? Sie sind hier neben dem Schlüssel gelegen.
Wo sind denn die Kinokarten, ... ?

b Ergänzen Sie die Tabelle mit den Sätzen aus a.

Wie heißt / Wo sind denn nur ...

• dieser Film,	*der*	dir so gut	*gefällt*	?
• dieses Buch,		gerade in allen Medien		?
• die DVD,		hier auf dem Tisch gelegen		?
• die Kinokarten,		hier neben dem Schlüssel gelegen		?

B2 **12 Ein Rap**

Grammatik entdecken

a Ergänzen Sie.

Yo, ich singe für euch ...

1 einen Superhit, ... jeder kennt. (Jeder kennt ihn.)
2 über ein Land, ... ich ohne Angst kritisieren kann. (Ich kann es ohne Angst kritisieren.)
3 in einer Sprache, *die* jeder versteht. (Jeder versteht sie.)
4 völlig neue Texte, ... ihr nicht mehr vergesst. (Ihr vergesst sie nicht mehr.)

b Ergänzen Sie die Tabelle mit den Sätzen aus a.

Ich singe für euch ...

• einen Superhit,		jeder		.
• über ein Land,		ich ohne Angst kritisieren		.
• in einer Sprache,	*die*	jeder	*versteht*	.
• völlig neue Texte,		ihr nicht mehr		.

B2 **13 Ergänzen Sie: *dem – der – denen.***

Ich habe ...

• einen Freund,	*dem*	ich gern etwas vorsinge.
• ein Kind,		
• eine Freundin,		
• Freunde,		

B2 14 Und wer ist das? Was ist richtig? Kreuzen Sie an.

a Das ist Rudi, ☒ dem ○ der ich meine alte Gitarre geschenkt habe.
b Und das da ist meine Cousine Elfi, ○ denen ○ der ich früher immer bei der Hausübung geholfen habe.
c Das da sind meine alten Schulfreunde Stefan und Manuel, ○ denen ○ dem ich sehr viele E-Mails schreibe. Sie sind vor zwei Jahren nach Australien gegangen.
d Und da ist meine liebe Nachbarin Julia, ○ dem ○ der ich übrigens mein altes Auto verkauft habe.
e Das da sind die Bekannten aus dem Urlaub, ○ dem ○ denen ein großes Haus am See gehört.
f Da links ist mein bester Freund Ivan, ○ der ○ dem ich unglaublich gern zuhöre – er singt wunderbar!

B2 15 Ergänzen Sie: *ihr – ihm – ihnen*. Schreiben Sie dann die markierten Sätze neu.

a Nächste Woche hat mein Freund Geburtstag. Ich schenke ihm eine Konzertkarte.
Ich habe einen Freund, dem ich eine Konzertkarte schenke.
b Abdul kauft seiner Freundin eine CD von „Wanda“. Austro-Pop gefällt ______ aber nicht.
Abdul hat eine Freundin, ______.
c Meine Kollegen wollen eine Party machen. Ich helfe ______ bei der Partyvorbereitung.
Das sind Kollegen, ______.

B3 16 Ordnen Sie zu.

der | den | die | dem | denen | ~~der~~ | die | dem | die | den | der

A Wo ist der Mann, der alles für mich tun würde?

B Ich suche eine Frau, ______ mir ein neues Auto kauft!

C Bist du der Mann, ______ bügeln Spaß macht? Dann suche ich dich!

D Suche gute Band, ______ auf meiner Hochzeit elektronische Musik macht. Zahle gut.

E Eine Frau, ______ ohne Action sofort fad wird, sucht Mann, ______ es auch so geht.

F Wir sind zwei starke, junge Männer, ______ Liebesfilme und Popcorn mögen. Ihr auch? Meldet euch!

G Bitte melde dich, wenn du der Mann bist, ______ ich gestern im Fitness-Center gesehen habe!

H Bist du die Frau, ______ ich gestern mit ihrem schweren Koffer geholfen habe? Ruf mich an unter 0663-1234567

I Hey, wo seid ihr? Ich suche Radfahrer, ______ das Fahren auch nach 100 Kilometern noch Spaß macht.

J Ich bin der Handwerker, ______ Sie Ihrem besten Freund empfehlen würden. Helfe in Haus und Garten, günstig und unkompliziert.

◇ B3 17 Ergänzen Sie.

a Wer ist der Mann,
.... du gestern getroffen hast?
der .... dort steht?
.... du dauernd Nachrichten schreibst?

b Wer ist die Frau,
.... so gut singen kann?
.... du gestern Abend angerufen hast?
.... du gerade zum Geburtstag gratuliert hast?

c Wer sind die Jugendlichen,
.... die Sportsachen da gehören?
.... mit dem Lehrer sprechen wollten?
.... du morgen treffen willst?

❖ B3 18 Corinnas Freunde. Schreiben Sie Sätze.

a Bernd ist der Freund, der schöne Frauen liebt, ...

Bernd:
schöne Frauen lieben,
ein roter Sportwagen gehören,
ich – meistens im Fitness-Center treffen

A

Bruno:
teure Anzüge tragen,
nur seine Arbeit interessieren,
ich – oft Geld borgen müssen

B

Anna und Hanna:
immer modernes Gewand tragen, ich – jedes Wochenende im Club sehen,
Rap und Hip-Hop gefallen

C

Olga:
ich – oft im Garten helfen,
nur Bio-Obst essen,
ich – manchmal auch in einem normalen Supermarkt treffen

D

B3 19 Ordnen Sie zu.

beschäftigt | Star | Song | Band | ~~Lied~~ | Inzwischen | Hit | gewonnen | unglaublich

- ◆ He, Karin! Was hörst du denn da?
- ○ Ich höre gerade ein Lied (a) von Conchita.
- ◆ Conchita? Ist das eine __________ (b)?
- ○ Du kennst Conchita Wurst nicht? Ihr Lied „Rise like a phoenix" war __________ (c) erfolgreich, ein richtiger __________ (d). Conchita ist weltweit ein __________ (e).
- ◆ Hmm, nie gehört. Was macht sie denn sonst noch?
- ○ Sie __________ (f) sich auch mit Mode, aber mehr mit Musik. Conchita hat mit dem __________ (g) „Rise like a phoenix" 2014 für Österreich den Eurovision Song Contest __________ (h). Das Video kannst du dir im Internet anschauen. __________ (i) kennt man Conchita wirklich fast überall.

B4 20 *-ig* oder *-ich*? Ergänzen Sie. Hören Sie dann und kontrollieren Sie.

4 Phonetik

a	selbstständig	g	wen______
b	selbstverständl______	h	unglaubl______
c	wicht______	i	hungr______
d	tägl______	j	lust______
e	sportl______	k	hässl______
f	mut______	l	freundl______

B4 21 Was hören Sie? Ergänzen Sie *-ch* oder *-sch*.

5 Phonetik

a	persönlich	e	alltägli______
b	fantasti______	f	unglaubli______
c	elektroni______	g	nigeriani______
d	optimisti______	h	erfolgrei______

B4 22 Was hören Sie? Kreuzen Sie an.

6 Phonetik

	„ch"	„sch"		„ch"	„sch"
a	☒	○	e	○	○
b	○	○	f	○	○
c	○	○	g	○	○
d	○	○	h	○	○

C1 23 Mein Lieblingsfilm

Schreib-training

a Lesen Sie das E-Mail und markieren Sie.

Wie heißt der Film / der Hauptdarsteller? Worum geht es? Wann zum ersten Mal gesehen? Wie oft?

E-Mail senden

Liebe(r) …,
wir wollen mit ein paar Freunden einen Filmabend bei mir machen. Es wäre schön, wenn du auch kommst, dann sind wir zu viert.
Indira meint, dass jeder seinen Lieblingsfilm mitbringen soll. Das finde ich eine super Idee. Mein Lieblingsfilm heißt „Cast away". Ich habe ihn vor ein paar Jahren bei einer Freundin gesehen.
Der Hauptdarsteller ist Tom Hanks. Er spielt einen erfolgreichen Geschäftsmann, der viele Termine und wenig Zeit hat. Eines Tages stürzt sein Flugzeug ab und er wird ans Ufer einer Insel gespült. Er ist ganz allein und hat nur ein paar Dinge, die er aus dem Flugzeug retten konnte. Den ganzen Film lang fragt man sich: Kann er die Insel wieder verlassen?
Die Geschichte ist wirklich sehr spannend – ich habe den Film schon mindestens dreimal gesehen.
Kommst du zum Filmabend? Wenn ja: Was ist denn dein Lieblingsfilm?
Die Filme kann ich besorgen, aber Chips wären super! ☺
Bis bald und liebe Grüße! Diana

b Schreiben Sie eine Antwort an Diana. Sie möchten gern zu dem Filmabend kommen und bringen Ihren Lieblingsfilm mit. Beschreiben Sie den Film. Orientieren Sie sich an den Fragen aus a.

Mein Lieblingsfilm heißt …
Der/Die Hauptdarsteller/in ist … Er/Sie spielt …
Der Film handelt von …
Ich habe ihn in/mit/bei … gesehen.
Ich habe den Film schon mindestens … gesehen.

Mein Lieblingsfilm heißt „Indien". …

C1 24 Tatort – Vom Krimi zum Event

a Welche Überschrift passt? Lesen Sie den Text und ordnen Sie zu.

Fast 14 Millionen für einen *Tatort* | Eine Serie für den ganzen deutschsprachigen Raum | Nicht allein beim *Tatort*

Es ist Sonntag, 20:15 Uhr: Im Fernsehen ist *Tatort*-Zeit – und das seit über 40 Jahren.

…………………………………………

Tatort ist eine Krimi-Serie, die in verschiedenen Großstädten spielt, zum Beispiel in Berlin, Wien, München, Dresden oder Luzern. Jede Stadt hat ihre eigenen Kommissare, die im Jahr in zwei bis drei Folgen spielen. Insgesamt gibt es circa 35 neue Folgen pro Jahr.

…………………………………………

Die erfolgreichste Folge hatte 13,6 Millionen Zuschauer. Sie spielte in Münster und lief am 8. November 2015. Die Serie ist so beliebt, weil sie meistens von aktuellen Themen handelt.

…………………………………………

Immer mehr Leute schauen sich den *Tatort* nicht mehr daheim an, sie schauen sich den Krimi in einem Restaurant oder einem Lokal mit anderen zusammen an. Dort wird dann diskutiert oder die Leute wetten, wer der Täter ist. Damit ist der *Tatort* ein richtiges Event geworden.

b Was ist richtig? Lesen Sie den Text in a noch einmal und kreuzen Sie an.

1 ○ Es gibt jedes Jahr zwei bis drei neue Folgen.
2 ○ Der *Tatort*, den die meisten Leute gesehen haben, kam aus Münster.
3 ○ Immer mehr Leute schauen sich die Serie nicht mehr an, sie gehen lieber in ein Lokal.

C2 25 Eine Diskussion. Ergänzen Sie.

Das ist ein guter Vorschlag | Muss das sein | ~~Habt ihr Lust auf~~ | Da hast du völlig recht | Wie wäre es, wenn | Schauen wir uns lieber | Also, ich weiß nicht. Das klingt nicht so interessant

◆ *Habt ihr Lust auf* (a) einen alten *James Bond*-Film?
○ ....? (b) Das ist doch fad.
.... (c) einen Film von Karl Markovics an.
▲ Meinst du den Film über den Jugendlichen, der seine Mutter sucht?
.... (d)
◆ .... (e) Das mag ich mir auch nicht anschauen.
▲ .... (f) wir uns wieder einmal *Titanic* anschauen?
○ .... (g) Einverstanden, ich bin dafür.
◆ Na dann ...

C2 26 Gemeinsam etwas planen

Prüfung **a** Machen Sie eine Tabelle mit den Redemitteln aus 25.

etwas vorschlagen	etwas ablehnen	einen Gegenvorschlag machen	zustimmen / sich einigen
Habt ihr Lust auf ... ?		Schauen/Machen ... wir lieber ...	

b Welche Redemittel kennen Sie noch? Ergänzen Sie die Tabelle.

LERNTIPP Schreiben Sie die Redemittel auf Kärtchen. Benützen Sie in Diskussionen möglichst viele verschiedene Redemittel.

c Arbeiten Sie zu zweit. Sie möchten am nächsten Wochenende mit einigen Teilnehmerinnen und Teilnehmern aus Ihrem Deutschkurs ins Kino gehen. Planen Sie, was Sie tun möchten. Hier sind einige Notizen:

- Welcher Film? Moonlight
- Wo und wann treffen?
- Wer kommt mit?
- Karten bestellen?
- Was nach dem Film machen?

D Fernsehkonsum

D1 27 Radio, Film und Fernsehen. Lösen Sie das Rätsel.

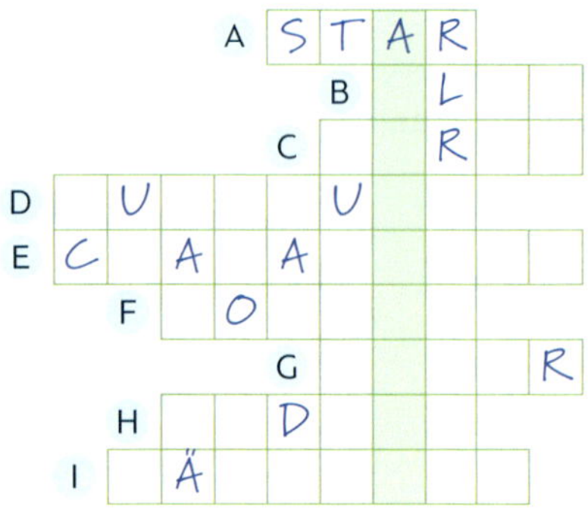

a Eine Person, die alle kennen und die berühmt ist, ist ein ....
b Man sieht es relativ häufig in Krimis und bei Operationen: ...
c Ein Film mit vielen Teilen, er kommt jeden Tag oder jede Woche: ...
d Ein anderes Wort für Radio und Fernsehen: ...
e Verschiedene Typen im Film heißen auch ...
f Die Teile einer Serie nennt man ...
g Jemand, der viel und gern lacht, hat ...
h Radio, Fernsehen, Zeitungen und Zeitschriften sind ...
i Die Titelmusik singt eine ...

Das Lösungswort ist ein spannendes Erlebnis: ein ....

D2 28 Eine Radiosendung

7 **a** Was ist richtig? Hören Sie den Anfang der Radiosendung und kreuzen Sie an.

1 Die Sendung heißt ...
○ „Radio RÖ“.
○ „Wir fragen“.

2 Die Moderatorin möchte von den Personen, die sie interviewt, wissen, ...
○ welche elektronischen Geräte sie im Einkaufszentrum kaufen.
○ wie sie sich über aktuelle Themen informieren.

8–10 **b** Was ist richtig? Hören Sie die Sendung weiter und kreuzen Sie an.

1 ○ Er interessiert sich nicht sehr für Politik.
2 ○ Bei besonderen Nachrichten liest er die Tageszeitung bei seinen Eltern.
3 ○ Er informiert sich jeden Tag im Internet.

4 ○ Nachrichten sind für sie sehr wichtig.
5 ○ Im Café kann sie verschiedene Zeitungen lesen.
6 ○ Drei Zeitungen kosten 2,80 €.

7 ○ Er interessiert sich nur für Nachrichten aus Indien.
8 ○ Jeden Samstag liest er internationale Zeitungen in der Bibliothek.
9 ○ Nachrichten aus Österreich versteht er überhaupt nicht.

Test Lektion 2

2

1 **Wie heißen die Wörter? Ordnen Sie zu.** 1 ___ /5 Punkte

WÖRTER

erndudad | romHu | ~~lingteg~~ | schäfgentibe | unlichglaub | fentverlichtöf

a ◆ Jetzt habe ich beim Kuchenbacken auch noch den Zucker vergessen. Heute *gelingt* mir aber auch gar nichts!
○ Geh, ärgere dich nicht. Nimm es mit ______.

b ◆ Magst du Filme, die sich mit aktuellen Problemen ______?
○ Nein, eigentlich nicht. Ich mag nicht ______ nur die schlimmen Dinge in der Welt sehen.

c ◆ Hast du schon gehört? *Wanda* hat ein neues Musikvideo ______.
○ Ja, ich habe es auch schon gesehen. Es ist ______ cool.

___ 0–2 / 3 / 4–5

2 **Schreiben Sie Sätze mit *obwohl*.** 2 ___ /4 Punkte

GRAMMATIK

a *Obwohl ich schon alle Folgen kenne,* schaue ich mir heute wieder *House of Cards* an. (Ich kenne schon alle Folgen.)

b ______ geht er mit seiner Freundin oft in Konzerte. (Paul interessiert sich nicht für Musik).

c Ich kenne unglaublich viele Filme, ______ (Ich gehe nie ins Kino.)

d Ben spielt gern Tennis gegen Kamran, ______ (Er ist meistens der Verlierer.)

e Alicia Silver hat viele CDs verkauft, ______ (Sie ist kein Star.)

3 **Ergänzen Sie.** 3 ___ /6 Punkte

a Ich mag Filme, *die* witzig sind.

b Wie heißt der Sänger, ______ wir in dem Videoclip gesehen haben?

c Ich mag Stars, ______ sich verrückt anziehen.

d Das Kino, ______ bei mir ums Eck war, hat leider zugemacht.

e Wer waren denn die Leute, ______ du gestern nach dem Konzert eine CD geschenkt hast?

f Ich habe einen Freund, ______ einfach alle Musikrichtungen gefallen.

g Jetzt hat sich diese Sängerin, ______ schon drei Häuser gehören, auch noch ein Schloss gekauft.

___ 0–5 / 6–7 / 8–10

4 **Ergänzen Sie.** 4 ___ /4 Punkte

KOMMUNIKATION

◆ W*ie* w*äre* es, wenn wir uns heute einen Krimi anschauen?
○ M___ das s___n? Es kommt nämlich ein Film mit Tom Hanks. Es geht um einen Flugzeugabsturz.
◆ Echt? D___ kli___t sehr i__________.
○ Gut, dann sch______ wir ___ das an.
◆ E___ v________en!

___ 0–2 / 3 / 4

Fokus Alltag: Über Einkaufsmöglichkeiten sprechen

1 Kaufen, kaufen, kaufen ...

Was ist Ratenkauf? Lesen Sie den Text und kreuzen Sie an.

○ Man muss nicht sofort und auf einmal bezahlen, sondern man zahlt erst nach und nach. Die Ware kann man aber sofort mitnehmen.

○ Für Elektrogeräte wie Kühlschrank oder Geschirrspüler gibt es ein spezielles Angebot: Man zahlt zuerst nur 50 € und kann das Gerät mitnehmen. Den Rest muss man bis zum 31.12. bezahlen.

Wünsch dir was – und kauf es dir sofort!

Erfüll dir deine Wünsche sofort: Unser Ratenkauf macht's möglich!

Endlich die neue Waschmaschine kaufen oder den neuen Kühlschrank! Oder einen Geschirrspüler? Oder einfach das, was du dir schon so lange wünschst? Wie wäre es mit einem neuen schnelleren Computer oder einem Riesen-Flachbildschirm, der dir deine Stars näher bringt?
Heute schon mitnehmen und morgen erst bezahlen, ganz ohne Risiko: z. B. statt 1000 € auf einmal nur jeden Monat 50 € bezahlen.

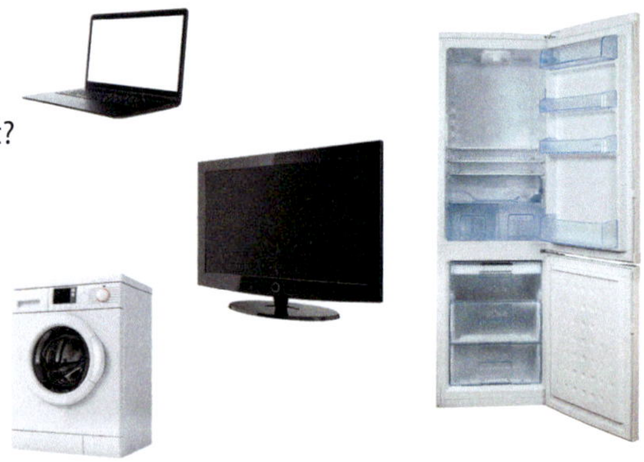

Elektro-Mars – Der Partner für deine Träume

Nullprozentfinanzierung noch bis zum 31.12.

2 Bernhard hat bei *Elektro-Mars* eingekauft.

11 **a** Was hat Bernhard gekauft? Hören Sie den Anfang vom Gespräch und kreuzen Sie an.

○ Eine Waschmaschine. ○ Einen Kühlschrank. ○ Einen Geschirrspüler.

12 **b** Welche Argumente hören Sie? Hören Sie das Gespräch nun ganz und kreuzen Sie an.

1 ☒ Man muss nicht alles auf einmal bezahlen.
2 ○ Wenn man Zinsen zahlen muss, soll man sich genau ausrechnen, wie viel mehr man am Ende bezahlt.
3 ○ Die kleine Summe, die man jeden Monat bezahlen muss, merkt man gar nicht.
4 ○ Die Verträge sind oft schwer zu verstehen.
5 ○ Man kauft schnell etwas und weiß am Ende nicht mehr, was man alles bezahlen muss.
6 ○ Man kauft vielleicht etwas, was man gar nicht braucht.
7 ○ Man kann mehr kaufen, weil man nur kleine Summen monatlich bezahlen muss.

c Was ist gut beim Ratenkauf, was ist nicht so gut?
Markieren Sie in b Argumente für den Ratenkauf und gegen den Ratenkauf.

3 Haben Sie schon einmal etwas auf Raten gekauft?

Was? Warum (nicht)? Erzählen Sie.

Ich bin froh, wenn ich nicht gleich den ganzen Betrag zahlen muss.

Ich bezahle lieber sofort. Bezahlen muss ich ja doch.

A Auf Bewegung **sollte geachtet werden**.

A2

1 Besser schlafen

a Verbinden Sie.

1 in der Nacht	a nehmen
2 Schlafmittel	b atmen
3 auf ausreichend Bewegung	c überreden
4 tief	d haben
5 jemanden zu einer Massage	e aufwachen
6 eine entspannende Wirkung	f ausmachen
7 einen Termin	g achten

b Ergänzen Sie die Wörter aus a in der richtigen Form.

Annikas Gesundheitsblog — Diese Woche: Besser schlafen

Sicher kennen Sie das: Sie wachen in der Nacht auf (1) oder können erst gar nicht einschlafen. Viele ______ dann ______ (2). Das ist aber oft nicht notwendig.

- Zuerst sollten Sie sich fragen, warum Sie so schlecht schlafen. Natürlich sind zu viel Fett am Abend oder ein später Kaffee nicht ideal. Aber meistens ist Stress die Ursache für Schlafmangel.
- ______ Sie ______ ______ ______ (3). Sport entspannt und macht angenehm müde.
- ______ Sie ______ (4). Oft merken wir erst dann, wie gestresst wir sind.
- Vielleicht können Sie Ihre Partnerin oder Ihren Partner am Abend ______ ______ ______ ______ (5).
- Oder legen Sie sich 20 Minuten in die Badewanne. Ein heißes Bad ______ ______ ______ ______ (6). Und wenn Ihnen schön warm ist, schlafen Sie besser ein.

Erst wenn alles nichts hilft, sollten Sie beim Arzt ______ ______ ______ (7).

A3

2 Beim Physiotherapeuten

Wiederholung A2, L10

a Ordnen Sie die Bilder den Sätzen zu.

A

B

C

D

1 (D) Eine Reinigungskraft putzt jeden Abend die Ordination.
2 ◯ Die Assistentin macht täglich Termine mit den Patientinnen und Patienten aus.
3 ◯ Der Physiotherapeut kontrolliert einmal pro Woche alle Übungsgeräte.
4 ◯ Am Mittwoch schreibt die Assistentin die Rechnungen.

b Was wird wann gemacht? Schreiben Sie die Sätze aus a neu.

1 Die Ordination wird jeden Abend geputzt.
2 Täglich ______ Termine mit den Patientinnen und Patienten ______.
3 Alle Übungsgeräte ______ einmal pro Woche ______.
4 Am Mittwoch ______ die Rechnungen ______.

A3 **3 Was ist richtig? Lesen Sie und kreuzen Sie an.**

Gesund beginnt im Mund!

Regelmäßiges Zähneputzen ist die Grundlage für gesunde Zähne. Viele putzen nicht ausreichend und nicht richtig – das Ergebnis sind Zahnschmerzen.
So können Probleme mit den Zähnen vermieden werden:

- Zweimal täglich sollten die Zähne geputzt werden.
- Die richtige Zahnputztechnik ist wichtig und kein Zahn darf vergessen werden.
- Alle sechs Wochen sollte eine neue Zahnbürste gekauft werden.
- Der regelmäßige Besuch beim Zahnarzt ist ein Muss!

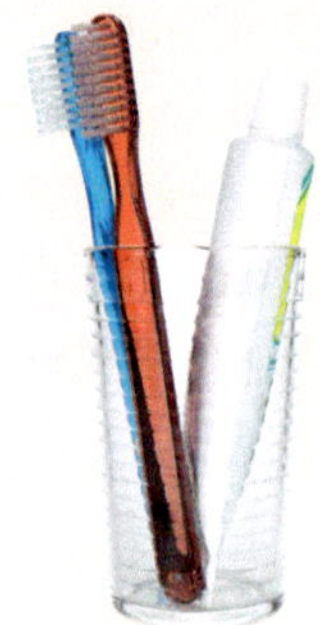

a ○ Viele bekommen Probleme mit den Zähnen, weil sie die Zähne falsch putzen.
b ○ Man sollte die Zähne zweimal täglich putzen.
c ○ Die Zähne dürfen nur mit ganz neuen Zahnbürsten geputzt werden.
d ○ Man muss regelmäßig zum Zahnarzt gehen.

A3 **4 Ergänzen Sie die Sätze aus 3.**

Grammatik entdecken

a	So	kann	man Probleme mit den Zähnen	vermeiden.
	So	können	Probleme mit den Zähnen	vermieden werden.
b	Zweimal täglich	sollte	man die Zähne	putzen.
	Zweimal täglich			
c	Man	darf	keinen Zahn	vergessen.
	Kein Zahn			
d	Alle sechs Wochen	sollte	man eine neue Zahnbürste	kaufen.
	Alle sechs Wochen			

A3 **5 Gesund leben. Ergänzen Sie in der richtigen Form.**

a Durch Sport und Bewegung kann Stress gut abgebaut werden.
(können – abbauen)
b Auch auf ausreichend Schlaf ______.
(müssen – achten)
c Kaffee ______ nur in kleinen Mengen ______.
(dürfen – trinken)
d So ______ bessere Ergebnisse ______.
(können – erzielen)
e Die täglichen Aufgaben ______ Schritt für Schritt ______.
(sollten – erledigen)
f Bei einem Spaziergang ______ neue Kräfte ______.
(können – sammeln)

◇ A3 **6 Schreiben Sie Sätze.**

a kann – Durch viel Trinken – verbessert – die Konzentration – werden
Durch viel Trinken kann die Konzentration verbessert werden.

b Spät am Abend – nicht mehr – gelesen – sollte – werden – oder ferngesehen

c Mit einem Blick aus dem Fenster – die Augen – entspannt – können – werden

d für Ruhe – sollte – Beim Lernen – werden – gesorgt – und gutes Licht

e Pausen – nicht – vergessen – dürfen ebenfalls – werden

❖ A3 **7 Was muss im Krankenhaus getan werden?**
Schreiben Sie Sätze mit *müssen*.

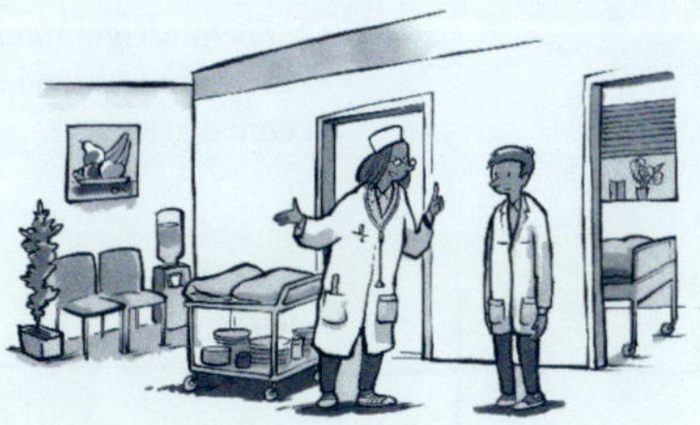

- um 6 Uhr: die Patienten wecken
- auch die Temperatur kontrollieren: Hat jemand Fieber?
- die Mahlzeiten aus der Küche holen und auf die Wagen stellen
- den Patienten das Frühstück bringen
- die Bettwäsche wechseln

a Um 6 Uhr *müssen die Patienten geweckt werden.*
b Dabei
c Dann
d Anschließend
e Danach

A4 **8 Was macht die Ärztin? Schreiben Sie.**

a Die Ärztin *nimmt Blut ab.*

b Sie

c Sie

d Sie

B Man holt sich den Rat **eines Fachmanns**.

B1 **9 Ein Gruppenbild. Ergänzen Sie.**

„Also, so gefällt mir das überhaupt nicht!
Schauen Sie einmal:

a Die Augen des Mannes in der Mitte sind doch blau und nicht braun. (der Mann)
b Die Haare des Mädchens da rechts sind doch viel länger, oder? (______ Mädchen)
c Und der Kopf der Frau dort hinten links ist doch nicht so rund! (______ Frau)
d Und die Füße der Männer – also, die sind viel zu klein. Nein, das geht so nicht! (______ Männer)“

B1 **10 Formen im Wörterbuch. Markieren Sie wie im Beispiel und machen Sie eine Tabelle.**

der Mann [man]; -[e]s, Männer ['mɛnɐ] 1. *erwachsene Person männlichen Geschlechts* 2. *Ehemann*: Ich würde Ihnen gern meinen Mann vorstellen: Er heißt

das Mäd|chen ['mɛ:tçən]; -s, -: *Kind oder jüngere Person weiblichen Geschlechts*; das kleine Mädchen suchte seine Eltern; er hat zwei Kinder: ein Mädchen und einen Jungen

die Frau [frau̯]; -, -en: 1. *erwachsene weibliche Person*: eine junge, ältere ledige, verheiratete Frau; Frauen und Männer haben gleiche Rechte. 2. *Ehefrau/Ggs. Mann/*: Er hatte seine Frau während der Ausbildung kennen gelernt.

● der	● das	● die	● die
des Mannes eines Mannes			der Augen -/meiner Augen

B1 **11 Mein Porträt. Ergänzen Sie in der richtigen Form. Ergänzen Sie dann die Tabelle in 10.**

„Das soll ich sein? Das bin doch nicht ich auf dem Bild!
Schauen Sie doch einmal:

a Da, die Farbe meiner Augen ist falsch! Meine Augen sind doch grün!
b Und schauen Sie: Die Größe mein______ Kopf______ stimmt doch auch nicht. Der ist doch nicht so groß und rund!
c Und die Form mein______ Nase! Ein Skandal!
d Die Finger mein______ linken Hand sind doch lang und dünn, nicht kurz und dick, sehen Sie?
e Und da, die Form mein______ Mund______ – das ist doch wirklich nicht mein Mund.

Nein, so geht das nicht! Dieses Bild kaufe ich nicht.“

B2 12 Ergänzen Sie in der richtigen Form.

Rückenschmerzen – was dann?

Rückenschmerzen kennen viele. Aber Rückenschmerz ist nicht gleich Rückenschmerz. Der Ort *der* (die) Schmerzen kann sehr unterschiedlich sein: unterer Rücken, Schultern, Nacken, linke oder rechte Seite. Gehen Sie bei solchen Problemen auf jeden Fall zum Arzt. Er untersucht zunächst, was die Ursache ______ (Ihre) Schmerzen sein kann. Zu wenig und falsche Bewegung ist heutzutage einer ______ (die) Hauptfaktoren. Andere Faktoren sind zum Beispiel ein zu hohes Gewicht oder eine ungünstige Position ______ (der) Bildschirms im Büro. Konflikte im Beruf oder in der Familie können ebenfalls Ursache ______ (das) Problems sein. Die gute Nachricht ist, dass man selber viel tun kann, zum Beispiel durch Verbesserung ______ (seine) Fitness. Wenn die Schmerzen zu schlimm sind, geht es aber nicht immer ohne die Einnahme ______ (ein) Schmerzmittels. Wenn Sie dem Rat ______ (Ihr) Arztes folgen, sind die Rückenschmerzen sicher bald vorbei.

◇ B2 13 Ergänzen Sie.

Ich freue mich über ...

a das Lachen *von* Kindern. (–)
b die Hilfe ______ Freundes. (mein)
c den Rat ______ Expertin. (eine)
d ein Geschenk ______ Eltern. (meine)

Ich ärgere mich über ...

e die Fragen ______ Nachbarin. (meine)
f das Ende ______ Urlaubs. (mein)
g die lauten Telefongespräche ______ Leuten im Bus. (–)
h die schlechte Beratung ______ Gemeindeamtes. (das)

❖ B2 14 Wählen Sie sechs Wörter und schreiben Sie.

Fotos | Empfehlung | Einladung | Unordnung | Entspannung | ~~Besuch~~ | Versprechen | Beginn | Schmerzen | Rat | Erfolg | Verspätung | Musik | Ende | die hohen/günstigen Preise | ...

Ich freue mich über *den Besuch meiner Freundin, ...* ______

______

______

Ich ärgere mich über ______

______

______

C Gesundheitssprechstunde

C2 15 Ergänzen Sie.

Colorado: Ich habe in letzter Zeit starkes Magenweh. Der Arzt meint, es ist alles in Ordnung. Ich weiß nicht, was ich tun soll. Was könnt ihr m _i_ _r_ r _a_ _t_ _e_ _n_ ?

Minja: Hallo Colorado. Du hast oft Magenschmerzen? D__ __ e__ __ __ s__ __ __ __ __ __ __ __ u unbedingt was tun. Ich würde __ __ d__ __ __ __ r S__ __ ll__ Schmerztabletten nehmen. Die helfen schnell.

Josh 11: Mit Schmerztabletten __ a__ __ __ __ __ schlechte __ __ f__ __ r__ __ __ __ __ gemacht. Es __ ä__ __ b__ __ __ __ r, du sprichst noch einmal mit einem anderen Arzt. Es muss doch eine Ursache für die Schmerzen geben.

Tobi X: Ich vermute, dass du extrem viel Stress hast. Das ist oft eine Ursache für Magenprobleme. Ich __ __ pf__ __ __ __ d__ __ die Seite www.entspanndich.at. Dort erhältst du Tipps von Experten. Mein persönlicher Tipp: du solltest dir nicht zu viele Sorgen machen. Das ist nicht gut für den Magen. ;-)

◇ C2 16 Welche Antwort passt? Kreuzen Sie an.

a Ich habe seit Wochen schlimme Schmerzen im Knie. Kennen Sie vielleicht ein gutes Medikament?
- ○ Dagegen müssen Sie nichts tun.
- ☒ An Ihrer Stelle würde ich lieber zum Arzt gehen.

b Hat jemand von Ihnen schon einmal Entspannungsübungen gemacht?
- ○ Es wäre am besten, Sie machen Entspannungsübungen.
- ○ Nein. Aber Entspannungsübungen sollen wirklich helfen.

c Ich schlafe zurzeit sehr schlecht. Was können Sie mir raten?
- ○ Ich empfehle Ihnen ein heißes Bad am Abend.
- ○ Das tut mir aber wirklich leid für Sie.

d In letzter Zeit habe ich immer wieder Sehstörungen.
- ○ Sie sollten unbedingt zum Augenarzt gehen.
- ○ Das ist nicht so schlimm. Ich habe auch eine Brille.

❖ C2 17 Lesen Sie und ergänzen Sie Ratschläge.

Pomki: Hallo, alle miteinander! Ich habe seit einiger Zeit schreckliche Kopfschmerzen. Das Blöde ist: Ich habe sie immer dann, wenn ich mich entspanne will, zum Beispiel am Wochenende. Ich verstehe das nicht. Was könnt ihr mir empfehlen?

a Du solltest _weniger arbeiten. / …_
b An deiner Stelle ……
c Ich empfehle ……
d Es wäre am besten, ……
e Mit ……

D Gesundheitsvorsorge

D1 **18 Hören Sie und kreuzen Sie an.**

13–16
Prüfung

Sie hören vier Ansagen. Zu jeder Ansage gibt es eine Aufgabe.
Welche Lösung (a, b oder c) passt am besten?

1 Was soll der Anrufer tun?
a ○ Noch einmal anrufen.
b ○ Sich für die Kurse im Frühjahr anmelden.
c ○ Sich beim Kursleiter persönlich anmelden.

2 Wann kann man sich zum Rückenkurs anmelden?
a ○ Am Donnerstag von 9 bis 10 Uhr.
b ○ Persönlich zu den Ordinationszeiten.
c ○ Montags bis freitags von 14 bis 20 Uhr.

3 Sie möchten an einem Gymnastikkurs Ihrer Krankenkasse teilnehmen. Was müssen Sie tun?
a ○ 1 wählen.
b ○ 3 wählen.
c ○ Mit einer Mitarbeiterin oder einem Mitarbeiter sprechen.

4 Was müssen Sie für die Grippeimpfung beachten?
a ○ Sie müssen sich zur Impfung anmelden.
b ○ Sie sollen Ihre Telefonnummer hinterlassen.
c ○ Sie müssen Ihren Impfpass mitbringen.

LERNTIPP Sind Sie sich nicht sicher? Kreuzen Sie auf jeden Fall eine Option an.

D2 **19 Lesen Sie und ordnen Sie zu.**

fast die Hälfte | fast zwei Drittel | mehr als ein Drittel | mehr als die Hälfte | nicht ganz ein Viertel | ~~circa ein Viertel~~ | Die meisten | nicht einmal die Hälfte

So entspannen Männer und Frauen in Österreich am besten

Eins haben Männer und Frauen gemeinsam: ______ (a) erholen sich am besten in der Natur, zum Beispiel bei einem Spaziergang. Und ______ (b) aller Frauen und Männer liebt das Faulenzen. Aber es gibt auch Unterschiede: So lesen ______ (c) der Frauen zur Entspannung ein Buch, bei den Männern ist es ______ (d). Aber ______ (e) aller Männer macht gern Sport, bei den Frauen ist es ein bisschen ______ (f). Auch im Internet surfen Männer lieber als Frauen. Bei den Frauen ist es ______ (g). Bei einem Glas Wein oder Bier kann circa ein Viertel (h) der Männer und Frauen in Österreich entspannen.

D3 **20 Was tun die Leute für ihre Gesundheit? Ergänzen Sie.**

a Ich frühstücke Müsli mit Früchten und Joghurt oder T o p f e n.
b Ich trinke g _ _ _ _ s _ tz _ _ _ _ keinen Alkohol.
c Ich v _ _ z _ ch _ _ auf Süßigkeiten und ich t _ _ _ _ _ viel Sport.
d Mein Leben ist ziemlich s _ _ ss _ _, aber ich achte auf ausreichend Entspannung.
e Eine Ernährung mit vielen V _ _ _ m _ _ _ n finde ich wichtig. Darum esse ich viel Obst.
f Ich lasse mich gegen Grippe _ _ pf _ _.

E Krankmeldung und Aufgabenverteilung

E3 **21 Pauline arbeitet in einer Ordination. Sie kommt heute nicht in die Arbeit.**

a Verbinden Sie.

1 Zuerst sollte	a für zwei Tage krankgeschrieben.
2 Wärst du so nett	b bitte ein paar meiner Aufgaben übernehmen?
3 Es wäre super,	c Einige Patienten müssen angerufen werden.
4 Der Arzt hat mich	d und würdest du das erledigen?
5 Könntest du	e bei Herrn Kaiser Blut abgenommen werden.
6 Das ist dringend,	f denn die Patienten warten auf die Ergebnisse des Labors.
7 Der nächste wichtige Punkt ist:	g wenn du auch schon die Kisten mit Spritzen und Verbänden auspacken könntest.

(Beispiel: 4 – a)

b Lesen Sie und ordnen Sie die Sätze aus a zu.

E-Mail senden

Liebe Nuray,
ich habe schreckliche Rückenschmerzen und …………………………………… (1). …………………… (2)? …………………… (3). Er hat gleich um 8 Uhr einen Termin. …………………… (4). Eine Liste mit Namen und Telefonnummern liegt auf dem Schreibtisch. …………………… (5). Und dann noch: …………………… (6). Mit meinen Rückenschmerzen schaffe ich das nicht.
Wärst du so nett und würdest du das erledigen? (7)?
Vielen Dank für deine Hilfe.
Liebe Grüße, Pauline

E3 **22 Krankmeldung**

Schreib-training

a Sie sind verkühlt und bis Ende der Woche krankgeschrieben.
Schreiben Sie eine Nachricht an Ihre Kollegin / Ihren Kollegen und sagen Sie, was sie/er tun soll.

– Büromaterial (Kugelschreiber und Schreibblöcke) bestellen
– Rechnungen erledigen
– bitte auch die Pflanze auf dem Schreibtisch gießen
Danken Sie für die Hilfe.

Liebe Milena,
ich bin stark verkühlt. Der Arzt hat …
Wärst du so lieb und …

LERNTIPP Verwenden Sie „könnte", „würde", „hätte", wenn Sie höflich um Hilfe bitten.

b Tauschen Sie die Nachricht mit Ihrer Partnerin / Ihrem Partner. Lesen Sie die Nachricht und schreiben Sie eine Antwort: Sie kümmern sich um alles und wünschen gute Besserung.

E3 **23 Wörter aus anderen Sprachen**

17 Phonetik

a Hören Sie und markieren Sie die Betonung: ___.

Vitamin – Koffein – Problem – Produkt
Operation – Konzentration – Aktion – Position
Konferenz – Medikament – Muskulatur – Telefon
⚠ Doktor – Faktor – Gymnastik – positiv

b Kennen Sie noch andere Wörter auf *-or*, *-em*, *-tion*, *-ment*, ...?
Schreiben Sie und markieren Sie den Wortakzent.

Moment, Information, ...

18 c Hören Sie und sprechen Sie nach.

kontrollieren: Wir kontrollieren jetzt Ihren Blutdruck.
reagieren: Der Chef reagiert freundlich auf die Krankmeldung.
konzentrieren: Konzentrieren Sie sich auf eine Sache.
informieren: Wir informieren Sie gern über unsere Leistungen.
probieren: Hast du es schon einmal mit Rückengymnastik probiert?

E3 **24 Lesen Sie den Text. Entscheiden Sie, ob die Aussagen richtig oder falsch sind.**

Prüfung

Mehr Leistung für Ihre Sicherheit –
Das Krankengeld der donvit-Krankenkasse

donvit

Ein paar Tage im Bett sind meistens nicht schlimm. Ihr Hausarzt verschreibt passende Medikamente, Sie melden sich krank und müssen sich keine Sorgen machen, voller Lohn und volles Gehalt werden weiter vom Arbeitgeber gezahlt. Aber nur sechs Wochen. Was, wenn Sie länger krank sind? Dann ist es gut, dass Sie auch Krankengeld von Ihrer Krankenkasse erhalten. Die donvit-Krankenkasse zahlt Ihnen 70 Prozent Ihres Lohns oder Gehalts. Und wir von der donvit bieten Ihnen noch mehr: Mit der donvit-Krankengeldversicherung sind Sie noch besser geschützt. Sie selber entscheiden, wie hoch das Krankengeld sein soll.

Unsere Leistungen:

- Die donvit zahlt das vereinbarte Krankengeld unbefristet.
- Auch für Sonn- und Feiertage wird Geld gezahlt.
- Freie Wahl des Leistungsbeginns: ab dem 43., ab dem 92. oder ab dem 183. Krankentag

a Wenn man krank ist, erhält man sechs Wochen lang sein Gehalt. ○ richtig ○ falsch
b Nach sechs Wochen zahlt die Krankenkasse das komplette Gehalt. ○ richtig ○ falsch
c Das Krankengeld wird ohne zeitliche Frist gezahlt. ○ richtig ○ falsch
d Das Krankengeld bei donvit kann man nach vier Wochen Krankheit bekommen. ○ richtig ○ falsch

Test Lektion 3

1 Ergänzen Sie.

1 ...... / 6 Punkte — WÖRTER

Wenn Sie krank sind, müssen Sie sich k r a n k m e l d e n (a). Dann sollten Sie sich vom Arzt u_____s_____n (b) und k_____sch_____b_____ (c) lassen. Der Arzt kann Ihnen passende Medikamente v_____ei_____n (d) und Tipps zur Vorbeugung geben. Achten Sie selber immer auf a_____r_____ch_____d (e) Entspannung und t_____ (f) Sie Sport. Eine gesunde Ernährung mit vielen V_____n (g) ist ebenfalls wichtig.

0–3 / 4 / 5–6

2 Ergänzen Sie in der richtigen Form.

2 ...... / 5 Punkte — GRAMMATIK

Was machen Sie ...

a zur Verbesserung Ihrer Fitness und für die Kontrolle Ihr_____ Gewichts?
b zur Kräftigung d_____ Rückens und zur Entspannung d_____ Augen?
c für das Training d_____ Bauchmuskulatur?
d zur Vermeidung _____ gesundheitlichen Problemen?

3 Schreiben Sie die Sätze neu.

3 ...... / 4 Punkte

a Bei Rückenschmerzen muss man untersuchen, woher die Schmerzen kommen.
Bei Rückenschmerzen muss untersucht werden, woher die Schmerzen kommen.
b Häufig kann man das Problem durch mehr Bewegung lösen.
Häufig _____.
c Man sollte Stress vermeiden.
Stress _____.
d Zusätzlich kann man Schmerzmittel verwenden.
Zusätzlich _____.
e Man muss die Informationen zur Einnahme beachten.
Die Informationen zur Einnahme _____.

0–4 / 5–7 / 8–9

4 Ordnen Sie zu und ergänzen Sie die Sätze.

4 ...... / 4 Punkte — KOMMUNIKATION

~~Kennst du ein~~ | du mir raten? | Dagegen musst du unbedingt | wäre es am besten | Damit habe ich gute Erfahrungen

◆ Oje, du klingst aber sehr verkühlt. _____ was tun. (a)
○ Ja. Aber was? Ich muss morgen fit sein. Kennst du ein gutes Medikament? (b)
◆ Ich würde an deiner Stelle keine Medikamente nehmen.
○ Okay. Was würdest _____? (c)
◆ Du solltest viel Tee und heiße Zitrone trinken. _____ gemacht. (d)
○ Und wenn das nichts hilft?
◆ In dem Fall _____, du lässt dich krankschreiben und bleibst ein paar Tage im Bett. (e)

0–2 / 3 / 4

Fokus Alltag: Hilfe bei Gesundheitsproblemen

19–20 **1 Was ist richtig? Hören Sie zwei Gespräche und kreuzen Sie an.**
Achtung: Mehrere Lösungen können richtig sein.

a Was für Schmerzen hat Farhad Mansouri?
○ Rückenschmerzen. ○ Schulterschmerzen. ○ Nackenschmerzen.
Wen fragt Farhad Mansouri um Rat?
○ Seinen Kollegen. ○ Seine Hausärztin. ○ Einen Facharzt.

b Was wird Farhad Mansouri empfohlen?
○ Entspannungsbäder. ○ Ein Wärmepflaster.  ○ Sport.

2 Farhad Mansouri liest die Packungsbeilage.

a Lesen Sie und ordnen Sie die Fragen zu.

1 Wie muss das Wärmepflaster aufbewahrt werden? 2 Die Haut wird rot. Woran liegt das?
3 ~~Für welche Art von Schmerzen kann das Wärmepflaster verwendet werden?~~
4 Wie verwende ich das Wärmepflaster? 5 Wie lange soll ich das Pflaster verwenden?
6 Kann das Wärmepflaster auch in der Schwangerschaft benützt werden?
7 Wann sollten Wärmepflaster nicht verwendet werden?
8 Darf das Wärmepflaster auch bei Kindern verwendet werden?

(3) Für Muskelschmerzen, zum Beispiel im Nacken, an den Schultern oder im Rücken.

○ Verwenden Sie pro Tag nur ein Pflaster. Kleben Sie das Pflaster auf eine saubere, trockene Hautstelle. Vorsicht: Nicht auf offene Verletzungen kleben. Entfernen Sie das Pflaster vorsichtig. Nach dem Kontakt mit dem Pflaster sollten die Hände gewaschen werden.

○ Der Wirkstoff des Pflasters führt zu mehr Durchblutung und einem Wärmegefühl. Diese Reaktion ist Teil der normalen Wirkung des Arzneimittels und geht normalerweise nach Entfernen des Pflasters wieder weg.

○ Das Wärmepflaster sollte vier bis zwölf Stunden auf der Haut bleiben. Ohne den Rat eines Arztes sollten Sie Wärmepflaster nicht länger als drei Wochen verwenden.

○ Wärmepflaster bitte bei Zimmertemperatur, nicht über 25 °C, lagern und darauf achten, dass sie nicht in die Hände von Kindern kommen.

○ Wenn Sie schwanger sind, sollten Sie ein Wärmepflaster nur nach Rücksprache mit dem Arzt benützen.

○ Wärmepflaster sollten nicht bei Kindern unter 12 Jahren oder Tieren verwendet werden.

○ Auf verletzter Haut, wenn Sie gleichzeitig andere Mittel (z. B. eine Salbe) verwenden, bei frischen Sportverletzungen, bei Entzündungen, z. B. Rheuma oder Arthrose.

b Was ist richtig? Lesen Sie noch einmal und kreuzen Sie an.

1 ○ Wenn die Haut rot wird, ist das normal.
2 ○ Ein Wärmepflaster kann bis zu drei Wochen verwendet werden.
3 ○ Wärmepflaster wirken am besten zusammen mit einer Salbe.

A Wenn ich du wäre, würde ich …

Wieder-holung A2, L8

1 Evas Realität – Evas Wünsche. Ergänzen Sie: *würde – hätte – wäre.*

a Eva hat blonde Haare. — Sie hätte aber gern schwarze Haare.
b Sie ist ein bisschen klein. — Sie .... aber gern größer.
c Sie kann nicht Französisch sprechen. — Sie .... aber gern gut Französisch sprechen.
d Sie arbeitet in einem Reisebüro. — Sie .... aber lieber als Reiseführerin arbeiten.
e Sie hat eine sehr kleine Wohnung. — Sie .... aber gern eine große Wohnung.

A1

2 Was denken die Personen?

a Ordnen Sie zu.

wäre ich pünktlich im Büro | würde ich jetzt im Garten sitzen | müsste ich nicht im Regen mit dem Rad fahren

1 
Immer muss ich arbeiten!

Wenn ich nicht arbeiten müsste, ...

2 
Warum habe ich kein Auto?

Wenn ich ein Auto hätte, ...

3 
Der Bus hat schon wieder Verspätung!

Wenn der Bus keine Verspätung hätte, ...

b Schreiben Sie die Sätze aus a neu.

1 Ich würde jetzt im Garten sitzen, wenn ich nicht arbeiten müsste.
2 Ich müsste ....
3 Ich wäre ....

A1

3 Ordnen Sie zu.

~~könnte~~ | wäre | hätten | ~~würde~~ | könnte | würde | wäre | würde | würde | müsste

a Ich könnte viel leichter eine Arbeit finden, wenn ich in der Stadt leben würde.
b Ich .... einige Dinge anders machen, wenn ich Chefin in unserer Firma ....
c Wenn ich du ...., ... ich unbedingt eine Ausbildung machen.
d Wenn ich frei entscheiden ...., ... ich in einer kleinen Firma arbeiten.
e Wenn wir Kinder ...., ... ich nur halbtags arbeiten. Das wäre schön.

A2 **4 Was würde Emma machen, wenn …? Schreiben Sie Sätze mit *wenn*.**

Emma sagt:

a ich einen Freund haben – glücklich sein
Wenn ich einen Freund hätte, wäre ich glücklich.

b er immer nett zu mir sein – ich ihn heiraten
____

c wir verheiratet sein – viele Kinder bekommen
____

d wir Kinder haben – aufs Land ziehen
____

e wir auf dem Land leben – einen Garten haben
____

◇ A2 **5 Was ist richtig? Kreuzen Sie an.**

a Wenn ich Österreicherin ○ würde, ⊗ wäre, ○ bin,
○ musste ○ müsste ○ muss ich jetzt keinen Sprachkurs machen.

b Ich ○ würde ○ wurde ○ wäre jeden Tag die neuen Wörter lernen,
wenn ich mehr Zeit zum Lernen ○ habe ○ hatte ○ hätte.

c Wenn ich als Lehrer arbeiten ○ wäre, ○ bin, ○ würde,
○ mussten ○ müssen ○ müssten die Schüler nicht so viele Tests schreiben.

d Wenn ich jünger ○ war, ○ würde, ○ wäre,
○ würde ○ wurde ○ wäre ich noch eine andere Ausbildung machen.

❖ A2 **6 Was wäre, wenn …?**

Ergänzen Sie die Sätze.

a Wenn ich Präsidentin/Präsident wäre, …
b Wenn die Menschen immer die Wahrheit sagen würden, …
c Das Leben könnte so schön sein, wenn …
d Ich hätte Angst, wenn …
e Die Menschen in meinem Land wären glücklicher, wenn …

a Wenn ich Präsidentin/Präsident wäre, müssten die Menschen nur vier Tage in der Woche arbeiten.

A4 Phonetik **7 Zwei Formen – zwei Bedeutungen**

a Ergänzen Sie.

konnte – *könnte* wurdest – __________ waren – __________
hatten – __________ musste – __________

21 b Hören Sie und sprechen Sie nach.

A4 22 Phonetik **8 Worüber sprechen die Personen? Hören Sie und kreuzen Sie an.**

	a	b	c	d	e	f	g	h
Das ist schon passiert. (wirklich)	⊗	○	○	○	○	○	○	○
Das passiert vielleicht. (möglich)	○	○	○	○	○	○	○	○

B Ich habe es wirklich eilig **wegen** meiner Arbeit.

B1 **9 Schreiben Sie die Antworten neu mit *weil*.**

a ◆ Warum freust du dich denn so? ○ Wegen meiner guten Note auf die Prüfung.
b ◆ Warum ärgerst du dich denn so? ○ Wegen meiner unpünktlichen Freundin.
c ◆ Warum geht ihr am Samstag nicht wandern? ○ Wegen des schlechten Wetters.
d ◆ Warum hast du es denn so eilig? ○ Wegen eines wichtigen Termins.

a Weil ich eine gute Note auf die Prüfung habe.
b Weil meine ...

B2 **10 Ergänzen Sie: *wegen – warum – weil – deswegen – denn*.**

a Ich beginne bald eine Ausbildung zur Hotelfachfrau. Deswegen lerne ich in den Ferien Deutsch.
b Ich verstehe ihn .... seiner Aussprache nur schlecht.
c Irgendwann möchte ich gern in die Schweiz reisen, ... ich möchte gern einmal Schweizerdeutsch hören.
d Ich muss mein Hörverstehen verbessern, ... schaue ich mir viele Filme an.
e Die Kinder von Zugewanderten lernen meistens schnell Deutsch, ... sie im Kindergarten oder in der Schule immer mit österreichischen Kindern zusammen sind.
f .... schreibst du die Vokabeln auf Kärtchen?
g Meine Schwester spricht schon fast fließend Deutsch, ... kann sie mir beim Deutschlernen helfen.

◇ B2 **11 Im Sprachkurs. Ergänzen Sie: *weil – wegen – deswegen*.**

a Ich möchte einen Sprachkurs machen, deswegen bin ich jetzt da.
b Die letzte Übung konnte ich nicht machen, ... ich sie nicht verstanden habe.
c Bei der Anmeldung war niemand da. .... bin ich wieder heimgegangen.
d Ich musste .... meiner guten Noten beim Kursbeginn keinen Test machen.
e Es gibt einen zusätzlichen Sprachkurs, ... sich sehr viele Teilnehmerinnen und Teilnehmer angemeldet haben.
f Ich konnte gestern .... meiner Zahnschmerzen leider nicht in den Kurs kommen.

❖ B2 **12 Wer findet die besten Ausreden? Wählen Sie eine Situation und schreiben Sie.**

a Ihre Frau/Ihr Mann hat Sie gebeten, die Küche aufzuräumen. Sie haben sich aber lieber einen Film angeschaut.
b Sie sind nicht zur Abschlussprüfung von Ihrem Sprachkurs gegangen.
c Sie kommen zum Essen am 80. Geburtstag Ihrer Oma zwei Stunden zu spät.

Ich habe/bin ... Darum/Daher/Deshalb/Deswegen ...
Leider habe/bin ich ..., weil/denn ...
Wegen ...

a Leider konnte ich die Küche nicht aufräumen, ...

C Entschuldigung, könnten Sie das bitte wiederholen?

4

C2 **13 Ordnen Sie zu.**

Tut mir leid, das Wort habe ich | Könnten Sie bitte langsamer | Entschuldigung, habe ich das | Könnten Sie das bitte | ~~Darf ich Sie kurz~~ | Was bedeutet | Können Sie mir vielleicht sagen | Wissen Sie, ob

a Darf ich Sie kurz was fragen?
b ______ der Ausdruck „es eilig haben"?
c ______ sprechen?
d ______ nicht verstanden.
e Wie bitte? ______ wiederholen?
f ______ es hier auch Integrationskurse gibt?
g ______ richtig verstanden?
h ______, wo die Mensa ist?

C2 **14 Ergänzen Sie.**

a ◆ Was ist denn das?
○ Das ist ein Topfenstrudel.
◆ Entschuldigung, Topfenstrudel kenne ich nicht. Können Sie mir sagen, was das ist?

b ◆ Entschuldigen Sie bitte. Wo ist denn da die Mensa?
○ Wie bitte? Das letzte Wort h___ i___ n___ v___.
◆ Die Mensa, die Universitäts-Kantine.

c ◆ Also, dann treffen wir uns am 12.5. um 13.35 Uhr am Bahnhof.
○ Entschuldigen Sie, es ist so laut da. K___ S___ den Termin b___ w___?

d ◆ D___ i___ S___ was f___?
○ Ja, gern.
◆ W___ S___, o___ es in dem Zug um 14.33 Uhr nach Villach auch einen Speisewagen gibt?

C2 **15 Bilden Sie Wörter und ordnen Sie zu.**

schrei | ~~sa~~ | druck | ni | lung | ker | der | auf | Aus | ben | ho | Me | Wie | cha | ~~Men~~

a Ich wähle in der Mensa immer ein vegetarisches Gericht.
b Mein Auto ist schon wieder kaputt. Könntest du mir bitte noch einmal die Telefonnummer von deinem guten ______ geben? Diesmal will ich sie mir gleich in meinem Adressbuch ______, damit ich sie nicht wieder verliere.
c Was bedeutet der ______ „eine Entscheidung treffen"? Den habe ich noch nie gehört.
d Leider vergesse ich oft wichtige deutsche Wörter. Ich brauche mehr Zeit zur ______.

D Fremdsprachen lernen – aber wie?

D1 **16 Fremdsprachen lernen – aber wie?**

a Wer sagt was? Lesen Sie und ordnen Sie zu.

1 (B) Ich möchte meine Aussprache verbessern.
2 ◯ Ich höre oft anderen Menschen zu.
3 ◯ Im Zug in die Schule lerne ich Wörter.
4 ◯ Ich möchte nach der Schule in England arbeiten.
5 ◯ Ich schaue viel deutschsprachiges Fernsehen.
6 ◯ Ich schreibe Wortkarten.

A Ich finde es total wichtig, dass man neue Wörter lernt und sie immer wieder wiederholt. Ich schreibe sie auf kleine Zettel oder Karten, auf der einen Seite das fremdsprachige Wort und auf der anderen die Übersetzung in meine Muttersprache. Diese Wortkarten habe ich immer in meiner Handtasche. Jeden Tag fahre ich eine Stunde mit dem Zug in die Schule. Das ist fad. Da habe ich viel Zeit und dann hole ich meine Wortkarten raus und wiederhole die Wörter. *Mila, 17 Jahre*

B Ich lerne seit vier Jahren Englisch in der Schule. Mir hilft es sehr, wenn ich viel Englisch höre. Ich habe viele MP3s mit Übungen aus dem Englischbuch und für die Aussprache auf meinem Smartphone. Außerdem habe ich im Internet gute kostenlose Übungen gefunden. Die höre ich, wenn ich unterwegs bin. Ich möchte irgendwann nach der Schule einmal ein Jahr nach London gehen und mir dort einen Job suchen. Darum will ich gut Englisch reden und auch meine Aussprache verbessern. *Hakan, 19 Jahre*

C Ich bin vor drei Jahren nach Österreich gekommen. Jetzt kann ich schon ganz gut Deutsch. Viel Zuhören ist für mich am allerwichtigsten. Deswegen habe ich im Bus, auf der Straße, einfach überall immer den Leuten aus Österreich zugehört und viel deutschsprachiges Fernsehen geschaut. Einfache Filme oder Serien. So habe ich viele Wörter und kleine Sätze der Alltagssprache gelernt. Immer nur Grammatik und Wörter lernen, das finde ich langweilig. *Danila, 16 Jahre*

b Schreiben Sie Sätze.

1 Mila möchte viele neue Wörter lernen. (neue Wörter auf Wortkarten schreiben)
Deshalb schreibt sie neue Wörter auf Wortkarten.
2 Mila findet die Zugfahrten in die Schule fad. (mit Wortkarten neue Wörter wiederholen)
Darum ……
3 Hakan hilft es, wenn er viel Englisch hört. (viele Ausspracheübungen auf seinem Smartphone haben)
Aus diesem Grund ……
4 Hakan möchte nach der Schule ein Jahr in London arbeiten. (gut Englisch reden wollen)
Deswegen ……
5 Danila findet Grammatik und Wörter lernen langweilig. (viel deutschsprachiges Fernsehen schauen)
Daher ……
6 Für Danila ist Zuhören am allerwichtigsten. (einfach überall immer den Leuten aus Österreich zugehört)
Aus diesem Grund ……

E In mehreren Sprachen daheim

E2 **17 Zwei oder drei Sprachen in einer Familie – kein Problem?**

a Wer sagt was? Lesen Sie und ergänzen Sie die Namen.

1 „Kinder wollen dieselbe Sprache sprechen wie ihre Freunde." Name: ....

2 „Es ist doch gut, wenn man mehrere Sprachen sehr gut spricht." Name: ....

3 „Meine Kinder wechseln zwischen zwei Sprachen." Name: ....

A

Amira, 33

Ich denke, das ist manchmal schwierig, aber es geht. Bei uns ist das so: Ich bin Ägypterin und mein Deutsch ist noch nicht so gut, weil ich erst seit zwei Jahren in Österreich lebe. Mein Mann ist Österreicher. Wir haben uns in Ägypten kennengelernt, weil er dort sechs Jahre für eine österreichische Firma gearbeitet hat. Jetzt leben wir seit fast zwei Jahren in Wörgl. Unsere Kinder sprechen sehr gut Arabisch und jetzt auch schon ganz gut Deutsch. Mein Mann hat zwar in Ägypten mit ihnen Deutsch gesprochen, aber er war ja nicht so viel daheim und in der Familie haben wir immer Arabisch gesprochen. Darum können das die Kinder viel besser. Manchmal verwenden sie auch zwei Sprachen in einem Satz. Wenn sie ein Wort nicht auf Deutsch wissen, dann sagen sie einfach ein arabisches mitten im deutschen Satz. Aber ich finde das okay. Denn bald werden sie sowieso besser Deutsch als Arabisch sprechen.

B

Janusz, 22

Ich bin Pole und als ich sechs Jahre alt war, sind wir nach Österreich übersiedelt. Meine Schwester und ich sind natürlich gleich in eine deutschsprachige Schule gegangen und konnten nach einem Jahr fließend Deutsch sprechen. Für meine Eltern war es schwieriger, denn meine Mutter war Hausfrau und hatte nicht so viel Kontakt mit Österreichern. Nach zwei Jahren wollten meine Schwester und ich nur noch Deutsch sprechen und wir haben unseren Eltern immer auf Deutsch geantwortet. Wir wollten nicht, dass unsere Eltern oder unsere Oma mit uns Polnisch sprechen, wenn andere Kinder auf Besuch waren oder sie uns von der Schule abgeholt haben. Ich glaube, alle Kinder wollen wie die anderen Kinder sein. Dazu gehört auch, dass man dieselbe Sprache spricht. Natürlich ist mein Polnisch jetzt nicht so gut wie mein Deutsch, aber ich verstehe alles und kann auch ganz gut Alltagsgespräche führen. Das ist genug für mich und ich freue mich, dass ich mich mit unseren polnischen Verwandten unterhalten kann. Ich finde, man sollte daraus nicht so ein Problem machen.

C

Yara, 18

Ich komme aus Syrien. Ich bin mit drei Sprachen aufgewachsen, denn mein Vater hat für eine internationale Firma gearbeitet und wir haben auch einige Jahre in der Türkei und in Russland gelebt. Aus diesem Grund spreche ich sehr gut Arabisch, Türkisch und Russisch. Allerdings kann ich Arabisch am besten, weil wir in der Familie immer Arabisch gesprochen haben, egal in welchem Land wir waren. Jetzt leben wir in Österreich und ich lerne seit zwei Jahren Deutsch. Das kann ich noch nicht so gut. Ich persönlich finde es sehr gut, dass ich mit drei Sprachen aufgewachsen bin. Denn ich habe viele Vorteile im Beruf. Ich möchte Übersetzerin werden und so muss ich die Sprachen nicht mehr lernen. Das ist doch super, oder?

b Was ist richtig? Lesen Sie noch einmal und kreuzen Sie an.

1 ○ Amiras Kinder sprechen besser Arabisch als Deutsch.
2 ○ In Amiras Familie wird nur Deutsch gesprochen.

3 ○ Janusz hat sechs Jahre Deutsch gelernt.
4 ○ Janusz und seine Schwester wollten mit ihren Eltern nicht Polnisch sprechen.

5 ○ Yara spricht drei Sprachen fließend.
6 ○ Yara lernt jetzt bald auch Deutsch.

E2 18 Einen Forumsbeitrag schreiben

Prüfung

Sie haben sich im Fernsehen eine Diskussionssendung zum Thema „Mehrsprachig aufwachsen“ angeschaut. Im Online-Gästebuch der Sendung finden Sie folgende Meinung:

Gästebuch

15.01. 16:55 Uhr

Sandra (52 Jahre): Also, ich kann den Gästen in Ihrer Sendung überhaupt nicht zustimmen. Ich finde, dass Kinder erst einmal eine Sprache richtig lernen sollen. Denn sonst können sie am Ende gar keine Sprache gut. Sie sprechen dann zwar zwei oder drei Sprachen ein bisschen, mischen sie aber und sprechen keine Sprache fließend und auch keine wirklich gut.

a Machen Sie Notizen.

Kennen Sie jemanden, die/der mit zwei Sprachen aufwächst/aufgewachsen ist?
Was finden Sie gut? Was könnte schwierig sein? Stimmen Sie Sandra zu?

b Schreiben Sie nun Ihre Meinung zum Thema (circa 80 Wörter).

Ich denke, dass ...
Ich finde es sehr gut/wichtig, dass ...
Am allerwichtigsten ist ... Darum/Deswegen/Aus diesem Grund ...
Es könnte schwierig sein, dass ...
Auf der anderen Seite ...
Ich stimme Sandra (nicht) zu, denn ...

LERNTIPP Sie brauchen diese Sätze, wenn Sie Ihre Meinung ausdrücken wollen. Wiederholen Sie sie möglichst oft.

E2 19 Lösen Sie das Rätsel.

a Unser Heimatland ist die Ukraine. Wir s... aus der Ukraine.
b Wir möchten eine Sprachschule für unser Kind a... Können Sie eine gute empfehlen?
c Wir kommen um 16.30 Uhr oder s... um 17 Uhr.
d Das Geschenk für Papa v... wir da im Kasten. Er darf es vor seinem Geburtstag nicht sehen.
e Welchen Kuchen magst du? Du darfst w...
f Die deutsche A... ist für einige Deutschlernende sehr schwer.
g Für Kinder ausländischer H... gibt es auch Deutschförderung im Kindergarten.
h Mein Vater kann fast alle Autos reparieren. Er ist ja auch M... von Beruf.
i Was heißt „etwas cool finden“? Kennen Sie den A...?
j Meine Kinder sprechen zwei Sprachen d... Sie mischen deutsche mit rumänischen Wörtern.
k Ich habe es sehr e... Mein Sprachkurs beginnt schon in fünf Minuten.

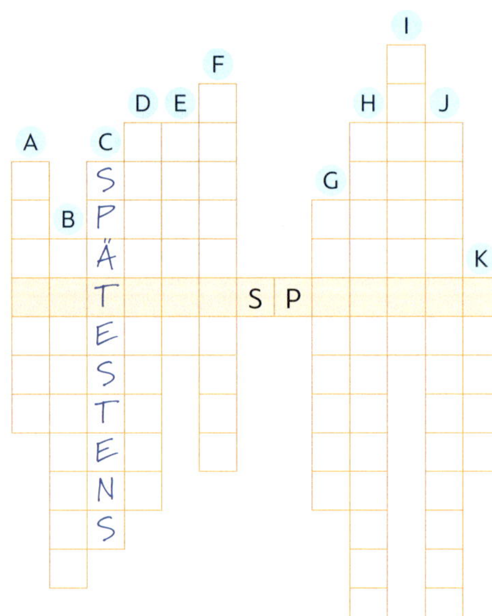

E3 20 Mein schönstes deutschsprachiges Wort

a Ordnen Sie zu.

• Zündholzschachterl • Sternschnuppe • Lesesessel

1 ______________

2 ______________

3 ______________

b Warum findet jemand genau diese Wörter am schönsten? Was meinen Sie? Machen Sie Notizen und sprechen Sie.

Lesesessel: bequem, …

23–25 **c** Hören Sie und vergleichen Sie.

23–25 **d** Hören Sie noch einmal und ergänzen Sie.

1 Die Frau ist Deutschlernerin. Sie findet das Wort ______________ am schönsten. Sie sagt, wenn man dieses Wort ______________, dann kann man alles in Österreich aussprechen.

2 Dem Mann gefällt das Wort ______________ am besten. Er denkt da immer an ______________. Denn der hat dort nach dem Mittagessen ______________ ______________ und am Abend den Kindern ______________.

3 Der Junge findet, dass ______________ das schönste Wort der deutschen Sprache ist. Wenn man am Himmel ______________, dann hat man einen Wunsch frei.

E3 21 Mein Lieblingswort

a Welches Wort im Deutschen und welches Wort in Ihrer Muttersprache gefällt Ihnen? Warum? Schreiben Sie.

Wenn ich … höre, dann denke ich an …
Darum finde ich …
Dieses Wort ist …
Das klingt …
Für mich ist …
Auf Deutsch / In meiner Muttersprache …

Wenn ich das Wort „Butterblume“ höre, dann denke ich an …

b Präsentieren Sie Ihren Text im Kurs.

Test Lektion 4

1 Ergänzen Sie.

1 .... / 5 Punkte — WÖRTER

Ich heiße Arif und bin 16 Jahre alt. Meine Familie und ich s t a m m e n (a) aus Syrien und unsere M __ t __ __ __ s __ __ __ c __ __ (b) ist Arabisch. Jetzt lerne ich seit einem Jahr Deutsch. Die Schrift und die A __ __ __ p __ __ __ __ e (c) finde ich schwierig, aber s __ ä __ __ s __ __ __ __ (d) in einem Jahr möchte ich eine Ausbildung beginnen. Natürlich spreche ich dann noch nicht f __ __ __ __ e __ __ (e) Deutsch und verstehe noch nicht alle A __ __ d __ __ c __ e (f), aber ich bin optimistisch.

.... 0–2 / 3 / 4–5

2 Schreiben Sie Sätze mit *wenn*.

2 .... / 6 Punkte — GRAMMATIK

a (ich es nicht eilig haben – spazieren gehen)
Wenn ich es nicht eilig hätte, würde ich spazieren gehen.

b (ich mein Englisch besser sein – dir bei der Hausübung helfen können)
Wenn ....
....

c (ich euch besser verstehen – ihr nicht durcheinander sprechen)
...., wenn ....
....

d (ich mehr Freizeit haben – nicht so viel arbeiten müssen)
...., wenn ....
....

3 Ordnen Sie zu.

3 .... / 4 Punkte

denn | Warum | ~~Weil~~ | Wegen | Deswegen

a .... möchte Costa Mechatroniker werden? – Weil er sich für Autos interessiert.

b .... seiner guten Deutschkenntnisse hat er schnell einen Ausbildungsplatz gefunden.

c Er ist erst 17 Jahre alt. .... wohnt er noch bei seinen Eltern.

d Jetzt spart er Geld, ... er möchte nach der Ausbildung eine eigene Wohnung haben.

.... 0–5 / 6–7 / 8–10

4 Wie kann man auch sagen? Ergänzen Sie.

4 .... / 4 Punkte — KOMMUNIKATION

a Können Sie mir sagen, wo ...? – W i s s e n S i e, w o ...?

b Ich hätte eine Frage. – D __ __ __ i __ __ S __ __ w __ __ f __ __ __ __ __?

c Könnten Sie das bitte noch einmal sagen? – K __ __ __ t __ __ S __ __ d __ s b __ __ t __ wi __ __ __ __ h __ __ __ __?

d Was meinen Sie mit ...? – W __ __ b __ __ e __ __ __ __ ...?

e Entschuldigung. – T __ __ m __ __ l __ __ __.

.... 0–2 / 3 / 4

Fokus Beruf: Ein Jobinserat aufgeben

1 Yusuf sucht eine neue Stelle als Friseur.

a Lesen Sie Yusufs Stellenanzeige: als Zeitungsinserat 1 und als Profiltext im Internet 2. Markieren Sie dann in 2 die Erklärung für die Abkürzungen in 1 und notieren Sie.

1

Flex., motiv. und engag. jg. Friseurmeister mit fünfjähr. Berufserfahrung sucht ab sofort neue Herausforderung in mod., kreat. und internat. Team. Fließend Dt., Engl. und Türk. Unbefr. Vollzeitstelle mit der Möglichkeit zur Fortb. erwünscht. Tel.: 0662-454544

flex. – flexibel,
motiv. –
...

2

friseure-im-netz.at

Persönliche Daten: **Vorname:** Yusuf **Nachname:** Tekin

Zu meiner Person / Wer und wie bin ich?

Ich bin 24 Jahre jung und Mode und Lifestyle haben mich schon immer interessiert. Aktuelle Trends und neueste Techniken sind mehr als nur ein Beruf für mich. Diskretion, Ehrlichkeit und Zuverlässigkeit sind für mich selbstverständlich. Ich bin Friseur aus Leidenschaft und arbeite erfolgreich und engagiert in einem bekannten Salzburger Salon.

Fähigkeiten und Erfahrungen / Was kann ich?

Die letzten fünf Jahre habe ich als Top-Stylist gearbeitet und dabei viel Berufs.................... gesammelt. Seit einem Jahr bin ich Friseurmeister und Spezialist im Bereich Cut&Color. Meine Kunden werden individuell und typgerecht beraten und sind international – gut, dass ich .... Deutsch, Englisch und Türkisch spreche.

Stellenbeschreibung / Was suche ich?

Ich suche eine neue Herausforderung und möchte mich beruflich verändern. Deshalb suche ich ab .... eine neue Vollzeit.................... in einem modernen, kreativen und internationalen .... Ich bin neugierig, motiviert und flexibel. Mein Wunsch ist es, dass ich weiter regelmäßig an Fortbildungen teilnehmen kann.

Ich suche ○ eine unbefristete Beschäftigung ○ eine befristete Beschäftigung

Arbeitszeiten ○ Vollzeit ○ Teilzeit ○ Wochenende

b Ergänzen Sie die fehlenden Informationen in 2 mithilfe von Anzeige 1.

2 Eine Stellenanzeige im Internet aufgeben

a Sie suchen einen neuen Job. Machen Sie eine Tabelle. Verwenden Sie auch Wörter aus 1.

teamfähig/selbstständig/kontaktfreudig/zuverlässig/verantwortungsbewusst / ... sein
gut mit ... umgehen können
gute Computer-/Sprachkenntnisse/Kenntnisse in ... haben
... Vollzeit/Teilzeit/auf Stundenbasis arbeiten
ab sofort / ab nächstem Monat / ... suchen

Wer und wie bin ich?	Was kann ich?	Was suche ich?
flexibel, teamfähig, ...		

b Schreiben Sie einen Profiltext wie in 2.

A Fang endlich an, Bewerbungen **zu schreiben**!

A1 **1 Ich habe leider keine Zeit …**

Grammatik entdecken

a Ordnen Sie zu.

mitzuarbeiten | auszuschalten | zu erklären | mitzukommen | zu sein | ~~zu gehen~~

1

Erlaubst du uns, ins Kino zu gehen ?

2

Vergesst bitte nicht, den Herd ....

3

Ich habe Angst, in der Nacht allein ....

4

Ist es möglich, bei deinem Projekt .... ?

5

Ich habe leider keine Zeit, Ihnen den Weg ....

6

Ich habe heute keine Lust, ins Training ....

b Nach welchen Ausdrücken folgt *zu*? Markieren Sie in a wie im Beispiel.

c Wo steht *zu*? Ergänzen Sie die Tabelle mit den Sätzen aus a.

1 Erlaubst du uns,	ins Kino	zu gehen?	(gehen)
2 Vergesst bitte nicht,			(aus·schalten)
4			
6			

A1 **2 Was ist richtig? Kreuzen Sie an.**

a Ich höre nicht auf, nach meinem Traumjob ○ – ☒ zu suchen.
b Möchten Sie nicht auch in Ihrem Traumberuf ○ – ○ zu arbeiten?
c Ich könnte mir gut vorstellen, ein Handwerk ○ – ○ zu lernen.
d Mit einer fertigen Lehre kann man einen guten Arbeitsplatz ○ – ○ zu finden.
e Könnten Sie mir bei der Berufswahl ○ – ○ zu helfen?
f Es ist ziemlich stressig, sich über die beruflichen Möglichkeiten ○ – ○ zu informieren.

◇ A1 **3 Ergänzen Sie: *zu* oder –.**

a Ich habe schon einmal angefangen, das Bewerbungsgespräch vor zu bereiten.
b Wir dürfen den Geburtstag der Chefin nicht .... vergessen!
c Es ist nicht leicht, eine Stelle in seinem Traumjob .... finden.
d Ich würde am liebsten in einem Team .... arbeiten.
e Hast du vielleicht kurz Zeit, mir bei meiner Bewerbung .... helfen?
f Kannst du dir eine Ausbildung im Büro vor..........stellen?

❖ A1 **4 Schreiben Sie Sätze.**

~~(keine) Lust haben~~ | ~~möchten~~ | hoffen | Spaß machen | können | sich vorstellen können | würde ... gern | anstrengend sein | ...

ein halbes Jahr um die Welt reisen | ~~am Abend arbeiten~~ | (nicht) immer dasselbe machen | sehr gut selbstständig arbeiten | mit netten Kollegen zusammenarbeiten | Neues lernen | wenig Freizeit haben

Ich habe keine Lust, am Abend zu arbeiten.
Ich möchte in meinem Berufsleben ...

A1 **5 Ordnen Sie zu und schreiben Sie Sätze mit *zu*.**

sich vorstellen können | ~~versuchen~~ | aufhören | versprechen | vorhaben

a Morgen will ich pünktlich sein. Vielleicht!
b Ich hole dich morgen ab. Ganz sicher.
c Einen interessanten Job finden! Das ist mein Plan.
d Einen Handwerksberuf ergreifen? Ja, warum eigentlich nicht?
e Ich arbeite als Krankenpfleger. Aber nur noch bis Ende des Monats.

a versuchen:
Morgen versuche ich, pünktlich zu sein.
b ...

A2 **6 Markieren Sie noch neun Wörter und ordnen Sie zu.**

AUFGABENSGBESCHÄFTIGSTI(BEWERBUNG)TERWARTENZ(TÄTIGKEIT)
BEWERBUNGSUNTERLAGENZYTWHANDELUTPOÜKENNTNISSENKWAQ
UNTERSTÜTZUNGMUSJÄMTILVORAUSSETZUNGDUQYMPOXVORTEILW

A

Rotes Kreuz

Wir suchen für 15 Stunden pro Woche
_______________ für den
Patiententransport.
_______________ für die
Tätigkeit ist:
+ Führerschein Klasse B
+ _______________ in Erster Hilfe
+ Freude an der Arbeit mit Menschen
Es _______________ Sie:
+ interessante _______________
+ Weiterbildungsmöglichkeiten
+ ein angenehmes Betriebsklima
Bitte senden Sie Ihre *Bewerbung* an personal@rk.at

B

Fachverkäufer/-innen für unser kleines Modegeschäft gesucht!
Erfahrung in _______________ und
Verkauf von _______________.
Informationen bei Frau Kleinert, Telefon: 809503

C

HAST DU HANDWERKLICHES TALENT?

____
du dich gern mit Holz?
Dann komm zu uns!
Wir bieten dir eine Lehrstelle als Tischler/-in.

Sende deine
____
____
noch heute an:
Clemens Meier
(cl.meier@tischlerei-meier.com)

A2 7 Ergänzen Sie in der richtigen Form: *brauchen – müssen*.

a Ich brauche nur die neuen Wörter zu lernen, dann schaffe ich die Prüfung schon.
b Dein Zeugnis ist doch so gut. Du .... dir wirklich keine Gedanken um einen Job zu machen.
c Wenn sie nur Teilzeit arbeitet, dann .... sie nicht den ganzen Tag am Computer sitzen.
d Wenn wir drei Monate verreisen wollen, dann .... wir jetzt viel Geld sparen.

A2 8 Mein Traumjob. Schreiben Sie Sätze mit *brauchen ... zu*.

a (nicht früh aufstehen)
In meinem Traumjob brauche ich nicht früh aufzustehen.
b (keine langweiligen Aufgaben übernehmen)
Ich ....
c (keine Überstunden machen) ....
d (nur arbeiten, wenn ich Lust dazu habe) ....
e (nicht mit unfreundlichen Kollegen zusammenarbeiten) ....

A4 9 Ein Bewerbungsschreiben

Schreibtraining

a Lesen Sie und ordnen Sie.

◯ Es fällt mir leicht, neue Dinge zu lernen. Außerdem macht es mir Spaß, Kunden zu beraten. Deshalb wäre ich gern als Verkäufer bei Ihnen tätig.

① **Bewerbung als Verkäufer von E-Bikes**

◯ Mit freundlichen Grüßen
Tibor Kelemen

◯ mit großem Interesse habe ich Ihr Inserat gelesen und möchte mich um die freie Stelle als Verkäufer von E-Bikes bewerben.

◯ Über eine Einladung zu einem persönlichen Gespräch würde ich mich freuen.

◯ Anlagen: Lebenslauf, Zeugnisse

◯ Sehr geehrte Damen und Herren,

◯ Wie Sie aus meinen Unterlagen ersehen können, habe ich nach meinem Pflichtschulabschluss die Ausbildung zum Zweiradmechaniker bei der Firma „Fahrrad Neuchl" gemacht. Danach war ich zwei Jahre als Mitarbeiter in einem Fahrradgeschäft tätig und konnte auch erste Erfahrungen im Verkauf sammeln.

b Ergänzen Sie das Bewerbungsschreiben. Hilfe finden Sie in a.

Bewerbung als (1) Physiotherapeutin im Seniorenheim

Sehr ____________ (2) Frau Zerlich,

____________________ (3) habe ich Ihr Inserat gelesen und bewerbe mich hiermit um die Stelle als Physiotherapeutin.
Wie Sie ____________________ (4) ersehen können, war ich in Polen nach meiner Ausbildung zur Physiotherapeutin vier Jahre in einem Spital in Łódź tätig. Danach habe ich zwei Jahre in der Ordination *Echtler & Leimbeck* gearbeitet. Dort konnte ich auch ____________ (5) im Bereich der Sportmedizin sammeln. ____________________ (6) ist Polnisch. Ich spreche aber auch sehr gut Deutsch und Englisch.
Die Arbeit in einem Seniorenheim ist für mich etwas ganz Neues. Es ____________ (7) große Freude, Neues zu lernen. Außerdem kümmere ich mich gern um andere Menschen und freue mich auf den Kontakt mit den Bewohnerinnen und Bewohnern.
Über eine Einladung ____________________ (8) würde ich mich freuen.
Mit ____________________ (9)
Alina Jankowska

LERNTIPP Ein Bewerbungsschreiben muss fehlerfrei sein! Notieren Sie zuerst Ihre typischen Fehler. Überprüfen Sie dann Ihren Text pro Fehlertyp einmal. Lassen Sie Ihre Bewerbung am Ende noch einmal von einem Muttersprachler Korrektur lesen.

c Wählen Sie eine Stelle und schreiben Sie eine Bewerbung.

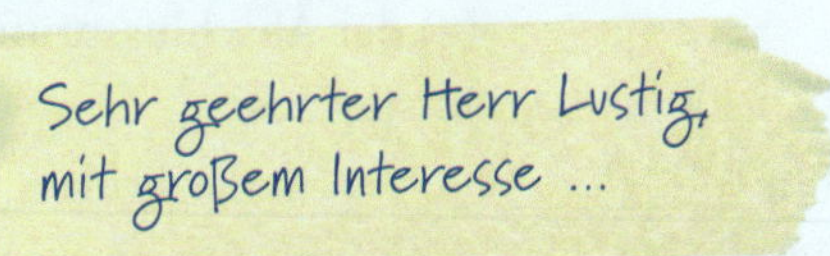

1

Zirkus Tortellini sucht Dompteur/-in

Wir erwarten:
+ Ausbildung als Tierpfleger/-in
+ Erfahrung mit wilden Tieren (Tiger, …)

Infos und Bewerbung bei Zirkusdirektor Hanno Lustig: hanno.lustig@zirkus-tortellini.com

2

Sind Sie ein fröhlicher, positiver Mensch? Dann arbeiten Sie bei uns als Clown/-in

Sie haben Berufserfahrung als Erzieher/-in oder als Schauspieler/-in? Sie können gut mit Kindern umgehen und haben viele lustige Ideen? Dann sind Sie die Richtige oder der Richtige für uns!

Gleich bewerben bei Zirkusdirektor Hanno Lustig: hanno.lustig@zirkus-tortellini.com

3

Wir suchen zwei Artisten

für unseren Zirkus.
Sie haben:
+ eine Ausbildung als Tänzer/-in
+ erste Berufserfahrung an einem Theater gesammelt oder schon als Artist/-in in einem Zirkus gearbeitet

Senden Sie Ihre Bewerbung an Zirkusdirektor Hanno Lustig: hanno.lustig@zirkus-tortellini.com

B Während seines letzten Schuljahrs …

B1 10 Ergänzen Sie in der richtigen Form: *während – innerhalb – außerhalb*.

a Man sollte schon während der (die) Schulzeit Praktika machen.
b Vielen Dank für Ihre Bewerbung. Sie erhalten ………………………… (wenige) Wochen unsere Antwort.
c Leider rufen Sie ………………………… (unsere) Geschäftszeiten an. Diese sind …
d Sie können sich ………………………… (die) Wartezeit gern einen Kaffee nehmen.
e Die Firma möchte ihre Ergebnisse ………………………… (die) nächsten zwei Jahre um 20 Prozent verbessern.
f ………………………… (die) Nebensaison braucht unser Lokal kein extra Personal.

B2 11 Ordnen Sie zu.

außerhalb | bei | von … bis | nach | ~~von … an~~ | Vor | während | während

Maschinenbautechnikerin – ein Beruf auch für Mädchen?
Interview mit Samira (16), Lehrling

KARRIERE start

Karrierestart: Warum wirst du Maschinenbautechnikerin?
Samira: Technik hat mich schon immer interessiert. Schon ………………… (a) meiner Schulzeit habe ich bei einem Elektroinstallateur gearbeitet. Gleich ………………… (b) der Hauptschule habe ich ein Praktikum bei einem großen Energieunternehmen gemacht. Da ist mir klar geworden: Maschinenbautechnikerin, das passt für mich!
Karrierestart: Wie lange dauert die Ausbildung?
Samira: 3,5 Jahre. Aber schon ………………… (c) des ersten Jahres lernt man die wichtigsten Dinge kennen. Ich durfte von Beginn an (d) selbstständig Probleme lösen. ………………… (e) der Abschlussprüfung muss ich aber trotzdem noch viel lernen.
Karrierestart: Wie schaut dein Arbeitstag aus?
Samira: Ich bin ………………… in der Früh ………………… (f) zum Feierabend auf dem Gebiet unseres Unternehmens unterwegs und repariere Anlagen.
Karrierestart: Welche Erfahrungen hast du als Frau ………………… (g) deiner Arbeit gemacht?
Samira: Nur positive! Wir Kollegen treffen uns oft am Abend, also ………………… (h) der Arbeitszeit. Natürlich wird dann meistens über die Arbeit gesprochen.

B2 12 Lesen Sie den Text und schließen Sie die Lücken 1–6.

Prüfung

Welche Lösung (a, b oder c) passt am besten?

E-Mail senden

Sehr __0__ Herr Nemati,
vielen Dank __1__ Ihre Bewerbung als Kfz-Mechatroniker. Wir freuen uns über Ihr __2__ an unserer Firma und laden Sie hiermit zu einem Vorstellungsgespräch am 25. Mai um 11.30 Uhr ein. Bitte geben Sie uns __3__ der nächsten Tage Bescheid, __4__ Sie zu diesem Termin kommen können. Bringen Sie außerdem noch folgende __5__ mit: Abschlusszeugnis der Berufsschule im Original. Für Fragen und weitere Informationen __6__ wir Ihnen gern zur Verfügung.
Mit freundlichen Grüßen
Friederike Leinmüller – Autohaus Lehmann

0 a ☒ geehrter	2 a ○ Bewerbung	4 a ○ wenn	6 a ○ stellen
b ○ lieber	b ○ Interesse	b ○ wann	b ○ stehen
c ○ freundlicher	c ○ Mitarbeit	c ○ ob	c ○ haben
1 a ○ um	3 a ○ innerhalb	5 a ○ Papiere	
b ○ für	b ○ außerhalb	b ○ Sachen	
c ○ bei	c ○ bis	c ○ Unterlagen	

B2 **13 Sie hören nun ein Gespräch.**

Prüfung
26

Sie hören das Gespräch einmal. Dazu lösen Sie sieben Aufgaben.
Wählen Sie: Sind die Aussagen richtig oder falsch?

	richtig	falsch
a Rufen Sie vor dem Vorstellungsgespräch noch einmal an oder schreiben Sie, dass Sie kommen und sich auf das Gespräch freuen.	○	○
b Fahren Sie vor dem Gespräch unbedingt schon einmal zur Firma.	○	○
c Sammeln Sie möglichst viele Informationen über die Firma.	○	○
d Geben Sie auf jede Frage des Arbeitgebers eine Antwort. Sie müssen dabei nicht immer die Wahrheit sagen.	○	○
e Sagen Sie dem Arbeitgeber, was Sie können und warum Sie besonders gut für den Job geeignet sind.	○	○
f Versuchen Sie, mit dem Arbeitgeber ein richtiges Gespräch zu führen. Dabei können Sie auch Fragen stellen.	○	○
g Ziehen Sie sich so an, wie Sie sich am wohlsten fühlen. Die Kleidung und das Aussehen sind nicht so wichtig.	○	○

B3 **14 Verbinden Sie.**

a Grüß Gott, Herr Schiefer. Setzen Sie sich doch bitte.	1 Ich war zuständig für die Pflege von 20 Personen.
b Erzählen Sie doch bitte etwas über sich.	2 Ja, ich beherrsche die üblichen Programme, die man für die Dokumentation braucht.
c Welche Aufgaben haben Sie bei Ihrem letzten Arbeitgeber gehabt?	3 Ja, ich würde gern wissen, wie groß die Pflegestation da ist.
d Haben Sie noch andere Fähigkeiten?	4 Vielen Dank auch an Sie.
e Haben Sie auch Computerkenntnisse?	5 Danke schön.
f Haben Sie denn noch eine Frage an mich?	6 Ja, ich spreche drei Sprachen.
g Vielen Dank, dass Sie da waren, Herr Schiefer.	7 Also, ich bin Altenpfleger und bin bald fertig mit meiner Weiterbildung im Bereich Gesundheitstraining für Senioren.

B3 **15 Das kann ich! Ergänzen Sie Informationen über sich.**

a Ich habe schon während der Schulzeit / des Studiums ____________________

b Ich bin/war zuständig für ____________________

c Ich beherrsche ____________________

d Ich habe auch (sehr) gute Kenntnisse in ____________________

e Es fällt mir leicht, ____________________

C Berufsberatung

C2 16 Was ist richtig? Lesen Sie und kreuzen Sie an.

Was wollt ihr werden?

Jacqueline: Ich gehe noch in die Schule. Nächstes Jahr mache ich Matura. Ein Studium ist aber nichts für mich. Das dauert zu lang. Planung und Organisation sind kein Problem für mich. Darum möchte ich einen kaufmännischen Beruf ergreifen. Kommenden Montag habe ich einen Termin bei der Berufsberatung.

Konstantinos: In der Schule war ich gut in Mathematik und Zeichnen. Für mich war immer klar, dass ich mich mit technischen Fragen beschäftigen möchte. Und ich wollte auch künstlerisch tätig sein. Aber ich habe nicht gewusst, wie ich das zusammenbringen soll. Darum bin ich zur Berufsberatung gegangen. Der Berater hat mir eine Ausbildung als Bauzeichner empfohlen. Ich habe echt nicht geglaubt, dass mir diese Arbeit so gut gefällt.

a ○ Jacqueline hat keine Lust zu studieren.
b ○ Sie findet es schwierig, etwas zu planen oder zu organisieren.
c ○ Nächste Woche will sie sich über kaufmännische Ausbildungen informieren.
d ○ Konstantinos hatte vor, nach der Schule im Bereich Technik zu arbeiten.
e ○ Er fand es zuerst schwer, seine Interessensgebiete zu verbinden.
f ○ Er hat erwartet, dass ihm die Ausbildung zum Bauzeichner Spaß macht.

C2 17 Schreiben Sie Sätze (a–e). Ordnen Sie dann den passenden Ratschlag (1–5) zu.

a sich gut vorstellen können – im handwerklichen Bereich arbeiten
b es nicht schwer finden – früh aufstehen
c Lust haben – viel unterwegs sein
d davon begeistert sein – für andere kochen
e Interesse haben – Neues entwickeln

1 Du könntest Busfahrer werden.
2 Dann werd doch Tischlerin!
3 Hm, schwierig. Vielleicht Modedesigner?
4 Wie wäre es mit einer Tätigkeit als Bäcker?
5 An deiner Stelle würde ich Koch werden.

a Ich kann mir gut vorstellen, im handwerklichen Bereich zu arbeiten. → 2

C2 18 Wörter mit *-ng*

Phonetik

a Bilden Sie Wörter mit *-ung*.

1 beraten	die Beratung	4 entwickeln	die Entwicklung ⚠
2 erfahren	....	5 beschäftigen	....
3 verantworten	....	6 unterstützen	....

27 b Hören Sie und sprechen Sie nach. Achten Sie auf *-ng*.

28 c Bei welchen Wörtern spricht man *n-g* eher getrennt?? Hören Sie und markieren Sie.

1 Manchmal ist es anstrengend, Angestellter zu sein.
2 Ich habe Angst, kein gutes Jobangebot zu bekommen.
3 Ich finde es angenehm, im Team zu arbeiten.
4 Es ist nicht leicht, Verantwortung zu übernehmen.

29 d Hören Sie noch einmal und sprechen Sie nach.

D Small Talk: Von der Arbeit erzählen

D2 19 Ordnen Sie zu.

es ist total stressig | Hast du noch nie daran gedacht | muss zwei Kollegen vertreten | Noch immer so viel Arbeit | schon mehrere Bewerbungen geschrieben | suche immer noch einen Job | ~~Wie geht's dir denn~~

- ◆ Servus, Bettina. Das ist aber schön, dass wir uns gehen. Wie geht's dir denn (a) bei der Jobsuche?
- ○ Schwierig. Ich ______________________ (b) als Übersetzerin. Ich habe ______________________ (c), aber nur Absagen gekriegt.
- ◆ ______________________ (d), dich selbstständig zu machen? Das machen doch viele Übersetzer.
- ○ Ja, das stimmt. Aber ______________________ (e), immer nach Aufträgen zu suchen. Außerdem gibt es viel Konkurrenz. Aber wie geht's denn dir? ______________________ (f)?
- ◆ Ja, leider. Bei uns in der Firma sind momentan mehrere Leute krank. Ich ______________________ (g). Und das jetzt, wo wir so viele Aufträge haben!

Ist das nicht anstrengend | machst du jetzt eigentlich genau | habe kein Interesse | komme gut mit den Kunden und den Kollegen zurecht | muss jetzt leider los

- ○ Was ______________________ (h)?
- ◆ Ich bin als Heizungsinstallateur tätig. Ich habe die Verantwortung für zwei Baustellen und soll nebenbei die Baustellen von meinen Kollegen betreuen.
- ○ ______________________ (i), immer von Baustelle zu Baustelle zu fahren?
- ◆ Manchmal schon, aber meistens macht mir die Arbeit Spaß. Ich ______________________ (j). Übrigens, meine Firma sucht gerade jemanden fürs Büro. Willst du dich nicht bewerben?
- ○ Na, hör einmal! Ich bin Übersetzerin. Ich ______________________ (k) an einem Job als Sekretärin.
- ◆ Warum nicht? Als Übersetzerin sitzt du doch auch am Computer, schreibst und telefonierst. Der Job ist sicher und unsere Firma zahlt nicht schlecht. Überleg es dir doch einmal.
- ○ Das mache ich. Danke für den Tipp. Oh, ich ______________________ (l).

D2 20 Ergänzen Sie.

A In den Ferien j o b b e n – wir suchen dich als S __ r __ i __ __ a __ __ __ st __ __ __ t __ __! (m/w)

B Selbstständig als Reinigungskraft arbeiten: Auf Putzfee.net können Sie Ihr Service anbieten und nach A __ f __ __ ä __ __ n suchen.

C Machen Sie eine F __ __ __ b __ __ __ __ __ g. Wir bieten interessante Seminare in den Bereichen Technik und Handel. Denn die K __ __ k __ __ __ e __ z schläft nicht!

D Was Ihnen die Sterne diese Woche raten: Wechseln Sie jetzt Ihren Job. Der Z __ __ __ p __ __ __ t ist günstig.

Test Lektion 5

1 Ergänzen Sie.

1 ____ / 6 Punkte — WÖRTER

a Die Firma *Gabler & Hofer* ist sehr gut und hat deshalb viele A__ __t__ä__e.
b Frau Grubinger hat die V__r__n__w__ __t__ __g für 200 Mitarbeiter.
c Unsere Ingenieure e__ __w__ck__ __n neue Produkte.
d Frau Hatteier will bald a u f h ö r e n zu arbeiten und in Pension gehen.
e Mario ist als S__ __v__ __ __a__g__ __ __ __ __ __ __ __r in einem Restaurant tätig.
f Peter ist z__st__ __ __ __g für die Kontrolle und Reparatur der Werkzeugmaschinen.
g Die Firma *Gabler & Hofer* bietet ihren Mitarbeiterinnen und Mitarbeitern viele F__ __ __b__ __d__ __g__n an.

____ 0–3 / 4 / 5–6

2 Schreiben Sie die Sätze neu.

2 ____ / 3 Punkte — GRAMMATIK

a Fortbildungen interessieren mich nicht!
Ich habe kein Interesse, Fortbildungen zu machen.
b Die Zusammenarbeit mit meinen Kollegen macht mir Spaß.
Es macht mir Spaß, ____________________
____________________.
c Ich könnte mir eine Arbeit als Krankenpfleger gut vorstellen.
Ich könnte mir gut vorstellen, ____________________
____________________.
d Der Berufsberater verspricht Hilfe bei der Berufswahl.
Der Berufsberater verspricht, ____________________
____________________.

3 Ergänzen Sie: *während – innerhalb – außerhalb* und *der – ein – ...* in der richtigen Form.

3 ____ / 3 Punkte

a Sehr geehrter Herr Safak, vielen Dank für Ihre Bewerbung. Wir melden uns innerhalb der kommenden Tage bei Ihnen.
b Sehr geehrter Herr Safak, wir laden Sie zu einem Vorstellungsgespräch am 2.8. um 10 Uhr ein. ________ d________ Gesprächs können Sie natürlich gern Fragen stellen. Bitte geben Sie uns ________ e________ Woche Bescheid, ob Sie kommen. Sie erreichen mich unter 7878-90 oder ________ d________ Bürozeiten per E-Mail.

____ 0–3 / 4 / 5–6

4 Verbinden Sie.

4 ____ / 4 Punkte — KOMMUNIKATION

a Wie geht's dir denn in der Firma?
b Hast du noch nie daran gedacht, den Job zu wechseln?
c Was machst du jetzt eigentlich genau?
d Ist es nicht stressig, in der Nacht zu arbeiten?
e Noch immer so viel Arbeit?

1 Nein, das kann ich mir nicht vorstellen.
2 Nein, das finde ich nicht.
3 Ja, ich muss eine Kollegin vertreten.
4 Ich mache grad meine Ausbildung zum Maler fertig.
5 Danke, ganz gut. Wir haben viel Arbeit.

____ 0–2 / 3 / 4

Fokus Beruf: Etwas verhandeln

1 Vier gute Tipps

a Wofür bekommt man hier Tipps? Überfliegen Sie den Text und kreuzen Sie an.

○ Für Gespräche mit der Bank ○ Für Gespräche mit dem Arbeitgeber

So kommen Sie weiter!

Das Bewerbungsgespräch ist gut gelaufen? Glückwunsch! Sie haben es fast geschafft. Doch wenn es im Bewerbungsgespräch zum Thema Geld kommt, machen viele Bewerber Fehler: Sie fordern zu viel Geld – oder zu wenig. Unsere Tipps helfen Ihnen bei diesem schwierigen Thema.

1 Sprechen Sie das Thema Geld nicht selber an. Den ersten Schritt sollte die Personalchefin oder der Personalchef machen.

2 Nennen Sie Ihren Gehaltswunsch. Wenn Sie vorher in anderen Unternehmen gearbeitet haben, ist Ihr letztes Gehalt die Grundlage.

3 Natürlich können Sie an einem neuen Arbeitsplatz mehr Geld verlangen, aber bleiben Sie realistisch und begründen Sie Ihren Gehaltswunsch: Haben Sie mehr Verantwortung? Können Sie mit besonderen Kenntnissen und Fähigkeiten punkten? War der alte Arbeitgeber besonders zufrieden mit Ihnen?

4 Was ist, wenn der Personalchef Ihren Gehaltswunsch ablehnt? Dann müssen Sie flexibel sein und andere Vorschläge machen. Erklären Sie zum Beispiel, dass Sie mit weniger Geld einverstanden sind, wenn die Firma Ihnen eine Fortbildung bezahlt oder wenn Sie nach sechs Monaten mehr Gehalt bekommen.

b Was ist richtig? Lesen Sie noch einmal und kreuzen Sie an.

1 ○ Es ist Aufgabe der Personalchefin/des Personalchefs, das Thema Geld anzusprechen.
2 ○ Am neuen Arbeitsplatz bekommen Sie zunächst das gleiche Gehalt wie in der alten Firma.
3 ○ Wenn Sie mehr Gehalt haben möchten, sollten Sie gute Argumente dafür nennen.
4 ○ Wenn der Personalchef mit Ihrem Vorschlag nicht einverstanden ist, können Sie nichts weiter machen.

2 Frau Tscheppe hat ein Bewerbungsgespräch. Sie spricht mit dem Personalchef über das Gehalt.

30 a Was ist richtig? Hören Sie den Anfang des Gesprächs und kreuzen Sie an.

1 Frau Tscheppe bewirbt sich um eine ○ Teilzeitstelle. ○ Vollzeitstelle.
2 Der Personalchef bietet ○ 1800 Euro ○ 1900 Euro an.
3 Frau Tscheppe ist ○ einverstanden. ○ nicht einverstanden.

31 b Was ist richtig? Hören Sie weiter und kreuzen Sie an.

1 In ihrem neuen Job hätte Frau Tscheppe ○ weniger ○ genauso viel ○ viel mehr Verantwortung.
2 Sie hat ○ noch keine ○ zwei Jahre ○ vier Jahre Berufserfahrung.
3 Sie hat sich ○ nie ○ einmal ○ öfter weitergebildet.

32 c Was ist richtig? Hören Sie das Ende des Gesprächs und kreuzen Sie an.

1 ○ Frau Tscheppe ist im ersten Jahr mit 2000 Euro zufrieden.
2 ○ Frau Tscheppe möchte in einem Jahr noch einmal über das Gehalt sprechen.

3 Vergleichen Sie das Gespräch mit dem Text in 1a.

Was hat Frau Tscheppe alles beachtet? Sprechen Sie.

A Es ist nicht leicht, aber es lohnt sich.

A2 **1 Ordnen Sie zu.**

~~geht es~~ Es war Es gibt es ist ... gelaufen es ... dunkel ist ist es ... ein Problem schwer es für mich ist Es ist Sommer regnet es hat es ... gefallen es ist ... kalt ist es ... ein Uhr lohnt es sich

E-Mail senden

Lieber Tim,
wie geht es dir (a)? Bei mir passt alles. ...., (b) überall sieht man Blumen und ich bin viel draußen. Ich liebe diese Jahreszeit! Seit ein paar Tagen .... (c), aber schlechtes Wetter stört mich nicht. Hauptsache, ... nicht .... (d).
Du, ich hatte heute Vormittag ein Vorstellungsgespräch! .... (e) wirklich aufregend, aber .... ganz gut .... (f). Die Leute sind sehr nett und die Arbeit ist abwechslungsreich. .... (g) nur leider ein Problem: Ich soll in der Früh um sieben Uhr (!) anfangen zu arbeiten. Furchtbar! Du weißt doch, wie .... (h), so früh aufzustehen. Vor allem im Winter, wenn .... noch .... (i), dann .... wirklich .... (j) für mich. Mir .... in der Firma sehr gut .... (k), aber ich weiß nicht, ob ich das mit dem frühen Aufstehen schaffe.
Was rätst du mir?
Liebe Grüße, Anna
P.S.: Oje, jetzt .... schon .... (l) in der Nacht. Vielleicht sollte ich einfach einmal früher ins Bett gehen? Wer weiß, vielleicht .... (m) und ich bin dann in der Früh topfit? ☺

A2 **2 Machen Sie eine Tabelle und ergänzen Sie die Ausdrücke mit *es* aus 1.**

Grammatik entdecken

Allgemein	Tages-/Jahreszeiten	Wetter	Befinden
			Wie geht es dir?

A2 **3 Wo fehlt *es*? Ergänzen Sie wie im Beispiel.**

E-Mail senden

Liebe Saskia,
es ist schon ein paar Monate her, dass ich dir das letzte Mal geschrieben habe. Ich hoffe, dass euch gut geht. Seit wir in Salzburg leben, ist viel passiert. Jetzt läuft ganz gut, aber am Anfang hat viele Probleme gegeben. Für unsere Kinder war besonders schwer. Sie haben ihre Freunde furchtbar vermisst und hatten Probleme mit der Sprache. Aber jetzt ist schon viel besser und sie haben sich an das Leben hier gewöhnt. Sie gehen ja jetzt auch in die Schule und haben neue Kinder kennengelernt. Übrigens gehe ich jetzt auch wieder in eine Schule – in eine Sprachschule. Ich lerne schon seit vier Monaten Deutsch und das macht mir viel Spaß. So, jetzt ist gleich 9 Uhr. Ich muss Schluss machen. Mein Kurs fängt in einer halben Stunde an.
Bis bald, deine Fatima

A3 **4 Was ist richtig? Kreuzen Sie an.**

In unserem Ort gibt es seit einiger Zeit am ersten Freitag im Monat einen Stammtisch der Kulturen. Dahin kommen alle, die Interesse an einem ☒ interkulturellen ○ kulturellen (a) Treffen mit Menschen aus der ganzen Welt haben. Der Stammtisch ist ein großer Erfolg geworden. Das war nicht immer so. Als man ihn ○ gefunden ○ gegründet (b) hat, sind nur relativ wenige Leute gekommen. Es waren ○ mindestens ○ höchstens (c) fünf bis zehn da. Es war einfach so, dass die Leute aus der Umgebung zuerst gedacht haben, dass das Treffen ○ ausschließlich ○ anschließend (d) für Migrantinnen und Migranten ist. In der Zwischenzeit kommen aber auch immer mehr Leute aus dem Ort, ○ heutzutage ○ mittlerweile (e) sind es oft sogar über 30 Personen pro Treffen.

A3 **5 Ergänzen Sie.**

a Ich vermisse meine Heimatstadt. Ich habe H__ __ __ __ __h.

b Das Wichtigste beim Kochen von indischen Gerichten sind die richtigen G__ __ __r__ __.

c Ich mag den Frühling und den Sommer. Aber der Winter ist für mich die schönste Jahreszeit.

d Meine Großeltern hatten mehrere Geschäfte. Sie waren erfolgreiche G__ __ __ __ä__ __ __ __ __ __e.

e Unser Nachbar hört zu jeder Tageszeit laute Musik. Das stört uns alle, aber er nimmt keine R__ __ __ __ __ __c__ __.

f Wenn man sich mit einem Geschäft selbstständig macht, ist das oft ein f__ __ __ __z__ __ __ __ __ __ __ __ R__ __ __ __ __ __.

g Mein Onkel hat viele gute Ideen. Er l__ __ __ fast jedes Problem.

A4 **6 Buchstaben und Laute: *b – p, g – k, d – t***

33 Phonetik

a Hören Sie und achten Sie auf *b*, *g* und *d* am Wortende.

◆ Der Auftrag bringt nur halb so viel Geld.
○ Bestimmt bekommst du bald einen neuen Auftrag!
◆ Geld und Erfolg sind nicht alles im Job.
○ Jeden Tag im Büro ... Ab und zu brauchst du auch einmal Urlaub!

34

b Hören Sie und sprechen Sie nach.

1 Auftrag	3 Geld	5 Erfolg	7 Job	9 ab und zu
2 halb	4 bald	6 sind	8 Tag	10 Urlaub

c Ergänzen Sie die Regel.

Am Wortende spricht man *b*, *d*, *g* wie ____________.

B Ich will beim Geschäft sein, **um** dort **zu** warten.

B1 **7 Margaretas Ziele. Ergänzen Sie.**

Grammatik entdecken

Wozu ist Margareta nach Österreich gekommen?	Margareta ist nach Österreich gekommen, ...
a Sie möchte ihr Deutsch verbessern.	um ihr Deutsch zu verbessern.
b Sie .... eine Ausbildung	um eine Ausbildung zu machen.
c Sie möchte selbstständiger werden.	.... selbstständiger ....
d Sie .... Geld	um Geld zu verdienen.
e Sie möchte in der Nähe ihres Freundes sein.	.... in der Nähe ihres Freundes ....

B1 **8 Wozu machen die Leute das? Ordnen Sie zu und ergänzen Sie die Sätze mit *um ... zu*.**

frische Zutaten und Gewürze kaufen | als Erster im Büro sein | ~~gesund bleiben~~ | einen wichtigen Kunden treffen | bessere Chancen auf dem Arbeitsmarkt haben

a Miguel geht dreimal pro Woche ins Fitnesscenter, um gesund zu bleiben.
b Peter steht von Montag bis Freitag um sechs Uhr auf, ...
c Am Samstag gehe ich immer auf den Naschmarkt, ...
d Herr Aryan fährt morgen nach Villach, ...
e Sabina macht eine berufliche Weiterbildung, ...

B1 **9 Wozu ist Yaroslav nach Österreich gekommen?**

a Lesen Sie den Text und ergänzen Sie die Gründe.

ABENTEUER AUSLAND
Wozu sind Sie nach Österreich gekommen?

Meine Frau und ich wollten schon lange eine neue Perspektive im Leben finden. Meine Frau wollte zum Beispiel gern in einer Großstadt im Ausland leben. Bei mir war das anders. Ich bin IT-Spezialist und habe jahrelang als Programmierer in einer Softwarefirma gearbeitet. In unserem Land gibt es aber weniger Entwicklungsmöglichkeiten für meine Berufsbranche. Für unsere Kinder habe ich mir gewünscht, dass sie einmal eine gute Schule besuchen können. In einem internationalen Job-Portal im Internet habe ich dann gesehen, dass in Österreich Programmierer gesucht werden. Ich habe mich bei mehreren Firmen beworben und hatte großes Glück. Bei meinen Vorstellungsgesprächen, die ich über Skype geführt habe, ist gleich eins sehr gut gelaufen, und dann habe ich von der Firma sofort ein Jobangebot erhalten. Die erste Zeit habe ich noch von der Ukraine aus gearbeitet, aber nach meiner Probezeit habe ich über die Firma eine offizielle Arbeitserlaubnis für Österreich bekommen. Mein Chef wollte unbedingt, dass das ganze Programmiererteam in Wien ist. So haben wir uns entschlossen, mit den Kindern nach Österreich zu übersiedeln. Es war nicht immer leicht für uns, aber jetzt sind wir einfach nur dankbar, dass wir diese Chance bekommen haben.

Yaroslav Ivanenko, 38

1 Yaroslav und seine Frau können eine neue Perspektive finden.
2 Seine Frau kann ______ leben.
3 Seine Kinder können ______ besuchen.
4 Das ganze Programmiererteam ist ______.

b Schreiben Sie die Sätze neu mit *damit*.

Yaroslav ist nach Österreich gekommen, …
1 damit er und seine Frau eine neue Perspektive finden können.

B1 10 Warum steht Yaroslav früh auf?

Grammatik entdecken

Lesen Sie und markieren Sie wie im Beispiel.
Ergänzen Sie Sätze mit *damit* und *um … zu*, wenn möglich.

A

Yaroslav steht früh auf. Er will vor der Arbeit keinen Stress haben.
Yaroslav steht früh auf, damit er vor der Arbeit keinen Stress hat.
Yaroslav steht früh auf, um vor der Arbeit keinen Stress zu haben.

Yaroslav steht früh auf. Er kann dann in Ruhe seinen Kaffee trinken.
Yaroslav steht früh auf, damit ______.
Yaroslav steht früh auf, ______.

B

Yaroslav steht früh auf. Seine Kinder gehen dann pünktlicher aus dem Haus.
Yaroslav steht früh auf, damit seine Kinder pünktlicher aus dem Haus gehen.

Yaroslav steht früh auf. Das Badezimmer ist dann für die Familie frei.
Yaroslav steht früh auf, ______.

B1 11 Eine typische Woche von Piotr und seiner Familie

Schreiben Sie Sätze mit *damit* und *um … zu*, wenn möglich.

A

Ich gehe in der Früh um 7 Uhr in die Arbeit. Ich will am Abend nicht so spät heimkommen.
Ich fahre einmal in der Woche mit dem Auto auf den Markt. Meine Frau muss dann nicht die schweren Einkaufssackerl tragen.

B

Ich koche zu Mittag daheim. Die Kinder haben dann etwas Warmes zum Essen, wenn sie aus der Schule kommen.
Ich verbessere mein Deutsch in einem Sprachkurs. Ich will im Alltag gut zurechtkommen.

C

Wir lernen nach der Schule viel am Nachmittag. Wir wollen gute Noten haben und ein gutes Zeugnis bekommen.
Wir helfen oft beim Abwaschen oder Staubsaugen. Mama hat dann weniger im Haushalt zu tun.

a Ich gehe in der Früh um 7 Uhr in die Arbeit, damit ich am Abend nicht so spät heimkomme.
Ich gehe in der Früh um 7 Uhr in die Arbeit, um am Abend nicht so spät heimzukommen.
Ich fahre einmal in der Woche mit dem Auto auf den Markt, damit meine Frau …

B

12 Was ist richtig? Kreuzen Sie an.

B1

a Frau Alt betreut ihre Enkel daheim, ○ um ⊗ damit ihre Tochter berufstätig sein kann.
b Jaime lernt und arbeitet viel, ○ um ○ damit sich bald selbstständig zu machen.
c Said lernt neben Deutsch auch Englisch, ○ um ○ damit bessere Chancen auf dem Arbeitsmarkt zu haben.
d Irina arbeitet jetzt Vollzeit, ○ um ○ damit ihr Mann eine teure Weiterbildung machen kann.
e Herr Reimer bezahlt viel Geld, ○ um ○ damit seine Eltern von einer privaten Krankenschwester gepflegt werden.

13 Wozu macht Piotr das?

B1

a Verbinden Sie.

1 Piotr geht dreimal pro Woche joggen.	Er	a hat dann am Abend ihre Ruhe.
2 Er ist als Erster im Büro.	Seine Frau	b kann es mit Piotrs Hilfe pünktlich abschließen.
3 Er lässt das Auto daheim stehen.	Sein Team	c kann unter der Woche früher heimgehen.
4 Er macht für ein Projekt manchmal Überstunden.		d kann tagsüber die Einkäufe mit dem Auto erledigen.
5 Er arbeitet manchmal auch am Sonntag.		e kann ungestört seinen Arbeitstag beginnen.
6 Er bringt die Kinder ins Bett.		f will fit bleiben.

b Schreiben Sie Sätze mit *damit* und *um … zu*, wenn möglich.

1 Piotr geht dreimal pro Woche joggen, damit er fit bleibt. /
Piotr geht dreimal pro Wohe joggen, um fit zu bleiben.

14 Beruf und Karriere – was ist wichtig, um Erfolg im Job zu haben?

B3

Markieren Sie noch fünf Wörter und ordnen Sie zu.

D L K J L D G D K J L K D L G J K O M P E T E N Z E N L L S K O M M U N I K A T I V E D J G
L S K D E N G A G E M E N T J G K D Ö L G Ö G L L K G L K O N F L I K T F Ä H I G L Ö F J A
F L A G J S T E A M F Ä H I G J G S L G J S L M O T I V A T I O N S L G S L K G D J A F J F L A

a Personalfachleute sagen, man braucht neben fachlichen auch soziale Kompetenzen, wenn man im Beruf erfolgreich sein will.
b Zum Beispiel ist es wichtig, dass eine Person gut im Team arbeiten kann und auch Kompromisse eingeht. Dann ist sie ....
c Wenn sich Kollegen einmal streiten, aber schließlich gemeinsam eine gute Lösung für ihr Problem finden, dann sind sie ....
d Offene Menschen, die gut zuhören und sich gut mit anderen unterhalten können, haben gute .... Kompetenzen.
e Auf jeden Fall muss ein Mitarbeiter .... und .... zeigen, um im Beruf erfolgreich zu sein.

C Etwas tun, **statt** nur **zu** träumen

C1 **15 Unzufrieden im Job**

Grammatik entdecken

a Welche Sätze sind richtig? Kreuzen Sie an.

1 Ich wechsle den Job, ○ statt mich weiter über die Arbeit zu ärgern.
○ statt mich nicht weiter über die Arbeit zu ärgern.

2 Ich suche eine neue Stelle, ○ ohne den Chef nicht zu informieren.
○ ohne den Chef zu informieren.

b *ohne ... zu* oder *statt ... zu*? Kreuzen Sie an.

1 Er macht zwei Stunden Mittagspause, obwohl er an seinem Projekt arbeiten soll.
Er macht zwei Stunden Mittagspause, ○ statt ○ ohne an seinem Projekt zu arbeiten.

2 Ich gehe jeden Tag ins Büro. Ich bin nicht motiviert.
Ich gehe jeden Tag ins Büro, ○ statt ○ ohne motiviert zu sein.

C1 **16 Homeoffice. Ergänzen Sie die Sätze mit *statt* ... *zu*.**

a Sie können bei der Arbeit eine bequeme Trainingshose tragen und müssen keine unbequeme Berufskleidung anziehen.
Sie können bei der Arbeit eine bequeme Trainingshose tragen, statt unbequeme Berufskleidung anzuziehen.

b Sie haben flexible Arbeitszeiten und arbeiten nicht von 9 bis 17 Uhr.
Sie haben flexible Arbeitszeiten, ______.

c Sie haben keine Fahrtkosten und geben nicht viel Geld für Benzin aus.
Sie haben keine Fahrtkosten, ______.

d Sie räumen die Wohnung auf und arbeiten nicht.
Sie räumen die Wohnung auf, ______.

e Sie müssen viele Probleme allein lösen und besprechen sich nicht mit Kollegen.
Sie müssen viele Probleme allein lösen, ______.

C2 **17 Meine fleißige Kollegin Olga. Schreiben Sie Sätze mit *ohne* ... *zu* und *statt* ... *zu*.**

a Sie steht jeden Tag um fünf Uhr auf. Sie beschwert sich nicht.
Sie steht jeden Tag um fünf Uhr auf, ohne sich zu beschweren.

b Sie kommt schon um 7 Uhr ins Büro. Sie fängt nicht erst um 9 Uhr an.
______
______.

c Sie fährt immer mit dem Rad in die Arbeit. Sie nimmt nicht das Auto.
______
______.

d Sie geht in der Mittagszeit joggen. Sie isst nicht.
______.

e Sie arbeitet viele Stunden am Stück. Sie macht keine Pause.
______.

f Sie sollte sich mehr um sich selber kümmern. Sie arbeitet so viel.
______
______.

◇ C2 18 Morgengewohnheiten. Was ist richtig? Kreuzen Sie an.

a Ich fahre zu jeder Jahreszeit mit dem Rad in die Arbeit, ○ ohne ☒ statt das Auto zu nehmen.
b Ich dusche in der Früh immer kalt, ○ ohne ○ statt warm zu baden.
c Ich trinke nie Kaffee, ○ ohne ○ statt Zeitung zu lesen.
d Ich gehe nie aus dem Haus, ○ ohne ○ statt meinen Regenschirm mitzunehmen.
e Ich bleibe in der Früh nach dem Aufwachen immer noch eine halbe Stunde liegen, ○ ohne ○ statt sofort aufzustehen.

❖ C2 19 Was würden Sie in Ihrem Leben gern machen? Schreiben Sie Sätze mit *ohne … zu* und *statt … zu*.

~~selbstständig arbeiten~~ | mehr Geld verdienen | kaputte Sachen reparieren | eine Wohnung kaufen | mit meiner Familie in der Heimat telefonieren | gut Deutsch sprechen | mit dem Rad fahren | mit meiner Familie zusammenwohnen | … | viele Sprachkurse machen | immer zu Fuß gehen | allein leben | viel Geld ausgeben | sie in den Mist werfen | Heimweh haben | jeden Euro sparen müssen | ~~ein finanzielles Risiko eingehen~~ | …

Ich würde gern selbstständig arbeiten, ohne ein finanzielles Risiko einzugehen.
Ich würde gern …

C3 20 Unglücklich im neuen Job – Ratschläge für eine Freundin

a Ordnen Sie zu.

An deiner Stelle | Du könntest zum Beispiel | Ich kann dir nur raten | ~~Wie wäre es, wenn~~ | Wie findest du die Idee | solltest du vielleicht

1 *Wie wäre es, wenn* du mit deinen Kolleginnen zusammen Mittagspause machst, statt allein zu essen?
2 Wenn du das Team in deiner Firma besser kennenlernen möchtest, ... öfters am Tag kurz in die Kaffeeküche gehen. Da kannst du dich entspannt mit allen unterhalten, ohne sie bei der Arbeit zu stören.
3 ...., an einem Tag für die Kolleginnen und Kollegen in deiner Abteilung Kuchen mitzubringen und deinen ersten Monat in der neuen Firma zu feiern? Über einen Kuchen freuen sich alle.
4 .... würde ich überallhin gehen, wo man Kollegen treffen kann. .... bei Firmenfeiern mitmachen. Da lernst du dann auch Leute aus anderen Abteilungen kennen.
5 ...., offen zu sein und positiv zu denken. Du wirst sehen, in ein paar Wochen wird es dir schon besser gehen.

b Schreiben Sie zwei weitere Ratschläge.

Ich kann dir nur raten, …

D Verkaufsgespräche

D3 21 Ich hätte gern ...

a Wer sagt was? Lesen Sie und ergänzen Sie: Kundin (K), Verkäuferin (V).

1 ◯ Darf ich Ihnen ... empfehlen?	a ◯ Ich hätte gern ...
2 ◯ Das muss ich mir noch überlegen.	b ◯ Wie kann ich Ihnen helfen?
3 ◯ Kann ich was für Sie tun?	c Ⓚ Vielen Dank für Ihre Mühe.
4 Ⓚ Vielen Dank für Ihre Hilfe.	d ◯ Haben Sie einen bestimmten Wunsch?
5 ◯ Sie wünschen?	e ◯ Darf ich Ihnen ... anbieten?
6 ◯ Entschuldigung, ist es möglich, ... ?	f ◯ Ich kann mich noch nicht entscheiden.
7 ◯ Haben Sie noch einen Wunsch?	g ◯ Dürfte ich Sie was fragen? Kann man ...
8 ◯ Ich bin auf der Suche nach ...	h ◯ Kann ich sonst noch was für Sie tun?

b Wie kann man auch sagen? Verbinden Sie die Sätze in a.

D3 22 Sie hören fünf Ansagen aus dem Radio.

35–39
Prüfung

Zu jeder Ansage gibt es eine Aufgabe.
Welche Lösung (a, b oder c) passt am besten?

1 Was hören Sie?
- a ○ Werbung.
- b ○ Den Verkehrsdienst.
- c ○ Die Nachrichten.

2 Was kann man bei *Radio Glocke* gewinnen?
- a ○ Einen Spanischkurs.
- b ○ Einen von hundert Kursen in der Volkshochschule.
- c ○ Eine Reise nach Spanien.

3 Wann ist die Messe geöffnet?
- a ○ Am Freitag und Samstag von 13–19 Uhr, am Sonntag von 9–19 Uhr.
- b ○ Am Freitagnachmittag von 13–19 Uhr und am Wochenende jeweils den ganzen Tag ab 9 Uhr.
- c ○ Am Freitag von 9–13 Uhr, am Samstag und Sonntag jeweils von 9–17 Uhr.

4 Was soll man tun?
- a ○ Man soll rechtzeitig losfahren.
- b ○ Man soll sich am Flughafen über die Flüge informieren.
- c ○ Man soll sich im Internet nach der aktuellen Verkehrssituation erkundigen.

5 Das ist Werbung für ...
- a ○ ein Modeltraining.
- b ○ einen kostenlosen Friseurbesuch.
- c ○ den Friseurberuf.

LERNTIPP Lesen Sie vor dem Hören jeweils die Fragen und Antworten a–c genau durch. Markieren Sie dabei wichtige Informationen und Unterschiede.

E Reklamation

E2 23 Ergänzen Sie.

a Ich möchte Sie jetzt zum letzten Mal auffordern, mir bis 31.03. zu antworten.
b Leider funktioniert die Uhr, die ich gestern gekauft habe, nicht. Bitte schicken Sie mir einen E_____. Ich habe A__sp____ auf eine neue Uhr.
c Als ich das Paket öffnete, musste ich leider feststellen, dass das Gerät b____ä___t ist.
d Ich habe Ihnen jetzt schon zweimal geschrieben, ohne eine Antwort zu erhalten. Das ist wirklich sehr ä_g__l___.
e Der Pullover ist schön, aber leider passt er meinem Mann nicht. Ich möchte ihn daher gern in eine Nummer größer u__a______.
f Leider habe ich immer noch keine A___o__ erhalten.
g Bitte b__t___g__ Sie mir schriftlich, dass Sie meine Reklamation erhalten haben.
h Das ist wirklich ärgerlich. Ich bin von Ihrem Service sehr e__t______.

E2 24 Eine schriftliche Reklamation

Schreibtraining

a Was bedeuten die Sätze? Ordnen Sie zu.

So schreibt man:

1 ◯ Am 16.2. haben Sie mir ... geliefert.
2 (c) Leider musste ich feststellen, dass ... defekt ist.
3 ◯ Ich habe Ihnen schon zweimal ein E-Mail geschrieben und Sie gebeten, mir einen Ersatz zu schicken.
4 ◯ Leider habe ich immer noch keine Antwort erhalten.
5 ◯ Ich muss sagen, Ihr Service hat mich sehr enttäuscht.
6 ◯ Ich möchte Sie zum letzten Mal auffordern, mir bis ... einen Ersatz zu schicken.
7 ◯ Wenn ich bis ... nichts von Ihnen höre, dann nehme ich die Bestellung zurück.

So sagt man:

a Wenn ich bis ... nichts gehört habe, dann will ich den/die ... nicht mehr haben.
b Ich habe Ihnen schon zweimal geschrieben und gesagt, dass ich eine(n) neue(n) ... möchte.
c Schade. Der/Die ... ist kaputt.
d Ich sage es Ihnen jetzt noch ein letztes Mal: Bitte schicken Sie mir spätestens am ... eine(n) neue(n) ...
e Ich habe wirklich gedacht, dass Ihr Service viel besser ist.
f Ich bin enttäuscht, dass ich immer noch nichts von Ihnen gehört habe.
g Ich habe am 16. Februar von Ihnen ... bekommen.

b Wählen Sie eine Situation und schreiben Sie eine Reklamation wie in a. Die Sätze 1–7 helfen Ihnen.

1
Kopfhörer bestellt – schon bezahlt – funktioniert leider nicht – zurückgeschickt – noch keinen Ersatz bekommen – bitte Ersatz bis ... schicken

2
Laptoptasche bestellt – Tragriemen nach einer Woche kaputt – zurückschicken – umtauschen oder Ersatz – bitte Reklamation bestätigen

Sehr geehrte Damen und Herren,
am 12.3.20..
...
Mit freundlichen Grüßen

Test Lektion 6

1 Ergänzen Sie.

1 ___ /5 Punkte

WÖRTER

Ich war j a h r e l a n g (a) angestellt, aber irgendwann war ich unzufrieden und habe mich e _ t _ _ _ l _ s _ _ n (b): Ich mache mich selbstständig und g _ _ _ d _ (c) eine Firma. Ein paar Freunde, die gute G _ _ _ _ ä _ _ _ l _ _ _ e (d) sind, helfen mir dabei. Ich glaube nicht, dass es ein f _ _ _ _ z _ _ _ _ _ s (e) Risiko ist. Im Gegenteil, ich denke es l _ _ _ t (f) sich.

___ 0–2 / 3 / 4–5

2 Schreiben Sie Sätze mit *damit* oder – wenn möglich – *um ... zu.*

2 ___ /3 Punkte

GRAMMATIK

a Erika lernt Englisch. Sie möchte ausländische Kunden besser verstehen.
b Tomás macht eine Weiterbildung. Er will seine kommunikativen Kompetenzen verbessern.
c Frau Steiler arbeitet nur halbtags. Die Kinder sind dann nicht allein, wenn sie aus der Schule kommen.
d Rodolfo arbeitet diese Woche zwei Tage von daheim aus. Seine Frau kann eine Fortbildung machen.

a Erika lernt Englisch, um ausländische Kunden besser zu verstehen.

3 Ergänzen Sie: *ohne ... zu* oder *statt ... zu.*

3 ___ /4 Punkte

a Wenn man diskutieren und streiten kann, ohne alles persönlich zu nehmen, dann ist man konfliktfähig.
b Man ist kompromissfähig, wenn man sich in Streitfragen mit jemandem einigt, ___ ergebnislos ___ streiten.
c Ein guter Chef ist jemand, der eine Firma leitet, ___ sich selber zu wichtig ___ nehmen.
d Wer teamfähig ist, arbeitet gern mit Kollegen zusammen, ___ immer alles nur allein ___ machen.
e Flexibel ist jemand, der sich schnell und ohne Probleme an neue Situationen gewöhnen kann, ___ gestresst ___ sein.

___ 0–3 / 4–5 / 6–7

4 Vor dem Bewerbungsgespräch. Was ist richtig? Kreuzen Sie an.

4 ___ /4 Punkte

KOMMUNIKATION

a ○ Du könntest zum Beispiel ☒ An deiner Stelle würde ich heute noch ein bisschen über die Firma im Internet recherchieren.

b ○ Wie wäre es, wenn ○ Ich kann dir nur raten, du dir ein paar Fragen für das Bewerbungsgespräch morgen überlegst?

c ○ Was hältst du davon, ○ Du könntest zum Beispiel fragen, wie groß das Team ist oder welche Aufgaben du bekommst?

d ○ An deiner Stelle würde ich ○ Ich kann dir nur raten, du selber zu sein. Das ist das Allerwichtigste.

e ○ Wie wäre es, wenn ○ Was hältst du davon, heute am Abend essen zu gehen? Das bringt dich auf andere Gedanken.

___ 0–2 / 3 / 4

Fokus Beruf: Kundenwünsche

40–42 **1 Ingrid Tichy hat die Hochzeit ihrer Tochter organisiert. Etwas hat nicht funktioniert.**
Hören Sie drei Telefongespräche. Wer spricht mit wem? Ergänzen Sie: Kundin (K), Angestellte in der Bäckerei (A), Fahrer der Bäckerei (F).

Gespräch 1: K + …… Gespräch 2: …… + …… Gespräch 3: …… + ……

40–42 **2 Was ist wann passiert? Hören Sie noch einmal und ordnen Sie.**

- ◯ Die Bäckerei liefert eine neue Torte. Frau Tichy muss nur die Hälfte zahlen.
- (1) Frau Tichy bestellt eine Torte für die Hochzeit ihrer Tochter.
- ◯ Frau Tichy ruft die Bäckerei an und beschwert sich.
- ◯ Der Fahrer sagt, er hat keine Zeit, die Torten auszutauschen.
- ◯ Der Fahrer liefert die falsche Torte.
- ◯ Die Angestellte in der Bäckerei ruft den Fahrer an.
- ◯ Die Angestellte erklärt Frau Tichy, was passiert ist, und bietet ihr eine neue Torte mit 30 % Rabatt an.
- ◯ Der Fahrer sagt, dass er die Torten verwechselt hat.
- ◯ Frau Tichy ist nicht einverstanden.

3 Arbeiten Sie zu dritt. Wählen Sie je eine Rolle und spielen Sie drei Telefongespräche.

A **Kundin/Kunde**
Sie machen heute eine Gartenparty. Sie haben beim Getränkeservice *Getränkeblitz* drei Kisten Limonade und vier Kisten Bier bestellt.

B **Angestellte/Angestellter**
Sie arbeiten bei der Firma *Getränkeblitz* und bekommen einen Beschwerdeanruf von einer Kundin. Sie können nicht direkt helfen. Sie müssen erst mit dem Fahrer reden und rufen die Kundin dann zurück.

C **Fahrerin/Fahrer**
Sie arbeiten als Fahrer/in für die Firma *Getränkeblitz*. Sie haben für die Gartenparty sieben Kisten Bier geliefert.

GESPRÄCH 1: Kundin/Kunde und Angestellte/Angestellter

Ich habe bei Ihnen … bestellt.	*Oh, das tut mir leid.*
Jetzt ist die Lieferung gekommen, aber …	*Da ist wahrscheinlich ein Fehler/ein Irrtum passiert.*
Ich glaube, Sie haben einen Fehler gemacht.	*Ich rufe sofort meine Kollegin/meinen Kollegen an.*
Ich habe … bestellt und nicht …	*Bitte geben Sie mir Ihre Handynummer, ich rufe Sie gleich zurück.*

GESPRÄCH 2: Angestellte/Angestellter und Fahrerin/Fahrer

Frau/Herr … hat angerufen.	*Oje, da habe ich wahrscheinlich einen Fehler gemacht.*
Du hast ihm/ihr … statt … geliefert.	*Da habe ich wahrscheinlich was verwechselt.*
Wir machen Folgendes: …	*Was machen wir denn jetzt?*
Ich rufe an und frage nach, ob das okay ist.	*Ich könnte …*

GESPRÄCH 3: Angestellte/Angestellter und Kundin/Kunde

Es tut mir furchtbar leid.	*Ja, damit bin ich einverstanden.*
Meine Kollegin / Mein Kollege hat einen Fehler gemacht.	*Nein, tut mir leid. Das war doch Ihr Fehler, nicht meiner.*
Wir könnten Ihnen …	*Ich mache Ihnen einen anderen Vorschlag: …*
Selbstverständlich geben wir Ihnen einen Preisnachlass.	

A ... **nicht nur** Lärm, **sondern auch** Dreck.

A1 **1 Ergänzen Sie.**

a Wenn zwei Personen oder Firmen einen Konflikt nicht selber lösen können, dann nehmen sie sich einen R_ch_ _a_w_l_ und es kommt vielleicht zu einem P_ _z_ _s vor G_r_ _ _.

b An Sonn- und Feiertagen soll man auf seinem G_u_ _s_ü_ _ nicht den R_s_ _ mähen, denn das macht zu viel L_ _m. Deswegen ist es in den B_ _d_ _ _ä_d_r_ nicht überall erlaubt: In vielen Orten ist es verboten.

A1 **2 Ordnen Sie zu.**

sondern haben auch viel Humor | aber nur mit netten Mitbewohnern. | oder eine neutrale Person um Hilfe bitten | ~~aber Katzen finde ich einfach lieber.~~ | oder einen Single | aber manche Probleme kann man nicht allein lösen

a Ich mag den Hund meiner Nachbarin zwar gern, *aber Katzen finde ich einfach lieber*.

b Bei Schwierigkeiten mit Nachbarn sollte man die Probleme entweder selber lösen ________________.

c Anwälte kosten zwar Geld, ________________.

d Als Nachbarn hätte ich gern entweder ein älteres Ehepaar ________________.

e Unsere Nachbarn sind nicht nur sehr sympathisch, ________________.

f Ich würde zwar gern in einer Wohngemeinschaft leben, ________________.

A1 **3 Unser Traumhaus! Schreiben Sie Sätze.**

a wir – viel Ruhe haben / eine schöne Aussicht (nicht nur ..., sondern auch)

b unser Haus – sehr klein sein / richtig hell (zwar ..., aber)

c wir – mietfrei leben / wenig Geld für das Essen brauchen (nicht nur ..., sondern auch)

d wir – in unserem Baumhaus leben wollen / auf einem Bauernhof (entweder ... oder)

e wir – eine Dusche haben / eine Badewanne (nicht nur ..., sondern auch)

f in unserem Haus – nicht immer alles aufgeräumt sein / wir gern dort leben (zwar ..., aber)

a *Wir haben nicht nur viel Ruhe, sondern auch eine schöne Aussicht.*

4 Ordnen Sie zu.

A1

nicht nur | entweder | aber | ~~zwar~~ | auch | sondern | oder

a Ich habe *zwar* keine Lust, mich mit meinen Nachbarn zu streiten, ……… wenn sie am Sonntag Rasen mähen, dann ärgert mich das sehr.
b ……… Sie schalten in der Nacht die Musik leise, ……… wir gehen zum Anwalt.
c Ich habe ……… guten Kontakt mit allen meinen Nachbarn im Haus, ……… bin mit einigen ……… gut befreundet.

5 Meine Traumwohnung. Schreiben Sie mindestens fünf Sätze.

A1

Meine Traumwohnung sollte nicht nur …
Ich brauche zwar kein/e/en …
Ich hätte gern entweder …

Meine Traumwohnung sollte nicht nur groß sein, sondern auch einen Balkon haben.

6 So war es bei uns – und bei euch? Ordnen Sie zu.

A3

war ich zuständig für | wir mussten entweder | was war bei euch üblich | Musste man | das bei euch auch so | ~~wir mussten zwar nicht~~

◆ In der Schule in meinem Heimatland mussten wir alle aufstehen, wenn die Lehrerin in die Klasse gekommen ist. War ……… (a), Salim?
○ Na ja, *wir mussten zwar nicht* (b) aufstehen, aber wir mussten alle miteinander „Guten Morgen, Frau Lehrerin" sagen.
◆ Tarek, und ……… (c) in der Schule?
▲ Fast alle in der Klasse hatten eine kleine Aufgabe. Zum Beispiel ……… (d) den Mist. Ich musste jeden Tag nach dem Unterricht den Mistkübel ausleeren. ……… (e) das bei euch in der Schule nicht?
◆ Doch, ……… (f) eine Aufgabe in der Klasse übernehmen oder nach dem Unterricht der Lehrerin helfen, zum Beispiel die Bücher ins Lehrerzimmer tragen.

7 Familienleben. Markieren Sie noch acht Wörter und ordnen Sie zu.

A4

(WÜTEND)JHDEIGENTUMLSRCVVERBOTTESZENTRALERUBCRTSCHREIT
ENTDECKTPQWDFTPFLICHTENGIEQGRUNDSTÜCKLQSJMITEINANDER

a Wenn wir ……… streiten, wird meine Schwester oft sehr *wütend*. Manchmal ……… sie so laut, dass unsere Mutter kommt.
b Wenn wir als Kinder in der Familie nicht unsere ……… im Haushalt erfüllt haben, dann haben wir oft Fernseh ……… bekommen.
c Meine Eltern haben ein kleines ……… in unserem Dorf in ……… Lage gekauft. Es ist jetzt unser ……… und meine Eltern wollen mit unseren Großeltern zusammen dort ein kleines Haus bauen.
d Wir haben in der Nähe unserer Wohnung einen schönen kleinen Stadtpark ……… .

B **Hätte** ich bloß nichts **gesagt**!

B1 **8 Was wünschen sich die Leute? Ordnen Sie zu.**

Wäre ich doch vorsichtiger Ski gefahren! | Hätte ich bloß mein Handy mitgenommen! | Hätte ich doch einen Regenschirm mitgenommen!

A

....

B

....

C

....

B1 **9 Ergänzen Sie in der richtigen Form: *wäre – hätte*.**

a *Hätte* ich doch mehr Rücksicht genommen!
b .... ich doch aufmerksamer gewesen!
c .... du doch nur nicht ins Ausland gegangen!
d .... ihr bloß vorher einen Rechtsanwalt gefragt!
e .... doch nur nettere Leute in die Nachbarwohnung gezogen!
f .... sie bloß früher aufgehört zu streiten!

B2 **10 Was wünscht man sich in diesen Situationen?**
Schreiben Sie die Sätze neu mit *nur – doch – (doch) bloß*.

a Ich habe meinen Wecker nicht gestellt.
Hätte ich doch meinen Wecker gestellt!
b Ich habe den Schlüssel in der Wohnung vergessen.
....
c Sie hat den Zug verpasst.
....
d Wir haben nicht an den Geburtstag von unserer Oma gedacht.
....
e Ich habe meine Geldtasche verloren.
....
f Ich bin im Bus eingeschlafen.
....
g Wir haben nicht rechtzeitig eingekauft.
....

◇ B2 **11 Ergänzen Sie in der richtigen Form.**

a Hätten wir doch nur ein Grundstück im Grünen gefunden! (finden)
b .... meine Nachbarn doch nicht mit diesem Prozess ....! (beginnen)
c .... ihr doch bloß früher ....! (kommen)
d .... er doch nur nicht diesen lauten Rasenmäher ....! (kaufen)
e .... du nur nicht aufs Land ....! (übersiedeln)

❖ B2 **12 Überraschung! Schauen Sie das Bild an und schreiben Sie Sätze.**

~~zum Friseur gehen~~ die Wohnung aufräumen
einkaufen sich umziehen
das Geschirr abwaschen die Wäsche aufhängen
das Bett machen früher aufstehen ...

Wäre ich doch nur zum Friseur gegangen!
Hätte ich doch nur ...

B2 **13 Hören Sie und sprechen Sie nach.**

43 Phonetik

a Hätte ich nur eine schöne, bezahlbare Wohnung gefunden!
b Hätte mein Vermieter nur nicht die Miete erhöht!
c Wären die Miesbergers doch nicht hierhergezogen!
d Wären doch bloß nettere Nachbarn eingezogen!
e Wäre ich bloß zum Rechtsanwalt gegangen!
f Hätte er sich doch nicht über uns beschwert!

B3 **14 Machen Sie eine Tabelle und ordnen Sie zu.**

~~Das tut mir furchtbar leid.~~ Tatsächlich? Ich hätte da eine Bitte. Wir haben doch ausgemacht, dass ...
Meinetwegen. Das ist ja eine Frechheit! Echt? Das ist mir noch gar nicht aufgefallen.
Es wäre schön, wenn Sie da etwas Rücksicht nehmen könnten. Sicher, geht in Ordnung.
Das ist ja lächerlich! Daran habe ich noch gar nicht gedacht. Okay, von mir aus.

höflich Kritik äußern	....
auf Kritik erstaunt reagieren	....
auf Kritik freundlich reagieren	Das tut mir furchtbar leid.
auf Kritik verärgert reagieren	....

B3 15 Ärger mit den Nachbarn

Schreib-training **a** Sie haben seit einiger Zeit ein Problem mit Ihrer Nachbarin / Ihrem Nachbarn. Sie haben schon mit ihr/ihm darüber gesprochen. Es hat sich aber nichts geändert.

Schauen Sie das Bild an und schreiben Sie ein E-Mail. Erklären Sie, was Sie stört und beschweren Sie sich höflich.

Liebe Frau ... / Lieber Herr ...,
letzte Woche habe ich Ihnen gesagt, dass es mich sehr stört, wenn ...
Ich hätte da eine Bitte: Wäre es vielleicht möglich, dass ...
Es wäre schön, wenn ...
Ich bin mir sicher, dass wir dieses Problem gemeinsam lösen können.
Vielen Dank für Ihr Verständnis.
Mit lieben Grüßen
...

Lieber Herr Müller, letzte Woche ...

Prüfung **b** Sie haben in Ihrer Wohnung Geburtstag gefeiert. Leider waren Ihre Gäste bis 2 Uhr in der Früh so laut, dass die Nachbarn sogar die Polizei gerufen haben.

Schreiben Sie ein E-Mail an Ihre Nachbarn. Entschuldigen Sie sich höflich und laden Sie Ihre Nachbarn als Entschuldigung zu einem kleinen Essen in Ihre Wohnung ein. Schreiben Sie circa 40 Wörter. Vergessen Sie nicht die Anrede und den Gruß am Schluss.

B3 16 Wie heißen die Wörter? Ordnen Sie zu.

herda | landdesBun | lichsächtat | ~~sammerkauf~~ | lichfried

a Der Sohn von meinen Nachbarn ist sehr nett und aufmerksam. Er trägt mir immer meine schweren Einkaufssackerl rauf in den 4. Stock.
b Komm, setz dich doch ....
c Haben deine Nachbarn bei der Party .... die Polizei gerufen? War es so laut?
d Ich will nicht streiten, sondern mit allen meinen Nachbarn .... zusammenleben. Das ist mir wichtig.
e Ich verstehe meine neue Nachbarin schlecht. Sie ist aus einem Dorf in einem anderen .... in unsere Stadt gezogen und spricht einen starken Dialekt.

C Wohnungssuche

Wiederholung A2, L5

17 Freundinnen im Gespräch. Ordnen Sie zu.

mit | dafür | ~~für~~ | darauf | mit | Worüber | für | wofür

a ◆ Was ist denn los? ______ (1) ärgerst du dich denn so?
○ Paul nervt mich. Er interessiert sich nur *für* (2) Fußball, und ______ (3) interessiere ich mich überhaupt nicht! Am Wochenende sitzt er dauernd vor dem Fernseher, im Stadion oder spielt selber mit seiner Mannschaft!
◆ Und ______ (4) interessierst du dich?
○ Auf alle Fälle nicht ______ (5) Fußball!

b ◆ He, warum bist du denn so nervös? Du hörst mir ja gar nicht mehr zu!
○ Weißt du, ich bin heute am Abend zum ersten Mal ______ (1) Simon verabredet und freue mich schon den ganzen Tag ______ (2)!
◆ Und wo triffst du dich ______ (3) ihm?

C1

18 Person oder Sache? Was ist richtig? Kreuzen Sie an.

Grammatik entdecken

	Worum?	Um wen?
a Ich kümmere mich um meine Großeltern.	○	☒
b Ich kümmere mich um unseren Garten.	○	○
	Worüber?	**Über wen?**
c Ich habe mich über den kaputten Lift beschwert.	○	○
d Ich habe mich über den Kellner beschwert.	○	○
	Worauf?	**Auf wen?**
e Ich freue mich auf unsere neue Wohnung mit Terrasse.	○	○
f Ich freue mich auf meine Tochter. Sie kommt morgen.	○	○

LERNTIPP Lernen Sie Frage und Antwort zusammen: *Worauf freust du dich? – Auf meinen Geburtstag. Auf wen freust du dich? – Auf meine Oma.*

C1

19 Ordnen Sie zu und schreiben Sie Fragen.

~~sich interessieren~~ | sich treffen | sich ärgern | sich kümmern | sich freuen | warten

a ◆ *Wofür interessierst du dich* ? ○ Für europäische Geschichte.
b ◆ ______ ? ○ Um meine kranke Tante.
c ◆ ______ ? ○ Auf meinen Bus.
d ◆ ______ ? ○ Mit meinen Freunden.
e ◆ ______ ? ○ Über das dreckige Zimmer.
f ◆ ______ ? ○ Über den Besuch meiner Eltern.

C2

20 Wohnungssuche. Ergänzen Sie.

◆ *Worüber* (a) freust du dich denn so?
○ Ich freue mich ______ (b), dass mein Mann und ich endlich einen Kompromiss bei der Wohnungssuche gefunden haben.
◆ Habt ihr eine neue Wohnung gesucht? ______ (c) hast du mir noch gar nichts erzählt.
○ Na ja, es war so: Mein Mann wollte unbedingt eine Wohnung in der Nähe von seinem Büro in der Innenstadt mieten. Aber ich träume seit Jahren ______ (d), aufs Land zu ziehen. Wir haben viel ______ (e) dieses Thema gesprochen und auch gestritten. Aber jetzt haben wir eine schöne und wesentlich günstigere Wohnung mit Terrasse am Stadtrand gefunden. Jetzt sind wir beide sehr zufrieden ______ (f) dieser Alternative.

C2 **21 Keine Angst vor Verträgen**

Prüfung **a** Ordnen Sie zu.

Kaution | Mietzeit und Kündigungsfrist | Hausordnung | Miete | Untervermietung | ~~Mieträume~~

Mietvertrag **Der (Die) Vermieter** Hans Wakounig **wohnhaft in** Freidlg. 80, 9400 Wolfsberg
und der (die) Mieter Maher Al-Ghabi

schließen folgenden Mietvertrag:

§1 Mieträume

1. Im Haus Freidlg. 80, 9400 Wolfsberg
(Straße, Haus-Nr., PLZ, Ort)
werden folgende Räume vermietet: 2 Zimmer, 1 Küche/Kochnische, 1 Bad/Dusche/WC,
– Dachboden, – Kellerräume, – Garage/Stellplatz

2. Die Wohnfläche beträgt 46 qm.

§2 ______

Das Mietverhältnis beginnt am: 01.03.20.., es läuft auf unbestimmte Zeit.
Das Mietverhältnis kann bis zum 3. Werktag eines Monats gekündigt werden.
Das Mietverhältnis wird dann zum Ende des übernächsten Monats aufgehoben.

§3 ______

Die Miete beträgt monatlich: 320,00 Euro.
Zusätzlich zur Miete bezahlt der Mieter für die Nebenkosten (Strom und Warmwasser) eine Vorauszahlung in Höhe von 65,00 Euro monatlich.
Der Gesamtbetrag der Miete in Höhe von monatlich 385,00 Euro ist auf das Konto IBAN: AT52 3224 0000 1987 6689 17 des Vermieters zu zahlen.

§4 ______

Bei Abschluss des Mietvertrags wird dem Mieter Anlage 2 des Mietvertrags mit den Rechten und Pflichten der Bewohner übergeben.

§5 ______

Die Überlassung der Wohnung an Dritte ist nur mit Erlaubnis des Vermieters möglich.

§6 ______

Der Mieter zahlt bei Mietbeginn eine Kaution in Höhe von drei Monatsmieten, das sind: 960,00 Euro.

b Was bedeutet das? Verbinden Sie.

1 auf unbestimmte Zeit — a beenden
2 Gesamtbetrag — b ohne Frist
3 (ein Mietverhältnis) aufheben — c Summe

c Lesen Sie den Text noch einmal. Entscheiden Sie, ob die Aussagen 1–5 richtig oder falsch sind.

	richtig	falsch
1 Herr Al-Ghabi hat einen unbefristeten Mietvertrag.	○	○
2 Für die Nebenkosten zahlt er 65 Euro im Monat.	○	○
3 Er überweist jeden Monat 385 Euro auf das Konto des Vermieters.	○	○
4 Er darf seine Wohnung ohne zu fragen an andere Personen weitervermieten.	○	○
5 Er muss innerhalb der ersten drei Monate eine Kaution bezahlen.	○	○

D Fernbeziehungen

C2 **22 Eine Radiosendung**

44 **a** Was ist das Thema der Sendung? Hören Sie und kreuzen Sie an.

○ So kümmern sich Großeltern um ihre Enkelkinder.
○ So schaut der Alltag in einem Mehrgenerationenhaus aus.

45–47 **b** Was ist richtig? Hören Sie weiter und kreuzen Sie an.

1 ○ Obwohl Frau Wimmer 75 Jahre alt ist, fühlt sie sich fit.
○ Im Garten arbeiten hauptsächlich die Eltern und Kinder.
2 ○ Die Kinder von Familie Dreier haben keine Großeltern mehr.
○ Im Wohnzimmer im Dachgeschoß werden oft Feste gefeiert.
3 ○ Frau Hausmann ist schon länger in der Stadt.
○ Die Kinder interessieren sich sehr für Frau Hausmanns Job.

D1 **23 Bilden Sie Wörter und ordnen Sie zu.**

~~ung~~ lich der ~~Be~~ ten ver Schwie teil ~~zieh~~ rig Wie keiten ständ sehen meis Nach

a Meine Freundin und ich haben eine gute Beziehung. Manchmal gibt es natürlich auch ______________, aber dann besprechen und lösen wir das Problem gemeinsam.

b Der große ______________ unserer Fernbeziehung ist, dass wir uns unter der Woche nicht sehen. Natürlich fehlt mir dann mein Partner. Das ist doch ______________. Aber es gibt noch eine andere Seite daran: das ______________ ist umso schöner!

c Wir wollen wie die ______________ Paare, die voneinander getrennt leben, irgendwann in einer Stadt wohnen – und in einer Wohnung!

D2 **24 Schreiben Sie Sätze mit *obwohl*.**

a Trotz der großen Distanz haben Nicole und Michael eine gute Beziehung. (sein)
b Trotz einiger Schwierigkeiten kann eine Fernbeziehung gut funktionieren. (es gibt)
c Trotz einiger Nachteile finde ich Fernbeziehungen gut. (es gibt)
d Trotz eines Jobangebots will ich nicht nach Vöcklabruck ziehen. (bekommen)
e Trotz der schnellen Züge dauert das Heimfahren am Wochenende sehr lang. (sein).

a Obwohl die Distanz groß ist, haben Nicole und Michael eine gute Beziehung.

D4 **25 Ordnen Sie zu.**

~~vor zwei Jahren~~ kann ich mir gut vorstellen mir ist wichtig würde mir fehlen das war nichts für mich

◆ Viele Studierende in Österreich wohnen in einer Wohngemeinschaft. Hast du das auch schon einmal gemacht?
○ Ja, vor zwei Jahren habe ich das schon einmal probiert. Aber ______________.
◆ Warum denn?
○ Weißt du, ______________, dass ich daheim meine Ruhe habe. In dieser WG mit vier Leuten war es immer so laut.
◆ Ja, das ______________! Aber ich glaube, ein bisschen Spaß ______________ – so allein in der Wohnung.

Test Lektion 7

1 Bilden Sie Wörter und ordnen Sie zu.

1 ____ / 7 Punkte

ras ~~wü~~ Frech an Rechts Ter heit walt Grund se Stadt zess Ge ~~tend~~ rand richt Pro stück

a Konflikte: wütend, ____
b Wohnen: ____

● 0–3 ● 4–5 ● 6–7

WÖRTER

2 Ordnen Sie zu.

2 ____ / 5 Punkte

sondern auch zwar aber ~~entweder~~ nicht nur oder

a Meine kleine Schwester hatte oft in der Nacht Angst. Darum ist sie meistens entweder zu meinen Eltern ____ zu mir ins Bett gekommen.
b In meiner Familie war es üblich, dass jeder mehrere Aufgaben hatte: Ich war z. B. ____ für das Einkaufen, ____ für das Frühstück zuständig.
c Mein Bruder war ____ der Jüngste, ____ auch der Lauteste in der Familie.

3 Ergänzen Sie in der richtigen Form.

3 ____ / 4 Punkte

a Hätte ich bloß besser aufgepasst! (aufpassen)
b ____ wir doch nur mehr Zeit ____! (haben)
c ____ er bloß früher ____! (kommen)
d So ein Stau! ____ wir doch mit dem Zug ____ (fahren) und ____ nicht das Auto ____! (nehmen)

● 0–4 ● 5–7 ● 8–9

GRAMMATIK

4 Ordnen Sie zu.

4 ____ / 5 Punkte

hätte da eine Bitte Wir haben doch ausgemacht Sie etwas Rücksicht nehmen könnten ~~ist ja lächerlich~~ daran habe ich gar nicht gedacht tut mir furchtbar leid

a ◆ Ihre Musik ist zu laut. Es wäre schön, wenn ____. Mich stört der Lärm.
○ Das ist ja lächerlich! Die Musik ist doch nicht laut!

b ◆ Ich ____: Könnten Sie Ihr Auto da wegfahren? Es steht direkt vor meiner Terrasse.
○ Oh ja, entschuldigen Sie bitte. Das ____.

c ◆ ____, dass wir uns erst morgen treffen.
○ Stimmt, ____.

● 0–2 ● 3 ● 4–5

KOMMUNIKATION

Fokus Alltag: Eine Wohnungsanzeige aufgeben

1 Wohnungsanzeigen. Was bedeuten die Abkürzungen? Ordnen Sie zu.

Zi. max. inkl. Hzg. Tel. Whg. MM Balk. qm NK ~~EG~~ EBK Kü. su. gü.

a Erdgeschoß EG
b Telefon ……
c Balkon ……
d Quadratmeter ……
e Nebenkosten ……
f Einbauküche ……
g suche ……
h inklusiv(e) ……
i Monatsmiete ……
j Küche ……
k Heizung ……
l Zimmer ……
m Wohnung ……
n maximal ……
o günstig ……

48–50 **2 Welche Anzeigen haben die Personen aufgegeben?**
Hören Sie drei Gespräche und ordnen Sie zu.

Gespräch	1	2	3
Anzeige			

A Su. 3–4 Zi.-Whg., EG oder mit Balk., bis max. 750 € inkl. NK, Chiffre mr/370

B Frau m. Hund su. gü. 3-Zi.-Whg. m. Garten bis max. 750 € MM inkl. NK. Chiffre jr/487

C Jg. Fam. su. 3–4 Zi.-Whg. od. Haus m. Garten od. Balk. Tel.: 0176/9534165

D Fam. m. Hund su. gü. Whg. od. Haus bis max. 750 €. Tel.: 408 09 73

E Fam. su. gr. Whg. od. Haus bis max. 750 MM inkl. NK. Tel.: 5080973

F Su. gr. Haus m. Garten. Tel.: Chiffre bg/279

G Junge Fam. su. gü. 3-Zi-Whg. Chiffre ik/141

3 Ihre Traumwohnung

a Wählen Sie eine Wohnung / ein Haus und schreiben Sie eine Anzeige.

1

2

3

b Arbeiten Sie zu zweit. Geben Sie die Anzeige Ihrer Partnerin / Ihrem Partner. Zu welcher Wohnung / welchem Haus passt die Anzeige?

c Warum möchten Sie in dieser Wohnung / in diesem Haus wohnen? Sprechen Sie mit Ihrer Partnerin / Ihrem Partner.

1 Glück im Alltag

FOTO-HÖRGESCHICHTE

1	• das Erlebnis, -se		Manfred Stöger erzählt Ella von seinem Glückserlebnis.
	• der Artikel, -		Ellas Artikel wird pünktlich fertig.
3	weg sein (ist weg gewesen)		So lange, bis viel Geld weg war.
4	• die Religion, -en		In meiner Religion ist Glücksspiel verboten.

ELLAS KOLUMNE

	• die Überraschung, -en		Dann kam die ganz große Überraschung.
	verrückt		Es ist echt verrückt gewesen.
	• der Gewinn, -e		Der Gewinn war eine Million.
	• die Steuer, -n		Eine Million. Steuerfrei!
	• die Stimme, -n		Ich sah die Zahl 14 und eine Stimme fragte: ...
	setzen (sich) (hat sich gesetzt)		Dann habe ich mich zum Roulettetisch gesetzt.
	• der Mut (Sg.)		Zu viel Mut tut selten gut.
	mutig		Mutig, oder?

A

A2	• die Meldung, -en		Lesen Sie die Zeitungsmeldungen.
	• die Überschrift, -en		Ordnen Sie die Überschriften zu.
	während		Während der Mann tankte, wollte die Frau schnell Getränke kaufen.
	verschwinden		Als sie wieder zum Auto kam, war ihr Mann verschwunden.
	mehrer-		Die Frau wartete mehrere Stunden umsonst auf ihren Mann.
	umsonst		Die Frau wartete mehrere Stunden umsonst auf ihren Mann.
	steigen (in) (ist gestiegen)		Passend gekleidet für ... stiegen sie letzten Monat in Wien ins Flugzeug.
	wundern (sich) (hat sich gewundert)		Sie wunderten sich zwar, als sie in Portland ... umsteigen mussten, trauten sich aber nicht, die Flughafenmitarbeiter darauf anzusprechen.

Lernwortschatz

	zwar		Sie wunderten sich zwar, als sie ... umsteigen mussten, trauten sich aber nicht, die Flughafenmitarbeiter darauf anzusprechen.
	trauen (sich (hat sich getraut)		..., trauten sich aber nicht, die Flughafenmitarbeiter anzusprechen.
	beid-		Die Überraschung war dann groß, als die beiden schließlich ihr Ziel erreichten.
	erreichen (hat erreicht)		Die Überraschung war dann groß, als die beiden schließlich ihr Ziel erreichten.
	tief		Sie landeten im tief verschneiten Montana.
	verwechseln (hat verwechselt) 		Der Vater verwechselte bei der Online-Buchung Sydney (Australien) mit Sidney (USA).
	mittel		... waren letzte Woche auf einer Kreuzfahrt im Mittelmeer.
	einig-		Einige Stunden später sah Tess das Kreuzfahrtschiff abfahren.
	befinden (sich) (hat sich befunden)		Sie glaubte, dass ihr Mann sich an Bord befand.
	nach·denken (hat nachgedacht)		Sie ... sprang ohne nachzudenken ins Wasser und schwamm dem Schiff nach.
	• die Angabe, -n		Nach Polizeiangaben verbrachte die Frau zwei Stunden im Wasser und wurde dann von Fischern gerettet.
	retten (hat gerettet)		Nach Polizeiangaben verbrachte die Frau zwei Stunden im Wasser und wurde dann von Fischern gerettet.
	aus·reichen (hat ausgereicht)		Damit reichte sein Geld aber nicht mehr für den Lottotipp aus.
A3	• der Ärger (Sg.)		Eine Geburtstagsparty sorgte für großen Ärger.
	folgen (ist gefolgt)		Über 500 Gäste folgten der Einladung.
	zumindest		So dachte zumindest die 17-jährige Julia R.

	unabsichtlich	Dabei bemerkte sie nicht, dass sie die Einladung unabsichtlich öffentlich verbreitete.
	ab·sagen (hat abgesagt)	Man sagte die Feier ab.
	rufen (hat gerufen)	... und zwar so laut, dass Julias Eltern ... die Polizei riefen.
	ab·sperren (hat abgesperrt) 	Die Polizei sperrte die Straße ab.
	fest·nehmen, du nimmst fest, er nimmt fest (hat festgenommen)	... und die Polizei musste sogar zwei junge Leute festnehmen.
A4	betrunken	Betrunkener Einbrecher vor dem Fernseher eingeschlafen
	• der Einbrecher, -	Betrunkener Einbrecher vor dem Fernseher eingeschlafen

B

B3	aufregend	Ich fand es als Kind immer sehr aufregend, ...
	witzig	Mein Opa fand es immer sehr witzig, ...
B4	• der Motorroller, - 	Ich war so glücklich, weil ich zum Geburtstag einen Motorroller bekommen habe.

C

C2	verliebt sein 	Frisch verliebt?
	brechen, du brichst, er bricht (ist/hat gebrochen)	... denn er hatte sich einige Zeit vorher den Fuß gebrochen.
	• der Trainer, - / • die Trainerin, -nen	Und dann nahm sein Trainer die Nummer 1 vom Feld ...
	• das Feld, -er	Und dann nahm sein Trainer die Nummer 1 vom Feld ...
	aller-	In der allerletzten Spielminute kam sein Glücksmoment.
	• das Tor, -e 	Er hatte das Tor geschossen.
	fliehen (ist geflohen)	Er war aus Syrien geflohen ...
	schießen (hat geschossen)	Er hatte das Tor geschossen.
C3	best-	Letzten Sommer hat meine beste Freundin ...
	• das Standesamt, ⸚er	Letzten Sommer hat meine Freundin auf dem Standesamt ...

Lernwortschatz

D

D2 • der Schaden, ¨ — Wie hoch ist der Schaden?

übersiedeln (ist übersiedelt) — Ich half einer Bekannten beim Übersiedeln.

• der Vorhang, ¨e  — Ich holte gerade eine lange Vorhangstange aus dem Umzugswagen und wollte sie in die Wohnung tragen.

augenblicklich — Der Blumentopf fiel augenblicklich hinunter ...

beißen (hat gebissen) — Dann biss der Hund meine Bekannte leicht in den Fuß.

erschrecken, du erschrickst, er erschrickt (ist erschrocken) — Sie erschrak so, dass sie die Kartons fallen ließ.

• der Kontakt, -e — Wir möchten mit der Geschädigten Kontakt aufnehmen.

• die Daten (Pl.) — Bitte geben Sie uns Ihre Daten.

• das Gespräch, -e — ... hört man oft in Gesprächen.

• der Bericht, -e — ... liest man oft in der Zeitung, in Berichten, in Büchern, ...

E

E1 • die Mitternacht (Sg.) — Zu Silvester muss man in den zwölf Sekunden vor Mitternacht ... eine Weintraube essen.

E2 • der Stein, -e  — Der Stein in ihrem Büro erinnert sie an einen Wald.

E3 • der Löwe, -n — Aber wenn ich in den Kurs gehe, komme ich immer an einem Steinlöwen vorbei.

Die Zeitung

• die Meldung, -en
• die Überschrift, -en
• der Artikel, -
• der Bericht, -e

• das Interview, -s
• die Information, -en
• die Anzeige, -n

TIPP

Das Wort *als* hat mehrere Bedeutungen.
Schreiben Sie zu jeder Bedeutung einen Satz.

- Wann? Als ich drei Jahre alt war, bekam ich mein erstes Haustier.
- Vergleich: Jan ist älter als Julian.
- Berufsbezeichnung: Er arbeitet als Arzt.

2 Unterhaltung

FOTO-HÖRGESCHICHTE

1	• die Serie, -n	Wenn ich auf einer Party mit Leuten ins Gespräch kommen möchte, frage ich nach ihrer TV-Lieblingsserie.
	• die Folge, -n	Ich liebe „Game of Thrones“! Ich habe alle Folgen gesehen.

ELLAS KOLUMNE

	• der Charakter, -e	Welche Charaktere magst du besonders, welche hasst du?
	obwohl	Es ist erstaunlich, wie viel ich über meine Gesprächspartner erfahre, obwohl wir ja nur übers Fernsehen reden.
	dauernd	Mein Wunschserienheld hätte dauernd Pech.
	• der Verlierer, -	Die Leute würden sagen, er ist ein Verlierer, aber das stimmt nicht, …
	• der Typ, -en	Er ist ein Typ, der immer optimistisch bleibt.
	optimistisch	Er ist ein Typ, der immer optimistisch bleibt.
	• die Figur, -en	Eine der Hauptfiguren wäre eine Köchin, die unglaublich gut kochen kann.
	unglaublich	Eine der Hauptfiguren wäre eine Köchin, die unglaublich gut kochen kann.
	erfinden (hat erfunden)	Ich glaube, man könnte da ziemlich lustige und verrückte Geschichten erfinden.

A

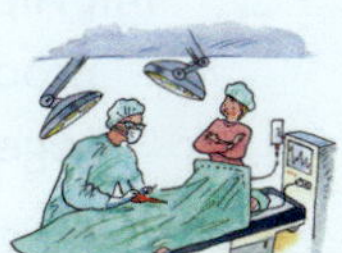

A2	• die Operation, -en	Ich kann keine Operationen und kein Blut sehen.
	• das Blut (Sg.)	Ich kann keine Operationen und kein Blut sehen.
	Kriminal-	Meine Lieblingsserie ist natürlich eine Kriminalserie.
	veröffentlichen (hat veröffentlicht)	Er veröffentlicht alle Fälle im Internet.
	• der Fall, ¨-e	Er veröffentlicht alle Fälle im Internet.

Lernwortschatz

A4	heutig-		Die Serie spielt in der heutigen Zeit.
	handeln (hat gehandelt)		Die Serie handelt von einem Mann / einer Frau ...
	• die Vergangenheit (Sg.)		Claire gerät unabsichtlich zurück in die Vergangenheit.

B

B1	• die Sängerin, -nen		Meine Hauptfigur wäre eine Sängerin, die keinen Erfolg hat.
B2	• die Band, -s 		Kennen Sie andere Bands?
	erfolgreich		Mozart und Beethoven waren in Wien sehr erfolgreich.
	produzieren (hat produziert)		Sie produzieren viele Songs, die auch das Publikum im deutschsprachigen Ausland liebt.
	• der Song, -s		Sie produzieren viele Songs, die auch das Publikum im deutschsprachigen Ausland liebt.
	beschäftigen (sich) (hat beschäftigt)		... die Lieder beschäftigen sich mit verschiedenen Themen.
	völlig		Ihr Stil war völlig neu.
	• der Hit, -s		Ihre Lieder waren völlig neu: mit Texten auf Deutsch, mit denen sie schnell einen Hit nach dem anderen hatten.
	• der Star, -s 		Jetzt sind sie die absoluten Stars in der österreichischen Musikszene.
	• die Szene (Sg.)		Jetzt sind sie die absoluten Stars in der österreichischen Musikszene.
	elektronisch		Mit Hip-Hop meint man elektronisch produzierte Beats mit einem schnell gesprochenen Text.
	sogenannt-		Mit Hip-Hop meint man elektronisch produzierte Beats mit dem sogenannten Rap.
	anfangs		Anfangs sang Skero mit der Linzer Band „Texta“, dann auch mit der Band „Müßiggang“.
	inzwischen		Inzwischen macht er aber alleine Musik, mit der er viel Erfolg hat.
	• der Dialekt, -e		Es gibt auch viele österreichische Künstler, die fast nur im Dialekt singen.

	Wort		Beispiel
	entstehen (ist entstanden)		Das Lied „wir gewinnt" entstand 2015 mit seinem Kollegen Otto Jaus, den er zwei Jahre vorher kennengelernt hatte.
	kritisieren (hat kritisiert)		Die beiden ... kritisieren mit Wortwitz und Humor alltägliche Dinge.
	• der Humor (Sg.)		Die beiden ... kritisieren mit Wortwitz und Humor alltägliche Dinge.
	alltäglich		Die beiden ... kritisieren mit Wortwitz und Humor alltägliche Dinge.
B4	gelingen (ist gelungen)		Hast du einen Freund, dem immer alles gelingt?
	• der Rat (Sg.)		Kennst du jemanden, der dir schon einmal einen wichtigen Rat gegeben hat?
	zuletzt		Erinnerst du dich an die Person, die dir zuletzt etwas geschenkt hat?

C

	Wort		Beispiel
C1	verlassen (hat verlassen)		Die Komödie erzählt die Geschichte von Mohsen Taheri, der seine Heimatstadt Köln verlässt.
	begleiten (hat begleitet)		Auf seiner Reise lernt er Ana aus Ostdeutschland kennen, die ihn begleitet.
	• die Kiste, -n 		Eines Tages wird eine Kiste ans Ufer gespült.
	• das Ufer, - 		Eines Tages wird eine Kiste ans Ufer gespült.
	spülen (hat gespült)		Eines Tages wird eine Kiste ans Ufer gespült.
	außen		Außen steht „Panama" – innen riecht sie nach Bananen.
	innen		Außen steht „Panama" – innen riecht sie nach Bananen.
	begegnen (ist begegnet)		Auf ihrer Reise begegnen sie vielen Tieren und erleben zahlreiche Abenteuer.
	• das Abenteuer, -		Auf ihrer Reise begegnen sie vielen Tieren und erleben zahlreiche Abenteuer.
	bereits		Der 19jährige Roman kommt bereits als Jugendlicher in Kontakt mit Gewalt.

Lernwortschatz

		Beispiel
	• die Gewalt (Sg.)	Der 19jährige Roman kommt bereits als Jugendlicher in Kontakt mit Gewalt.
	erfüllen (sich) (hat erfüllt)	Er will seine Mutter finden und sein Wunsch erfüllt sich.
	jedoch	Sie interessiert sich jedoch nicht für ihn.
	• das Verhältnis, -se	Auch das Verhältnis zu seinem Arbeitskollegen ist nicht einfach.
C2	dafür	Ich bin (auch) dafür. Gute Idee!
	zustimmen (hat zugestimmt)	zustimmen/sich einigen

D

		Beispiel
D1	• die Medien (Pl.)	In Österreich hat man circa 1000 Personen befragt, wie lange sie täglich Medien nutzen.
	knapp	Das Fernsehen ist mit knapp drei Stunden ... nicht mehr auf Platz zwei.
	• der Rundfunk (Sg.)	Für diese Gruppe ist nicht der Rundfunk (Fernsehen und Radio), sondern das Internet mit 3,75 Stunden auf Platz eins.
	doppelt	Für den Durchschnitt aller Österreicher bleibt aber das Radio mit etwas mehr als 200 Minuten (das ist doppelt so viel!) am wichtigsten.

• die Serie, -n

• die Folge, -n

• die Figur, -en

• der Charakter, -e

Unterhaltung

Kriminal-

• der Rundfunk (Sg.)

• das Abenteuer, -

• das Kino, -s

TIPP

Schreiben Sie eine kleine Geschichte mit den Wörtern aus der Lektion.

Meine Geschichte handelt von einem unglaublichen Abenteuer: Ich begegnete in einer Großstadt dem Star aus meiner Lieblingsserie. Unglaublich! Ich war optimistisch, dass ...

3 Gesund bleiben

FOTO-HÖRGESCHICHTE

1	• der Magen, ¨	Sami hat Magenschmerzen.
2	überreden (hat überredet)	Ella kann Sami trotzdem zu einem Spaziergang überreden.
	ausmachen (hat ausgemacht)	Sami erzählt, dass er nach dem Spaziergang schon viel entspannter arbeiten konnte und den Termin beim Arzt schon ausgemacht hat.

ELLAS KOLUMNE

	• das Mittel, -	Sieben ganz einfache Anti-Stress-Mittel
	• der Schlaf (Sg.) 	Zu wenig Schlaf ist einer der schlimmsten Stressfaktoren.
	• der Faktor, -en	Zu wenig Schlaf ist einer der schlimmsten Stressfaktoren.
	nachts 	Wer nachts gut schläft, kann den Stress des Tages viel besser aushalten.
	• die Grundlage, -n	Regelmäßiger gesunder Schlaf ist die Grundlage jeder Entspannung.
	ausreichend	Auf ausreichend Bewegung bei der Arbeit und in der Freizeit sollte besonders geachtet werden.
	achten (hat geachtet)	Auf ausreichend Bewegung bei der Arbeit und in der Freizeit sollte deshalb besonders geachtet werden.
	• das Fett, -e	Gesund essen bedeutet: viel Obst und Gemüse, wenig Fleisch, Fett und Zucker.
	ideal	Drei Mahlzeiten am Tag sind ideal.
	ebenfalls	Zu viel Koffein ist ebenfalls nicht gut für die Entspannung.

A

A1	atmen (hat geatmet)	Gestresste Menschen atmen schnell und flach.
	flach	Gestresste Menschen atmen schnell und flach.
	• die Wirkung, -en	Erleben Sie die positive Wirkung des richtigen Atmens!

Lernwortschatz

	öfter	....	Wer lustig ist und öfter einmal lacht, hat weniger Probleme mit der Entspannung.
	• die Kraft, ¨-e 	....	Dadurch können neue Kräfte gesammelt werden.
	gleichzeitig	....	Machen Sie oft mehrere Dinge gleichzeitig?
	erschöpft	....	Kein Wunder, dass Sie gestresst und erschöpft sind!
	• das Ergebnis, -se	....	So geht sich alles ohne Stress aus und Ihre Ergebnisse sind besser.
	ausgehen (sich) (ist sich ausgegangen)	....	So geht sich alles ohne Stress aus und Ihre Ergebnisse sind besser.
	um·gehen (ist umgegangen)	....	Wenn wir zu wenig oder schlecht schlafen, können wir nicht gut mit Stress umgehen.
A2	auf·wachen (bist aufgewacht) 	....	Ich kann nur schlecht einschlafen und wache in der Nacht dauernd auf.
	• der Mangel, ¨-	....	Durch den Schlafmangel bin ich tagsüber extrem müde und gestresst.
	extrem	....	Durch den Schlafmangel bin ich tagsüber extrem müde und gestresst.
A4	messen, du misst, er misst (hat gemessen)	....	Der Blutdruck muss gemessen werden.
	ab·nehmen, du nimmst ab, er nimmt ab (hat abgenommen)	....	Blut muss abgenommen werden.
	• das Gewicht (Sg.) 	....	Das Gewicht muss geprüft werden.
	untersuchen (hat untersucht)	....	Der Bauch muss untersucht werden.

B

B1	• die Verbesserung, -en	....	Machen Sie regelmäßig Sport zur Verbesserung der Fitness.
	• die Einnahme (Sg.)	....	Bei Rückenschmerzen sollten Sie regelmäßig Gymnastik machen: Das ist besser als die Einnahme eines Medikaments.
	solch-	....	Bei solchen Problemen holt man sich am besten den Rat eines Fachmanns.
	• der Fachmann, ¨-er	....	Bei solchen Problemen holt man sich am besten den Rat eines Fachmanns.

B2	• die Schulter, -n		Den Kopf zur rechten und linken Schulter neigen.
	• der Popo, -s		... dabei den Popo nach hinten drücken.

C

C1	vermuten (hat vermutet)		Welche Ursache vermutet Dr. Renner?
	• die Störung, -en		Frau Sanchez hat Kopfweh und außerdem Sehstörungen.
	• das Schmerzmittel, - 		Dr. Renner empfiehlt Frau Sanchez starke Schmerzmittel.
	führen (hat geführt)		Der Hausarzt führt ein Gespräch.
	verschreiben (hat verschrieben)		Der Hausarzt verschreibt Medikamente.
	erhalten (hat erhalten)		Frau Sanchez kann bei der Krankenkasse Tipps für Entspannungsübungen erhalten.

D

D1	ab·nehmen, du nimmst ab, er nimmt ab (hat abgenommen)		Sie ernähren sich ungesund, haben Übergewicht und möchten ein paar Kilo abnehmen.
	stressig 		Sie haben einen stressigen Beruf und können nachts oft nicht schlafen.
	• das Wohl (Sg.)		Zum Wohl Ihrer Gesundheit hat die KÖK zahlreiche kostenlose Kurse zur Gesundheitsförderung im Angebot.
	umsonst		So können Sie beispielsweise umsonst an unseren Gesundheitskursen teilnehmen!
	teil·nehmen, du nimmst teil, er nimmt teil (hat teilgenommen)		So können Sie beispielsweise umsonst an unseren Gesundheitskursen teilnehmen!
	• die Leistung, -en		Wir informieren Sie gern über unsere Angebote und zusätzlichen Leistungen.
D2	impfen (hat geimpft) 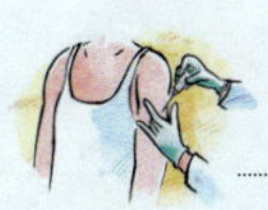		Lassen Sie sich impfen?
	sich impfen lassen		Lassen Sie sich impfen?
	treiben (hat getrieben)		Treiben Sie regelmäßig Sport?
	• die Hälfte, -n		Die Hälfte unserer Gruppe achtet meistens darauf, dass ...
	• das Viertel, -		Drei Viertel unseres Kurses macht ...
	• das Drittel, -		Ein Drittel der Kursteilnehmer ...
	grundsätzlich		Zwei Personen trinken grundsätzlich nie Alkohol.

Lernwortschatz

D3 • die Frucht, ¨-e — Und ich esse morgens immer Magertopfen mit Früchten.

verzichten (hat verzichtet) — Ich möchte abnehmen und verzichte deshalb auf Schokolade.

• das Vitamin, -e — Ich esse morgens immer Magertopfen mit Früchten. Das hat Vitamine und ist gesund.

E

E1 krank·melden (sich) — Sie ruft an, weil sie sich krankmelden möchte.

krank·schreiben (hat krankgeschrieben) — Der Arzt schreibt sie krank.

• die Konferenz, -en — Sie ruft an, weil Ihre Kollegin eine Konferenz vorbereiten soll.

• der Schreibblock, ¨-e  — Frau Tokic soll Schreibblöcke und Kugelschreiber bestellen.

E3 • das Labor, -s/-e — Könntest Du bitte im Labor anrufen und nach den Ergebnissen fragen?

• der Verband, ¨-e  — Jemand sollte neue Verbände und Spritzen bestellen.

• die Spritze, -n  — Jemand sollte neue Verbände und Spritzen bestellen.

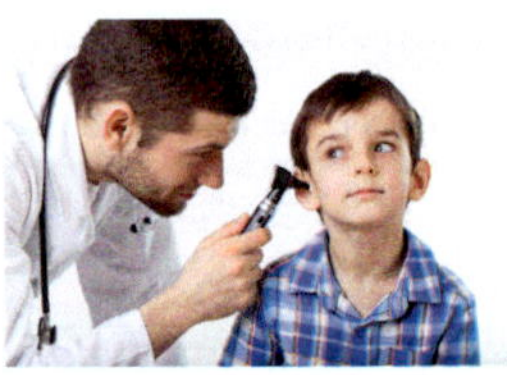
jemanden/etwas untersuchen

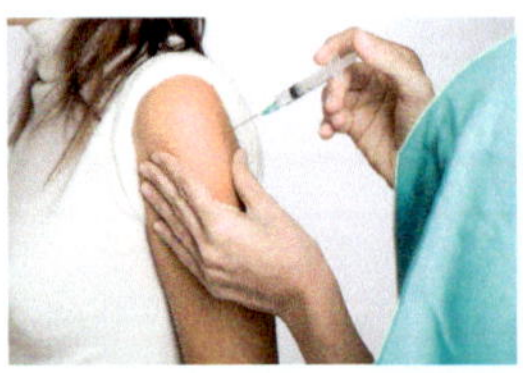
jemanden impfen

Medikamente verschreiben

jemanden krankschreiben

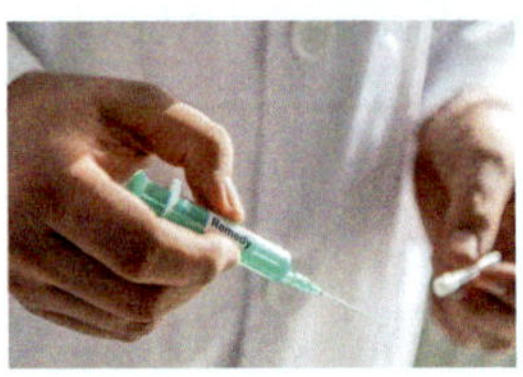
• die Spritze, -n

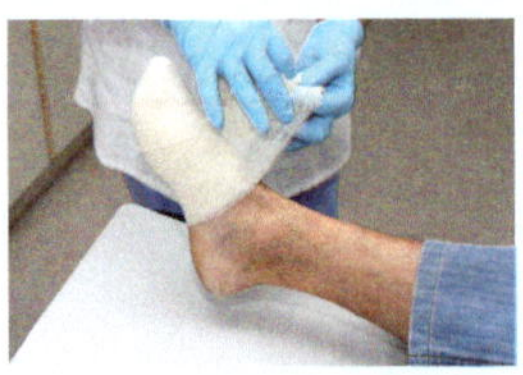
• der Verband, ¨-e

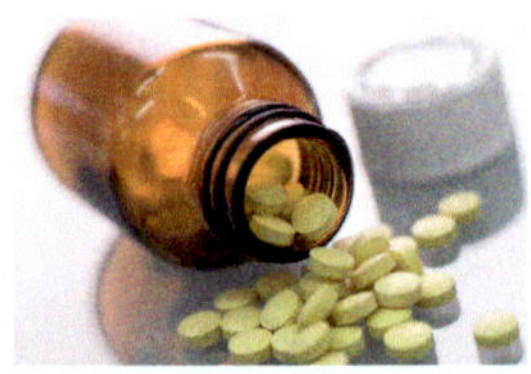
• das Schmerzmittel, -

• die Salbe, -n

• der Schmerz, -en

• der Schnupfen (Sg.)

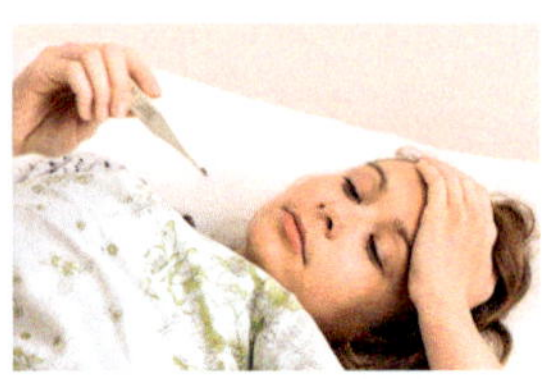
• das Fieber (Sg.)

• der Husten (Sg.)

Beim Arzt

TIPP
Lernen Sie typische Wendungen zusammen.

den Blutdruck messen
Blut abnehmen
das Gewicht prüfen
den Bauch ...

4 Sprachen

FOTO-HÖRGESCHICHTE

1	worüber	Worüber sprechen sie?
2	es eilig haben (es eilig gehabt haben)	Ella muss arbeiten und hat es eilig.
	• der Keller, - 	Ella will am Wochenende den Keller ausräumen.

ELLAS KOLUMNE

	da	Da kam sofort ihr nächster Satz: ...
	• der Satz, ⸚e	Da kam sofort ihr nächster Satz: ...
	gar	Das freute mich in dem Moment aber gar nicht.
	jedenfalls	Jedenfalls lächelte sie und sagte: „Kein Problem!“
	lächeln (hat gelächelt) 	Jedenfalls lächelte sie und sagte: „Kein Problem!“
	halt	Jedenfalls lächelte sie und sagte: „Kein Problem, dann gehen wir halt nach deinem Yoga-Kurs!“
	deutlich	Da musste ich dann leider ein bisschen deutlicher werden.

A

A1	so viel	Wenn sie nicht so viel arbeiten müsste, könnten wir jetzt auf einen Kaffee gehen.
	vor·haben (hat vorgehabt)	Wenn sie am Wochenende nichts vorhätte, könnten wir uns treffen.
A2	• die Wahrheit, -en	Wenn die Menschen immer die Wahrheit sagen würden, ...
	lügen (hat gelogen)	Wenn ich in dieser Situation wäre, würde ich auf keinen Fall lügen.
A3	beenden (hat beendet)	Beenden Sie Ihr E-Mail mit guten Wünschen für die Feier.
A4	• der Ausbildungsplatz, ⸚e	Sie sind 15 und dürfen sich einen Ausbildungsplatz aussuchen.

Lernwortschatz

	aus·suchen (hat ausgesucht)	Sie sind 15 und dürfen sich einen Ausbildungsplatz aussuchen.
	• der Präsident, -en / • die Präsidentin, -nen	Sie sind Präsidentin/Präsident.
	fließend	Sie können alle Sprachen fließend sprechen.
	B	
B2	deswegen	Wenn man eine Sprache oft hört, lernt man sie viel schneller. Deswegen habe ich mir oft deutschsprachige Filme oder Serien im Fernsehen angeschaut.
	irgendwann	Ich habe wegen meiner Kinder Deutsch gelernt. Sie fanden es sehr wichtig und hatten irgendwann keine Lust mehr, dass sie für mich übersetzen.
	übersetzen (hat übersetzt)	Sie fanden es sehr wichtig und hatten irgendwann keine Lust mehr, dass sie für mich übersetzen.
	daher	Das Lernen einer neuen Sprache, kann sehr anstrengend sein. Daher braucht man immer eine gute Motivation, warum man das macht.
	• die Muttersprache, -n	Wegen meiner Muttersprache habe ich keine Probleme bei der Aussprache.
	• die Aussprache (Sg.) 	Wegen meiner Muttersprache habe ich keine Probleme bei der Aussprache.
	deshalb	Ich möchte aber später eine Ausbildung machen. Deshalb muss mein Deutsch einfach sehr gut sein.
	C	
C1	• der Ausdruck, ¨-e	Der Kollege versteht den Ausdruck „Viertel drei" nicht.
	noch einmal	Sagen Sie Ihren Namen noch einmal.
C2	• der Mechaniker, - / • die Mechanikerin, -nen 	Sie machen einen Termin mit der Werkstatt aus. Der Mechaniker redet sehr schnell.
	• die Wiederholung, -en	Der Mechaniker redet sehr schnell und Sie bitten um Wiederholung.
	• die Mensa, Mensen 	Sie gehen mit einem Freund in die Mensa.
	• der Integrationskurs, -e	Sie möchten sich für einen Integrationskurs anmelden.

D

D1	jahrelang	… andere besuchen jahrelang Kurse und können immer noch keine einfache Unterhaltung führen.
	(sich) anstrengen (hat sich angestrengt)	So motiviert ihr euch gegenseitig und strengt euch vielleicht auch ein wenig mehr an.
	• die Aussprache, -n 	Versuche, sie so gut wie möglich zu imitieren: ihre Mundbewegung, ihre Sprachmelodie, ihre Aussprache.
	• der Spiegel, - 	Das kann in Gedanken sein, unter der Dusche, vor dem Spiegel oder beim Spazierengehen.

E

E1	• die Seele, -n	Mit jeder neu gelernten Sprache bekommst du eine neue Seele.
E2	• der Autor, -en / • die Autorin, -nen 	Lesen Sie die Informationen über die Autorin.
	• die Trennung, -en	Meine Eltern haben nie auf eine genaue Trennung der Sprachen geachtet.
	ausschließlich	Italienisch habe ich übrigens ebenfalls fast ausschließlich über Hören und Nachsprechen gelernt.
	erziehen (hat erzogen)	Anna Maria und ihr Mann erziehen ihren Sohn Bruno zweisprachig.
	unterscheiden (hat unterschieden)	Bruno konnte schon mit drei Jahren unterscheiden, ob er „wie die Mama" oder „wie der Papa" spricht.
E3	• das Griechisch (Sg.)	Griechisch ist meine Muttersprache.
	• der Partner, - / • die Partnerin, -nen	Welche Sprachen sprechen Sie mit Ihrer Partnerin/Ihrem Partner, Ihren Kindern, Ihren Kollegen und mit Ihren Freunden?
	schimpfen (hat geschimpft)	In welcher Sprache schimpfen oder träumen Sie?
	• die Schrift, -en	Serbisch hat eine andere Schrift als Deutsch.

TIPP

Im Deutschen enden viele Sprachen auf „-isch". Schreiben Sie.

Griechisch, Französisch, …

Lernwortschatz

Sprachen

- ● die Kenntnisse (Pl.)
- ● die Muttersprache, -n
- ● die Fremdsprache, -n
- ● die Sprachschule, -n

- ● die Aussprache, -n
- ● die Schrift, -en
- fließend
- übersetzen

5 Eine Arbeit finden

ELLAS KOLUMNE

gehören zu		Tobias L. gehört nicht zu dieser Gruppe.
Video-		In meiner Freizeit habe ich mich viel mit meiner Videokamera beschäftigt.
● das Talent, -e		Irgendwann hat mir jemand gesagt, dass ich ein großes Talent für den Schauspielerberuf habe.
etwa		Man hat mich genommen, obwohl es für die sieben freien Plätze etwa 100 Mitbewerber gegeben hat.
genügen (hat genügt)		Manchmal genügt nur eine einzige Idee ... und schon wird alles gut.

A

A1	auf·hören (hat aufgehört)		Ende des Monats höre ich auf, als Krankenpfleger zu arbeiten.
A2	● der Handel (Sg.)		Erfahrung in Handel und Verkauf von Vorteil
	● der Vorteil, -e		Erfahrung in Handel und Verkauf von Vorteil
	erwarten (hat erwartet)		Wir erwarten Branchenerfahrung im Bereich Photovoltaik.
	● die Voraussetzung, -en		Gute MS-Office-Kenntnisse sind Voraussetzung.
	● der / ● die Serviceangestellte, -n 		Wir suchen ab Juni befristet auf 3 Monate eine(n) erfahrene(n) Serviceangestellte(n) (m/w).

	• die Unterlagen (Pl.)	Weitere Informationen und Bewerbungsunterlagen bitte an: ...
	• die Aufgabe, -n	Ihre Aufgaben: Unterstützung im Haushalt, leichter Pflegedienst.
	• die Unterstützung, -en	Ihre Aufgaben: Unterstützung im Haushalt, leichter Pflegedienst.
	schriftlich	Sie brauchen uns keine schriftliche Bewerbung zu schicken.
A3	fest·stellen (hat festgestellt)	Dort konnte ich ... feststellen, dass ich gern auf Reisen bin.
	gewohnt	Außerdem bin ich es gewohnt, meine Aufgaben schnell und zuverlässig zu erledigen.
	üblich	Ich beherrsche auch die üblichen PC-Programme.
	• die Anlage, -n	Anlagen: Lebenslauf, Zeugnisse
	• der Lebenslauf, ¨-e	Anlagen: Lebenslauf, Zeugnisse
A4	entwickeln (hat entwickelt)	Das ist ein großes Unternehmen, das ... entwickelt.
	her·stellen (hat hergestellt)	Das ist eine große Firma, die ... herstellt.
	• die Tätigkeit, -en	Zu meinen Tätigkeiten gehörte auch ...

B

B1	außerhalb	Außerhalb des Unterrichts macht Tobias witzige Clips für das Internet.
	innerhalb	Innerhalb weniger Wochen hat er einen Platz in der Schauspielschule bekommen.
B2	• die Nervosität (Sg.)	Was hilft gegen Nervosität beim Bewerbungsgespräch?
	• der Zeitpunkt, -e	Beginnen Sie schon vom Zeitpunkt der Bewerbung an.
	rechnen (hat gerechnet)	Rechnen Sie für Ihre Anfahrt etwas mehr Zeit ein.
	• der Spiegel, -	Spielen Sie Gespräche vor dem Spiegel.
	beruhigen (hat beruhigt)	Das beruhigt und so können Sie vermeiden, noch zusätzlich nervös zu werden.
B3	technisch	Ja, ich habe gute technische Kenntnisse.
	zuständig	Ich war für die Pflege von 20 Bewohnern zuständig.

Lernwortschatz

C

C1	zusammen-	Wir beim AMS sind Expertinnen und Experten für alle Fragen, die mit Ihren beruflichen Wünschen zusammenhängen.
C2	● die Verantwortung (Sg.)	Möchten Sie Verantwortung übernehmen?
	● der Gärtner, - / ● die Gärtnerin, -nen	Vielleicht Gärtner? Oder Maler?
	● der Maler, - / ● die Malerin, -nen 	Vielleicht Gärtner? Oder Maler?

D

D1	● der Auftrag, ¨-e	Unsere Firma hat zurzeit zu wenig Aufträge.
	abwechslungsreich	Und die Aufgaben sind auch echt spannend und abwechslungsreich.
D2	erkundigen (sich) (hat erkundigt)	Erkundigen Sie sich nach seiner Arbeit.
	● der Übersetzer, - / ● die Übersetzerin, -nen	Als Übersetzerin sitzt du doch auch am Computer, schreibst und telefonierst.
	überlegen (sich) (hat überlegt) 	Kasimir überlegt sich, eine Weiterbildung zu machen.
	● die Konkurrenz (Sg.)	Es gibt viel Konkurrenz und ich habe zu wenig Aufträge.
	nebenbei	Ich muss nebenbei als Reinigungskraft jobben.
	jobben (hat gejobbt)	Ich muss nebenbei als Reinigungskraft jobben.
	zurecht·kommen (ist zurechtgekommen)	Leider komme ich dort mit dem Chef nicht zurecht.
	● der Tierpark, -s 	Leider gibt es zurzeit kaum Jobs als Tierpfleger im Tierpark.
	● die Fortbildung, -en	Ich habe eine gute Fortbildung beim AMS besucht.
	vertreten, du vertrittst, er vertritt (hat vertreten)	Ich muss eine Kollegin vertreten.

Berufe

• der / • die Serviceangestellte, -n

• der Maler, - / • die Malerin, -nen

• der Übersetzer, - / • die Übersetzerin, -nen

• der Lehrer, - / • die Lehrerin, -nen

• der Hausmeister, - / • die Hausmeisterin, -nen

• der Arzt, ¨-e / • die Ärztin, -nen

• der Architekt, -en / • die Architektin, -nen

• der Friseur, -e / • die Friseurin, -nen

• der Journalist, -en / • die Journalistin, -nen

• der Krankenpfleger, - / • die Krankenschwester, -n

• der Polizist, -en / • die Polizistin, -nen

• der Verkäufer, - / • die Verkäuferin, -nen

TIPP

Merken Sie sich zu jedem Beruf eine Tätigkeit.

Der Friseur schneidet die Haare.
Die Ärztin untersucht die Patienten. …

6 Dienstleistung

FOTO-HÖRGESCHICHTE

1	statt	Ich habe einen Job gesucht, bei dem man viel herumkommt, statt nur im Büro zu sitzen.
	erst-	Ich will als Erster beim Geschäft sein, um dort zu warten, bis es aufmacht.
	• die Produktion, -en	Ich kenne da jemanden bei einer Produktionsfirma.
	• der Ersatz (Sg.)	Bis wann müssen Sie die Ersatztasse haben?
2	bestimmt	Sein Service ist für Menschen, die keine Lust oder keine Zeit haben, bestimmte Dinge selber zu erledigen.
	lösen (Problem) (hat gelöst)	Leon löst fast jedes Problem für seine Kunden.
	• das Geheimnis, -se	Das ist sein Geheimnis.
3	• das Risiko, Risiken	Die meisten Menschen möchten kein Risiko eingehen und lassen lieber alles so, wie es ist.

ELLAS KOLUMNE

	• die Änderung, -en	Änderungen sollte man sich sehr gut überlegen, damit man keine Fehler macht.
	• der Sinn (Sg.)	Man kann nichts Neues lernen, ohne Fehler zu riskieren. In diesem Sinn: Versuchen wir es, probieren wir das Neue ...

A

A1	lohnen (sich) (hat gelohnt)	Es ist nicht leicht, aber es lohnt sich.
A2	• die Jahreszeit, -en 	Aber der Winter ist für mich die schönste Jahreszeit.
A3	besitzen (hat besessen)	Victor Petrov besitzt ein Lebensmittelgeschäft.
	geboren werden, du wirst geboren, er wird geboren (ist geboren worden)	Als ich geboren wurde, hat er sich entschlossen, nach Vietnam zurückzugehen.
	entschließen (sich) (hat entschlossen)	Als ich geboren wurde, hat er sich entschlossen, nach Vietnam zurückzugehen.

• das Heimweh (Sg.)	Am Anfang hatte ich manchmal ein bisschen Heimweh, aber dann habe ich meine Frau kennengelernt und bin geblieben.
• der Wettbewerb, -e	Der Wettbewerb ist also relativ groß.
relativ	Der Wettbewerb ist also relativ groß.
• das Gewürz, -e	Das ist eine Art gefülltes Weckerl mit Fleisch oder Ei, dazu Gemüse, Kräuter, Gewürze und eine besondere Sauce.
mittlerweile	Mittlerweile verkaufe ich Banh Mi auch am Markt.
• die Rücksicht, -en	Darauf sollte man bei der Pflege Rücksicht nehmen.
interkulturell	Vor fünf Jahren habe ich einen interkulturellen Pflegedienst gegründet, um diese Menschen richtig zu betreuen.
gründen (hat gegründet)	Vor fünf Jahren habe ich einen interkulturellen Pflegedienst gegründet, um diese Menschen richtig zu betreuen.
betreuen (hat betreut)	Vor fünf Jahren habe ich einen interkulturellen Pflegedienst gegründet, um diese Menschen richtig zu betreuen.
pflegen (hat gepflegt)	Viele wollen ihre Eltern selber pflegen.
jahrelang	Schon in meiner Heimat Russland habe ich jahrelang ein Geschäft geleitet.
• der Kaufmann, ⸚er / • die Kauffrau, -en	Ich bin Kaufmann von Beruf und habe lange in einer Drogerie gearbeitet.
• das Experiment, -e 	Es war ein Experiment und natürlich auch ein finanzielles Risiko, aber es hat geklappt.
finanziell 	Es war ein Experiment und natürlich auch ein finanzielles Risiko, aber es hat geklappt.
• die Geschäftsleute (Pl.)	Ich glaube, wir sind die geborenen Geschäftsleute und immer froh darüber, unsere Kunden glücklich zu sehen.
ausschließlich	Wir verkaufen ausschließlich russische Produkte und somit auch ein bisschen Heimatgefühl.

Lernwortschatz

	• die Zutat, -en 	Bei uns gibt es alle Zutaten, die man für die russische Küche braucht.
	höchstens	Ich hatte damals nur wenige Waren, höchstens 30 Artikel.
A4	• das Studio, -s	Mein Traum wäre ein eigenes Kosmetikstudio.

B

B1	um ... zu	Leon will als Erster beim Geschäft sein, um dort Schuhe für einen Kunden zu kaufen.
B3	• die Kompetenz, -en	Welche sozialen Kompetenzen hören Sie?
	• die Teamfähigkeit, -en	Man liest immer die Wörter Teamfähigkeit und Konfliktfähigkeit.
	• die Konfliktfähigkeit, -en	Man liest immer die Wörter Teamfähigkeit und Konfliktfähigkeit.
	kommunikativ	Kommunikative Kompetenz und ein sicheres Auftreten sind auf jeden Fall wichtig.
	• der Kompromiss, -e	Das bedeutet, man kann gut im Team arbeiten und auch einmal Kompromisse eingehen.
	• die Motivation (Sg.)	Wichtig sind außerdem noch Motivation und Engagement.
	• das Engagement (Sg.)	Wichtig sind außerdem noch Motivation und Engagement.
B4	• die Klimaanlage, -n	Wozu braucht man eine Klimaanlage?

C

C2	• die Software, -s	Ich (26) bin Informatikerin und habe seit zwei Jahren einen Job bei einer Softwarefirma.

D

D1	wieder·kommen (ist wiedergekommen)	Der Kunde kann sich nicht entscheiden und will wiederkommen.
D2	• die Mühe, -n	Vielen Dank für Ihre Mühe.
D3	• die Zahnpasta, -en 	Sie brauchen Zahnpasta, Waschmittel und eine neue Bürste.
	• das Waschmittel, - 	Sie brauchen Zahnpasta, Waschmittel und eine neue Bürste.
	• die Bürste, -n	Sie brauchen Zahnpasta, Waschmittel und eine neue Bürste.

	Wort	Beispiel
	begrüßen (hat begrüßt) 	Sie begrüßen den Kunden und bieten Hilfe an.
	verabschieden (sich) (hat verabschiedet)	Sie verabschieden sich.

E

	Wort	Beispiel
E1	• die Rolle, -n	Ich möchte Sie bitten, dass Sie die Rolle so schnell wie möglich reparieren oder mir einen Ersatz schicken.
	• der Anspruch, ¨-e	Denn ich habe Anspruch auf einen neuen Koffer.
	bestätigen (hat bestätigt)	Bitte bestätigen Sie mir schriftlich bis spätestens zum 30.06.20.., dass Sie meine Reklamation erhalten haben.
	• die Kopie, -n	Anbei erhalten Sie eine Kopie der Rechnung.
	beschädigen (hat beschädigt)	Leider musste ich feststellen, dass eine Rolle des Koffers beschädigt ist.
	ärgerlich	Das ist sehr ärgerlich.
E2	• die Bedienungsanleitung, -en 	Er funktioniert nicht, obwohl Sie alles so gemacht haben, wie es in der Bedienungsanleitung steht.
	um·tauschen (hat umgetauscht)	Sie möchten das Gerät umtauschen.
	fordern (hat gefordert)	Jetzt fordern Sie Ihr Geld zurück.
	enttäuschen (hat enttäuscht)	Ihr Service hat mich sehr enttäuscht.
	auf·fordern (hat aufgefordert)	Ich möchte Sie auffordern, dass Sie ...

Die Industrie

• der Betrieb, -e

• die Firma, Firmen

• die Produktion, -en

• der Handel (Sg.)

• das (finanzielle) Risiko, Risiken

• die Geschäftsleute (Pl.)

• der Kaufmann, ¨-er / • die Kauffrau, -en

gründen (hat gegründet)

TIPP

Bilden Sie mit den Buchstaben von einem langen Wort neue Wörter.

Bedienungsanleitung: laut, Dienstag, Tal, ...

7 Rund ums Wohnen

FOTO-HÖRGESCHICHTE

	Wort		Beispiel
2	● das Gericht, -e		Die Miesbergers hatten mit einem Nachbarn in den letzten drei Jahren fünf Gerichtsprozesse.
	● der Prozess, -e		Die Miesbergers hatten mit einem Nachbarn in den letzten drei Jahren fünf Gerichtsprozesse.
	brennen (brannte – hat gebrannt) 		Herr Miesberger sägt sehr oft Brennholz neben dem Wohnzimmerfenster von Herrn Kummer.
	● der Lärm (Sg.) 		Herr Kummer findet, dass das Lärm und Dreck macht.
	● der Rechtsanwalt, ⸚e / ● die Rechtsanwältin, -nen		Herr Kummer ... hat einen Rechtsanwalt. beauftragt.
	● das Grundstück, -e		Die Miesbergers beschweren sich ... über Mist auf dem Grundstück.
	verdächtigen (hat verdächtigt)		Sie verdächtigen Herrn Bremer.

ELLAS KOLUMNE

	Wort		Beispiel
	friedlich		Die Vögel singen, alles ist friedlich.
	● die Wirklichkeit, -en		Die Wirklichkeit schaut oft ganz anders aus.
	● der Rasen, -		Der Rasen wird zu oft gemäht.
	● das Bundesland, ⸚er 		In einer aktuellen Umfrage wurde festgestellt, dass im Bundesland Niederösterreich vier von zehn Befragten schon einmal Ärger mit dem Nachbarn hatten.
	-einander		Wenn es trotzdem ein Problem gibt, lösen wir es höflich und mit Respekt voreinander.

A

	Wort		Beispiel
A1	● der Anwalt, ⸚e / ● die Anwältin, -nen		Der Anwalt hat geschrieben: „Entweder Sie verwenden eine leisere Säge, oder die Sache ...“
	entweder ... oder		Der Anwalt hat geschrieben: „Entweder Sie verwenden eine leisere Säge, oder die Sache geht vor Gericht.“

A2	zentral	Die Wohnung ist nicht nur schön, sondern sie liegt auch zentral.
A3	• das Eigentum, -e	Meine Eltern haben ein kleines Grundstück ... gekauft. Es ist jetzt unser Eigentum.
	schreien (hat geschrien)	Wir sind freundlich und schreien nicht, wenn wir uns streiten.
	• die Rücksicht (Sg.)	Wir nehmen Rücksicht.
	miteinander	Wir lachen viel miteinander und sind füreinander da.
	• der Radiergummi, -s 	Elena braucht einen Radiergummi, ... für ihre Hausübung.
	• der Bleistift, -e	Elena braucht ... einen Bleistift ...
	• der Farbstift, -e	Elena braucht ... und Farbstifte ...
	entdecken (hat entdeckt)	Felix entdeckt, dass Elena mit seinem Handy gespielt hat.
	wütend	Er ist wütend.
	• das Puzzle, -s 	Die Kinder setzen sich mit einem Puzzle in die Küche.
	üblich	Was war bei euch üblich?
A4	• die Pflicht, -en	Wenn wir als Kinder in der Familie nicht unsere Pflichten im Haushalt erfüllt haben, dann ...
	• das Verbot, -e 	Wenn wir als Kinder in der Familie nicht unsere Pflichten im Haushalt erfüllt haben, dann haben wir z. B. Fernsehverbot bekommen.

B

B1	bloß	Hätte ich bloß nichts gesagt!
	hierher	Die Miesbergers sind hierhergezogen.
B2	aufmerksam	Wäre ich doch nur aufmerksamer gewesen.
B4	aus·machen (hat ausgemacht)	Wir haben doch ausgemacht, dass ...
	tatsächlich	Wir haben doch ausgemacht, dass wir uns um 15 Uhr treffen. – Tatsächlich? Daran kann ich mich nicht erinnern.
	• die Frechheit, -en	Das ist ja eine Frechheit.
	meinetwegen	Kann ich den Sitzplatz am Fenster haben? – Meinetwegen.
	an·gehen (ist angegangen)	Das geht Sie wirklich gar nichts an.

Lernwortschatz

C

C1	• die Terrasse, -n 		Auf Luxus wie Balkon, Lift oder Terrasse kann ich gut verzichten, aber ...
	irgend-		Weiß irgendjemand was von einer freien Wohnung ...?
	• die Innenstadt, ⸚e		Die Innenstadt ist besonders teuer!
	• der Rand, ⸚er		In Gnigl oder am Stadtrand in Langwied sind die Wohnungen oft wesentlich preiswerter.
	wesentlich		In Gnigl oder am Stadtrand in Langwied sind die Wohnungen oft wesentlich preiswerter.
	• die Alternative, -n		Wir haben uns nach langer, vergeblicher Suche für die Alternative draußen in Anthering entschieden.
	• der Link, -s		Ich denke beim nächsten Mal an dich und stelle den Link da ins Forum.
	wo(r)-		Hast du schon einmal an eine WG gedacht? – Woran?
C2	fehlen (hat gefehlt)		Am meisten fehlt mir ein Balkon.

D

D1	• die Beziehung		Warum leben immer mehr Menschen in Fernbeziehungen?
	mit·gehen (ist mitgegangen)		Wenn jemand wegen des Berufs die Stadt wechseln muss, dann kann der Partner vielleicht nicht so einfach ... mitgehen.
D2	weg		Die Liebe ist groß, aber der Partner weit weg?
	voneinander		In Österreich gibt es viele Paare, die mehr als 100 Kilometer voneinander entfernt leben und eine Fernbeziehung führen.
	meist-		Für die meisten Paare ist das nicht einfach.
	trotz		Trotz der großen Freude über das Wiedersehen nach vielen Wochen ist das aber auch nicht immer einfach.

	verständlich		Das ist verständlich, meint Ines Hackl.
	● das Wiedersehen, -		„Deshalb ist es auch wichtig, sich beim Wiedersehen erst einmal Zeit zu zweit zu nehmen“, sagt sie.
	● die Distanz, -en		Ein bestimmtes Ritual kann zum Beispiel helfen, das Gefühl der Distanz schneller zu verlieren.
	● die Schwierigkeit, -en		„Wie in anderen Beziehungen muss natürlich auch über Schwierigkeiten und Ärger gesprochen werden“, so Hackl.
	ab·hängen (ist abgehangen)		„Denn beide leben zufriedener, wenn ihr Glück nicht von der Anwesenheit des Partners abhängt und jeder auch schöne Erlebnisse hat, wenn der Partner gerade nicht da ist.“
	● der Nachteil, -e		Trotz vieler Nachteile können Fernbeziehungen auch Vorteile haben: ...
D3	erfordern (hat erfordert)		Dazu kommt, dass die moderne Arbeitswelt immer mehr Flexibilität erfordert, also dass Menschen für ihre Arbeitsstelle in eine andere Stadt ziehen.
	Griechenland		Letztes Jahr waren wir drei Wochen auf der Insel Kreta in Griechenland.
	neulich		Neulich haben wir uns einen Monat nicht gesehen.
	ab·gehen (ist abgegangen)		Michael fehlt mir natürlich auch und geht mir oft ab.
	● die Seite, -n		Im Urlaub hatten sie viel Zeit füreinander und konnten neue Seiten aneinander entdecken.
	gewöhnen (sich) (hat sich gewöhnt)		Michael hat sich schnell an die neue Situation gewöhnt.
	gemütlich		Die beiden ... machen es sich dann meistens daheim gemütlich.
	verteilen (hat verteilt)		Sie telefonieren täglich und schicken sich über den Tag verteilt gegenseitig mehrere Nachrichten.

Lernwortschatz

Das Gebäude

- ● das Dach, ¨-er
- ● das Haus, ¨-er
- ● die Mauer, -n
- ● das Grundstück, -e

- ● die Tür, -en
- ● das Fenster, -
- ● der Keller, -

- ● die Stiege, -n
- ● die Stufe, -n

- ● der Lift, -e

- ● die Terrasse, -n
- ● der Garten, ¨-

- ● der Balkon, -e
- ● der Rasen, -

TIPP

Leiten Sie unbekannte Wörter von bekannten Wörtern ab.

unaufmerksam = nicht aufmerksam

Grammatikübersicht

Artikelwörter und Pronomen

Genitiv Lektion 3

	Genitiv	
	definiter Artikel	indefiniter Artikel
•	des Rückens	eines / meines Fachmanns
•	des Trainings	eines / meines Medikaments
•	der Fitness	einer / meiner Spezialistin
•	der Beine	⚠ von Medikamenten / meiner Medikamente

auch so: dein-, sein-, ihr-, unser-, euer-, kein-, ...

ÜG 1.03, 2.01, 2.04

Verben

Präteritum: Konjugation Lektion 1

	Typ „tanken"	Typ „fahren"	Typ „bringen"
ich	tankte	fuhr	brachte
du	tanktest	fuhrst	brachtest
er/es/sie	tankte	fuhr	brachte
wir	tankten	fuhren	brachten
ihr	tanktet	fuhrt	brachtet
sie/Sie	tankten	fuhren	brachten

⚠ Wörter mit -d/-t brauchen ein -e
landen – landete
arbeiten – arbeitete

Verwendung von Präsens, Präteritum und Perfekt Lektion 1

heute Präsens	früher / gestern / letztes Jahr / ... Perfekt / Präteritum
er spielt	er hat gespielt / er spielte
er gewinnt	er hat gewonnen / er gewann
er kommt	er ist gekommen / er kam

ich habe geholfen, ... ich habe geholt, ... ich war/hatte (auch: habe gehabt)/wollte/...	ich half, ... ich holte, ... ich war/hatte/wollte/...

– hört man oft in Gesprächen
– liest man oft in persönlichen Briefen/Mails/...

– hört man oft in den Nachrichten
– liest man oft in der Zeitung, in Berichten, in Büchern, ...

ÜG 5.06

Plusquamperfekt Lektion 1

ich	hatte		ich	war	
du	hattest		du	warst	
er/es/sie	hatte	trainiert	er/es/sie	war	geflohen
wir	hatten		wir	waren	
ihr	hattet		ihr	wart	
sie/Sie	hatten		sie/Sie	waren	

Er musste auf der Bank sitzen und zuschauen, denn er hatte sich den Fuß gebrochen.

ÜG 5.07

Grammatikübersicht

Passiv Präsens mit Modalverben Lektion 3

	Position 2		
Auf ausreichend Bewegung	sollte	besonders	geachtet werden.
Dadurch	können	neue Kräfte	gesammelt werden.

auch so: dürfen, müssen, wollen, „möchte", ...

ÜG 5.14

Konjunktiv II: Irreale Bedingungen Lektion 4

Nebensatz		Hauptsatz		
Wenn ich ihn richtig nett	finden würde,	(dann) hätte	ich ... für ihn.	
Wenn sie am Wochenende nichts	vorhätte,	(dann) könnten	wir uns	treffen.
Wenn sie nicht so viel	arbeiten müsste,	(dann) könnten	wir ... trinken	gehen.
Wenn er nicht so anstrengend	wäre,	(dann) würde	ich mich ...	freuen.

ÜG 5.18

Verben und Ausdrücke mit *es* Lektion 6

allgemein:	Es ist (nicht) leicht/schön/schwierig / möglich ...
	Es gibt ... Es lohnt sich.
Tages- und Jahreszeiten:	Es ist jetzt vier Uhr / Sommer/Nacht/...
Wetter:	Es regnet / ist heiß / hat dreißig Grad /...
Befinden:	Wie geht es Ihnen? Wie geht's?

ÜG 5.25

Konjunktiv II Vergangenheit: Konjugation Lektion 7

ich	hätte	gesagt	wäre	gegangen
du	hättest		wärst	
er/es/sie	hätte		wäre	
wir	hätten		wären	
ihr	hättet		wärt	
sie/Sie	hätten		wären	

ÜG 5.18

Konjunktiv II Vergangenheit: Irreale Wünsche Lektion 7

Hätte	ich bloß nichts	gesagt!
Wäre	ich bloß nicht zum Rechtsanwalt	gegangen!

ÜG 5.18

Verben mit Präpositionen Lektion 7

Verb + Präposition	Präpositional-adverb	Präposition + Personalpronomen	Fragewort	
	Sachen	Personen	Sachen	Personen
denken an	daran	an dich/ihn/sie ...	Woran?	An wen?

ÜG 5.23

Präpositionen

Präposition: *wegen* + Genitiv Lektion 4

wegen	• meines Berufs • meines Praktikums • meiner Arbeit • meiner Interviews

Warum haben Sie Deutsch gelernt? Wegen meiner Kinder.

ÜG 6.04

Temporale Präposition: *während* + Genitiv Lektion 5

während	• des/eines Kurses
	• des/eines Schuljahrs
	• der/einer Beratung
	• der Öffnungszeiten

auch so: innerhalb, außerhalb
Leider rufen Sie außerhalb unserer Öffnungszeiten an.
Wir werden uns innerhalb einer Woche bei Ihnen melden.

ÜG 6.01

Präposition: *trotz* + Genitiv Lektion 7

Trotz	der großen Freude über das Wiedersehen nach vielen Wochen ist das aber auch nicht immer einfach.

trotz Freude über das Wiedersehen = obwohl man sich über das Wiedersehen freut,

ÜG 6.04

Adverbien

Gradpartikeln Lektion 2

++	+	–	– –
echt	ziemlich	nicht so	gar nicht
total	wirklich	nicht besonders	überhaupt nicht
besonders			

ÜG 7.03

Konjunktionen

Konjunktion: *als* Lektion 1

Das ist vor einem Jahr passiert,	als ich noch Lotto gespielt habe.

Das ist einmal passiert.	Das ist mehr als einmal passiert.
als ...	(immer / jedes Mal) wenn ...

ÜG 10.08

Konjunktion: *obwohl* Lektion 2

Max schaut sich die Serie an,	obwohl er sie schon dreimal gesehen hat.

ÜG 10.09

Konjunktionen: *um ... zu* + Infinitiv und *damit* Lektion 6

			Ende
Leon will als Erster beim Geschäft sein,	um	dort Schuhe für einen Kunden	zu kaufen.
Leon will als Erster beim Geschäft sein,	damit	er dort Schuhe für einen Kunden	kaufen kann.
Leon kauft diese Schuhe,	damit	sein Kunde	ausschlafen kann.

ÜG 10.10

Konjunktionen: *statt/ohne ... zu* + Infinitiv Lektion 6

			Ende
Man sollte etwas tun,	statt	nur	zu träumen.
Man kann nichts Neues lernen,	ohne	Fehler	zu machen.

ÜG 10.12

Zweiteilige Konjunktionen Lektion 7

Das macht ja	nicht nur	Lärm,	sondern auch	Dreck.
Ich habe	zwar	Lösungsvorschläge gemacht,	aber	sie haben sich nicht dafür interessiert.
	„Entweder	Sie verwenden eine leisere Säge,	oder	die Sache geht vor Gericht.“

nicht nur ..., sondern auch ...	= und
zwar ..., aber ...	= trotzdem
entweder ..., oder ...	= oder

ÜG 10.13

Sätze

Relativpronomen und Relativsatz Lektion 2

Nominativ			
ein Mann,	• der	unglaublich gut kochen	... kann.
ein Ehepaar,	• das		... kann.
eine Köchin,	• die		... kann.
Gäste,	• die		... können.

Akkusativ		
der/ein Song,	• den	das Publikum liebt.
das/ein Lied,	• das	
die/eine Musik,	• die	
die/– Hits,	• die	

Dativ			
der/ein Song,	mit	• dem	man Erfolg hat.
das/ein Lied,	mit	• dem	
die/eine Musik,	mit	• der	
die/– Hits,	mit	• denen	

Infinitiv mit *zu* Lektion 5

Fang endlich an, Bewerbungen zu schreiben!

auch so: aufhören, vergessen, versuchen, sich (nicht) vorstellen können, ...

Es ist schön, Kunden zu beraten.

auch so: Es ist (nicht) anstrengend/interessant/leicht/stressig/ ...

Hättest du Lust, als Verkäufer zu arbeiten?

auch so: (kein/keine/keinen) Angst/Freude/Interesse/Spaß/Zeit ... haben

ÜG 10.07

Lösungen zu den Tests

Lektion 1

1 **b** mutig **c** verliebt **d** aufregend
2 **a** als **b** Als, wenn, wenn
3 **b** Bolek feierte am Abend mit Freunden in einem Restaurant. Er hatte die B2-Prüfung bestanden. **c** Viktoria freute sich sehr. Sie hatte nach langer Suche eine neue Arbeit gefunden.
4 2 Ich war bei meiner Bekannten, Stefanie Berg, zum Geburtstag eingeladen. 3 Wir saßen im Wohnzimmer und unterhielten uns. 4 Leider bemerkte ich nicht, dass Frau Berg Gläser mit Wein auf den Tisch gestellt hatte. 5 Ich stieß unabsichtlich ein Glas um, dabei lief Rotwein auf den neuen Teppich von Frau Berg. 6 Daraufhin musste Frau Berg den Teppich in die Putzerei geben. 7 Die Schadenshöhe beträgt 169 Euro.

Lektion 2

1 **a** Humor **b** beschäftigen, dauernd **c** veröffentlicht, unglaublich
2 **b** Obwohl sich Paul nicht für Musik interessiert, … **c** obwohl ich nie ins Kino gehe. **d** obwohl er meistens der Verlierer ist. **e** obwohl sie kein Star ist.
3 **b** den **c** die **d** das **e** denen **f** dem **g** der
4 **Muss** das **sein**, **Das klingt** sehr **interessant**, **schauen** wir das **an**, **Einverstanden**

Lektion 3

1 **b** untersuchen **c** krankschreiben **d** verschreiben **e** ausreichend **f** treiben **g** Vitaminen
2 **a** Ihres **b** des, der **c** der **d** von
3 **b** Häufig kann das Problem durch mehr Bewegung gelöst werden. **c** Stress sollte vermieden werden. **d** Zusätzlich können Schmerzmittel verwendet werden. **e** Die Informationen zur Einnahme müssen beachtet werden.
4 **a** Dagegen musst du unbedingt **c** du mir raten? **d** Damit habe ich gute Erfahrungen **e** wäre es am besten

Lektion 4

1 **b** Muttersprache **c** Aussprache **d** spätestens **e** fließend **f** Ausdrücke
2 **b** Wenn mein Englisch besser wäre, könnte ich dir bei der Hausübung helfen. **c** Ich würde euch besser verstehen, wenn ihr nicht durcheinander sprechen würdet. **d** Ich hätte mehr Freizeit, wenn ich nicht so viel arbeiten müsste.
3 **a** Warum **b** Wegen **c** Deswegen **d** denn
4 **b** Darf ich Sie was fragen **c** Könnten Sie das bitte wiederholen **d** Was bedeutet **e** Tut mir leid

Lektion 5

1 **a** Aufträge **b** Verantwortung **c** entwickeln **e** Serviceangestellter **f** zuständig **g** Fortbildungen
2 **b** mit meinen Kollegen zusammenzuarbeiten **c** als Krankenpfleger zu arbeiten **d** bei der Berufswahl zu helfen
3 **b** Während des, innerhalb einer, außerhalb der
4 **b** 1 **c** 4 **d** 2 **e** 3

Lektion 6

1 **b** entschlossen **c** gründe **d** Geschäftsleute **e** finanzielles **f** lohnt
2 **b** Tomás macht eine Weiterbildung, um seine kommunikativen Kompetenzen zu verbessern. **c** Frau Steiler arbeitet nur halbtags, damit die Kinder nicht alleine sind, wenn sie aus der Schule kommen. **d** Rodolfo arbeitet diese Woche zwei Tage von daheim aus, damit seine Frau eine Fortbildung machen kann.
3 **b** statt … zu **c** ohne … zu **d** statt … zu **e** ohne … zu
4 **b** Wie wäre es, wenn **c** Du könntest zum Beispiel **d** Ich kann dir nur raten, **e** Was hältst du davon,

Lektion 7

1 **a** Frechheit, Rechtsanwalt, Gericht, Prozess **b** Terrasse, Grundstück, Stadtrand
2 **a** oder **b** nicht nur … sondern auch **c** zwar … aber
3 **b** Hätten … gehabt **c** Wäre … gekommen **d** Wären … gefahren, hätten … genommen
4 **a** Sie etwas Rücksicht nehmen könnten **b** hätte da eine Bitte, tut mir schrecklich leid **c** Wir hatten doch ausgemacht, daran hatte ich gar nicht gedacht

Quellenverzeichnis

Kursbuch

Cover: © Thinkstock/iStock/xbrchx U2: Digital Wisdom S. 9: Figur © Thinkstock/iStock/phodo; Würfel © iStock/hocus-focus S. 11: Lotto © dpa Picture-Alliance/VOTAVA; Roulette © Thinkstock/iStock/nazarovsergey S. 13: A4: C © Thinkstock/iStock/vicnt; D © Thinkstock/Photodisc/Photo and Co S. 14: B2: Franz Specht, Weßling S. 15: C2: 1 © iStock/andresr; 2 © Thinkstock/iStock/ajr_images S. 17: E2: A © Thinkstock/iStock/MinnaRossi; B, C © Hueber Verlag/Iciar Caso S. 20: Hören: © Thinkstock/moodboard S. 21: Gedicht © Thinkstock/iStock/JackF S. 23: Diana © Thinkstock/iStock/m-imagephotography; Slavoj © Thinkstock/iStock/yannp S. 24: A2a: A © Thinkstock/TongRo Images; B © Thinkstock/iStock/Nicholas Chase; C © Thinkstock/iStock/ar-chi; b: Jonas, Sarah © Thinkstock/iStock/m-imagephotography; Julia © Thinkstock/iStock/Poike S. 25: A3 © Thinkstock/iStock/monkeybusinessimages; A4 © ddp images/Capital Pictures S. 26: Kopfzeile © Thinkstock/iStock/yannp; B2: 10, 15, 20 © dpa Picture-Alliance/APA/picturedesk.com S. 27: B3 © PantherMedia/Mario Winkler S. 28: C1: A © ddp images/United Archives; B © epo-film; C © HOANZL VertriebsgesmbH, Wien S. 29: D1 © Hueber Verlag S. 32: Hören: von links nach rechts © Classic Picture Library/Alamy Stock Foto, © PHOTO MEDIA/ClassicStock/Alamy Stock Foto, © Getty Images/iStock/Hero Images S. 33: Lied © Thinkstock/iStockphoto S. 35: Hund © Thinkstock/iStockphoto; Zettel © Thinkstock/iStock/Peshkova S. 36: Hund © Thinkstock/iStockphoto S. 37: A3: Poster Hintergrund links © Thinkstock/iStock/vectortatu; rechts © Thinkstock/iStock/DigtialStorm; A4: A © fotolia/Photographee.eu; B © Thinkstock/iStock/saritwuttisan; C © Thinkstock/iStock/AndreyPopov; D © Thinkstock/DigitalVision/Ryan McVay S. 38: B1: A © Thinkstock/iStock/FotoDuets; B Poster Hintergrund links © Thinkstock/iStock/vectortatu; rechts © Thinkstock/iStock/DigtialStorm; C © iStock/Kemter S. 39: C1 © Thinkstock/Blend Images/Dave & Les Jacobs S. 41: E1 © Thinkstock/iStock/eurobanks S. 43: Frau © Thinkstock/DigitalVision/RL Productions S. 44: Lesen: oben links © Thinkstock/iStock/Julijah; rechts© Getty Images/E+/Juanmonino; unten links © Thinkstock/Purestock; rechts © Thinkstock/Photodisc, Projekt von links: © Alban Egger – stock.adobe.com; © dpa Picture-Alliance/APA/picturedesk.com; © Getty Images/iStock/oleg66; Matthias Kraus, München S. 45: Logo Fleischfrei-Tag © www.fleischfrei-tag.at S. 47: Blume © MEV S. 49: B2: 1 © Thinkstock/iStock/photoshkolnik; 2 © PantherMedia/BefishImages; 3 © fotolia/ajr_images; 4 © fotolia/Vladimir Wrangel S. 50: C1 © Thinkstock/iStock/kieferpix S. 52: Foto und Text mit freundlicher Genehmigung von: Anna Maria Baldermann-Bergonzi, Karlsruhe/Mailand S. 56: Schreiben © Thinkstock/Wavebreakmedia Ltd S. 57: Josefine © Getty Images/iStock/repinanatoly; Fritz © Getty Images/gpointstudio S. 63: © Jeanette Dietl – stock.adobe.com S. 64: C1 © dpa Picture-Alliance/Roland Mühlanger S. 65: D1: A: Florian Bachmeier, Schliersee; B © Thinkstock/iStock/michaeljung; C © Getty Images/Stockbyte/Alys Tomlinson S. 68: Lied: oben © Thinkstock/iStock/monkeybusinessimages; unten © Thinkstock/iStock/shironosov S. 69: Rätsel © Thinkstock/iStock/Anchiy; Fahne © Thinkstock/Hemera S. 71: © Thinkstock/iStock/Toltek S. 72: A3 © Thinkstock/iStock/bluesky85 S. 73: Songül © Thinkstock/iStock/spfoto; Victor © Thinkstock/Hemera/Pavel Losevsky S. 76: D1: A © Thinkstock/iStock/hoozone; B © Thinkstock/iStock/Highwaystarz-Photography; C © fotolia/YakobchukOlena S. 77: E1: A © Thinkstock/iStock/antpkr; B © Thinkstock/iStock/slpu9945; C © Thinkstock/iStock/zothen S. 80: Spiel © Thinkstock/iStock/Deagreez S. 81: Gedicht © Thinkstock/iStock/JackF S. 83: Grillen © Thinkstock/iStock/Kerkez; mähen © Thinkstock/iStock/RoberdsSFM S. 88: © Thinkstock/iStock/nd3000 S. 89: D4: oben © Thinkstock/Hemera; unten © iStock/Shelly Perry S. 92: Landeskunde © Thinkstock/iStock/ViewApart S. 93: Lesen © Thinkstock/iStock/Sotiris_Filippou_Photographer; Rätsel: Topf © iStock/Amorphis; Hut © Thinkstock/iStock/Amorphis; Hund © Thinkstock/iStock/Amorphis; Balkon © Thinkstock/iStock/archideaphoto

Arbeitsbuch

S. AB 10: Ü1 © Thinkstock/iStock/sjenner13 S. AB 11: Ü4: damals © Thinkstock/iStock/danijela77; heute © Thinkstock/iStock/NADOFOTOS S. AB 12: Ü7 © Getty Images/Juanmonino S. AB 13: Ü11: Yussuf © Getty Images/PacoRomero; Ahmad © Getty Images/Juanmonino; Pedro © Thinkstock/iStock/ajr_images; Leyla © Getty Images/franckreporter; Maria © Thinkstock/iStock/bowdenimages S. AB 14: Ü14 © Thinkstock/iStock/EldadCarin S. AB 15: Ü15 © Thinkstock/iStock/Erstudiostok S. AB 17: Ü21 © Getty Images/kupicoo S. AB 18: Ü22: 1 © Hueber Verlag; 2 © Hueber Verlag/Isabel Krämer-Kienle; 3 © Mohammad Kheirkhah/UPI/laif S. AB 20: Ü2 © Thinkstock/iStock/FlairImages S. AB 23: Ü10 © Thinkstock/iStock/RobertoDavid S. AB 24: Ü12 © Thinkstock/Hemera/Rui Dias-aidos S. AB 25: Ü14 © GettyImages/E+/4FR S. AB 27: Ü19 © fotolia/grafikwerk21 S. AB 29: Ü25 © Getty Images/bowdenimages S. AB 30: Ü28 von oben: © Thinkstock/iStock/Shelly Perry; © Thinkstock/iStock/Wavebreakmedia; © Thinkstock/iStock/pixelfusion3d S. AB 32: Notebook © Thinkstock/iStock/Just2shutter; TV © Thinkstock/iStockphoto; Waschmaschine © Fotolia/Sashkin; Kühlschrank © Thinkstock/iStock/Egidijus Skiparis S. AB 33: Ü2: A © Thinkstock/MonkeyBusiness; B © Thinkstock/iStock/tetmc; C © Getty Images/svetikd; D © iStockphoto/1001nights S. AB 34: Ü3 © Thinkstock/iStock/Antonprado S. AB 37: Ü12 © Thinkstock/iStock/g-stockstudio; Ü13 © Thinkstock/iStock/ramzihachicho S. AB 39: Ü18 © iStockphoto/hidesy S. AB 40: Ü21 © Thinkstock/iStock/monkeybusinessimages S. AB 41: Ü23 © Thinkstock/iStock/DeepinNet S. AB 43: Umzug © Thinkstock/Photodisc/Digital Vision; Pflaster © Thinkstock/iStock/BWFolsom S. AB 48: Ü16: A © Thinkstock/iStock/alessandroguerriero; B © fotolia/mrcats; C © Thinkstock/Digital Vision/Flying Colours Ltd S. AB 49: Ü17: A © Thinkstock/photodisc/RyanMcVay; B © Thinkstock/Wavebreak Media; C © GettyImages/GuenterGuni S. AB 51: Ü20: 1 © fotolia/ArTo; 2 © Thinkstock/iStockphoto; 3 © Thinkstock/iStock/sirastock S. AB 56: Ü8 © Thinkstock/Stockbyte/Jupiterimages S. AB 58: Ü11 © Thinkstock/Stockbyte/Jupiterimages S. AB 59: Ü13 © fotolia/contrastwerkstatt S. AB 60: Ü16: Jacqueline © Thinkstock/iStock/MinervaStudio; Konstantinos © Thinkstock/stockbyte/Jupiterimages S. AB 61: Ü19 © GettyImages/TommL S. AB 63: Ü2 © fotolia/contrastwerkstatt S. AB 64: Ü3 © Getty Images/iStock/Barcin S. AB 66: Ü9 © Thinkstock/iStock/azndc S. AB 67: Ü11: A © fotolia/Andrey Arkusha; B © fotolia/olgavolodina; C © fotolia/StefanieB. S. AB 69: Ü16 © iStockphoto/sturti S. AB 70: Ü20 © Thinkstock/Wavebreakmedia Ltd S. AB 71: Ü22 © Thinkstock/iStockphoto S. AB 74: Ü2 © fotolia/Arina Photography S. AB 75: Ü1 © Thinkstock/iStock/KatarzynaBialasiewicz S. AB 76: Ü5 © iStockphoto/neoblues; Ü6 © Thinkstock/Pixland S. AB 77: Ü10 © Thinkstock/iStock/crys94y S. AB 80: Ü20 © GettyImages/quackersnaps S. AB 82: Ü22 © Thinkstock/iStock/monkeybusinessimages

Lernwortschatz

S. LWS 4: Vorhang © Thinkstock/iStock/ericb007 S. LWS 12: untersuchen © Thinkstock/iStock/KatarzynaBialasiewicz; impfen © Thinkstock/iStock/AdamGregor; verschreiben © DIGITALstock/B. Leitner; krankschreiben © fotolia/nmann77; Spritze © Thinkstock/iStock/aycatcher; Verband © Thinkstock/iStock/bojan fatur; Tabletten © Thinkstock/BananaStock; Salbe © PantherMedia/Brigitte Götz; Schmerzen © Thinkstock/Wavebreakmedia Ltd; Schnupfen © fotolia/Sandor Jackal; Fieber © Thinkstock/iStock/Samo Trebizan; Husten © fotolia/drubig-photo S. LWS 19: Serviceangestellte, Friseur © fotolia/contrastwerkstatt; Maler © fotolia/Zdenka Darula; Übersetzer © Thinkstock/iStock/AntonioGuillem; Lehrerin © PantherMedia/Jonathan Ross; Hausmeister © fotolia/Bernd Leitner; Ärztin © iStock/DianaLundin; Architekt © Thinkstock/Goodshoot; Journalistin © Thinkstock/iStock/Daniel Ernst; Krankenschwester © iStock/EHStock; Polizist © iStock/MattoMatteo; Verkäufer © Thinkstock/moodboard S. LWS 28: von oben: © fotolia/graefin2502; © Thinkstock/iStock/upixa; © MEV/Becker Andreas

Alle anderen Bilder: Matthias Kraus, München
Illustrationen: Jörg Saupe, Düsseldorf
Bildredaktion: Nina Metzger, Hueber Verlag, München